国家出版基金资助项目

国家出版基金项目
NATIONAL PUBLICATION FOUNDATION

中国刑事法制建设丛书·刑法系列　总主编　陈国庆　孙茂利

刑法基本原则适用

主编　张　军

中国人民公安大学出版社

·北　京·

图书在版编目（CIP）数据

刑法基本原则适用／张军主编．—北京：中国人民公安大学出版社，2012.11
（中国刑事法制建设丛书／陈国庆，孙茂利主编．刑法系列）
国家出版基金资助项目
ISBN 978 - 7 - 5653 - 1043 - 0

Ⅰ．①刑…　Ⅱ．①张…　Ⅲ．①刑法 - 法律适用 - 研究 - 中国　Ⅳ．①D924.05

中国版本图书馆 CIP 数据核字（2012）第 235406 号

中国刑事法制建设丛书·刑法系列　　总主编　陈国庆　孙茂利

刑 法 基 本 原 则 适 用

主编　张　军

出版发行：中国人民公安大学出版社
地　　址：北京市西城区木樨地南里
邮政编码：100038
经　　销：新华书店
印　　刷：北京兴华昌盛印刷有限公司

版　　次：2012 年 11 月第 1 版
印　　次：2012 年 11 月第 1 次
印　　张：14.5
开　　本：787 毫米×1092 毫米　1/16
字　　数：284 千字

书　　号：ISBN 978 - 7 - 5653 - 1043 - 0
定　　价：38.00 元

网　　址：www. cppsup. com. cn　www. porclub. com. cn
电子邮箱：zbs@ cppsup. com　　　zbs@ cppsu. edu. cn

营销中心电话：010 - 83903254
读者服务部电话（门市）：010 - 83903257
警官读者俱乐部电话（网购、邮购）：010 - 83903253
公安业务分社电话：010 - 83905641

本书撰稿人

张 军 法学博士，最高人民检察院检察官。在《人民检察》、《中国刑事法杂志》等杂志上发表论文三十余篇，主编、参编《刑法学》、《金融犯罪研究》等著作。

马 融 法律硕士，曾在江苏省扬州市广陵区人民检察院工作，现在江苏省人民检察院研究室工作，《检察研究》执行编辑。《自白审查中证据规则的应用》、《关于走私罪主观故意及既未遂的认定问题》、《罪刑法定规制刑法解释》、《盛唐清明与治吏之道》、《中国传统法律文化中的程序观》等多篇论文在《刑事司法指南》、《检察日报》、《扬州大学学报》等报纸杂志上发表，并多次参加最高人民检察院重点课题研究。

邓若迅 法律硕士，江苏省苏州市人民检察院公诉二处助理检察员。《英国贿赂罪改革研究》、《英国反贿赂法评价》、《司法良知与司法公正》、《美国法上无尸杀人案件审理规则述评》等多篇论文在《中国刑事法杂志》、《反贪工作指导》、《法制与社会》、《检察研究》等报纸杂志上发表。

胡立东 法律硕士，曾在江苏省盐城市人民检察院反贪局工作，曾任江苏省响水县人民检察院副检察长，现为江苏省建湖县人民检察院检察长。《论特困刑释人员过渡性生活救助体系建设》等多篇论文在《检察研究》等报纸杂志上发表。

前　言

我国第一部刑法典诞生至今已三十余年，1997 年进行了全面修正，尤其最近对刑法又进行了较为全面的修改，刑事法网日渐严密。刑法为惩罚犯罪，保护人民，维护社会和谐稳定发挥了重要作用。与之相应，刑法学可谓是我国法学领域里起步最早的学科之一，也是研究相对成熟的学科，涌现了大量的研究成果。随着我国市场经济的发展，各种社会关系愈加错综复杂，刑法学的研究日渐深入，但包括刑法学的基础理论问题仍需要进行深入研究，大量实践中出现的复杂疑难案件亟待从理论上加以解决。这就要求刑法学研究在积极吸取国外优秀成果的同时努力实现与本国刑事立法和司法实践的对接，在致力于对现行刑法规范进行注释解读的同时综合运用哲学、社会学、政治学、经济学等手段，从刑事政策、犯罪学、国际刑法学等多角度拓展刑法学研究视野，并最终服务于刑法目的的实现。

受国家出版基金的资助，中国人民公安大学出版社启动了《中国刑事法制建设丛书》出版项目，将"刑法系列"作为丛书的重要组成部分。为了给广大从事刑法学研究的专家学者提供一个高层次的交流平台，也使广大读者系统和全面地了解刑法理论和实践研究的成果，本丛书力求兼顾以下几方面特点：

第一，本丛书入选书目的内容全面覆盖我国现行刑法中各项重要制度和刑法学中若干重大理论问题。本丛书对刑法理论研究和司法实践中的热点问题予以充分关注，着力推荐针对刑法学中某一具体制度或理论进行系统深入研究的作品。近年来，我国刑法学者对德日刑法理论进行了更为细致的研究，引起了对犯罪论体系进行改造等诸多关于刑法基础理论问题的争鸣，这些争论有助于进一步深化刑法学研究的根基和深层次解决当前司法实践中遇到的重大疑难问题。因此，本丛书吸纳了一批介绍国外刑法理论，并能对我国司法实践作出积极回应的具有开创性的作品。

第二，本丛书的出发点是在现行刑法典的基础上，深入研究刑法学的基本原理、刑法的基本制度和刑法解释方法，以期对刑法立法的完善起到积极作用，帮助广大司法工作者正确理解法律精神，在办案中准确解释法律。为此，本丛书选择了一批对我国现行刑法及其相关司法解释的制定背景、具体内容进行解读或者阐释的作品。希望这些成果能直接服务于刑事立法和司法工作，尤其是对公检法机关的司法工作人员规范执法、提高办案质量发挥指导作用。

第三，本丛书由最高人民检察院、公安部等长期从事刑事业务指导工作的专家担任总主编，选择了具有前瞻性、创新性、实用性和建设性的刑法领域的优秀研究成果收入本丛书。

希望在国家出版基金的资助下，《中国刑事法制建设丛书》为我国的刑事法制建设发挥积极的推动作用。

欢迎广大读者批评指正。

中国刑事法制建设丛书·刑法系列编委会
2011 年 5 月

目　　录

绪　论

第一节　刑法基本原则概述

刑法基本原则，是指刑法本身具有的、贯穿全部刑法规范、体现我国刑事立法与刑事司法基本精神、指导和制约全部刑事立法和刑事司法活动的基本准则。刑法基本原则是现代法治原则在刑法中的具体体现，是刑事法治的基本要求。因此，刑法基本原则既体现了现代法治的基本要求，也具有刑事法治的特殊性。刑法基本原则具有以下几点特征：

首先，刑法基本原则必须贯穿全部刑法规范，具有指导和制约全部刑事立法和刑事司法的意义。在不同的阶段，从不同的认识角度来看，刑法可以有多种原则，如针对未成年犯罪人的从宽处罚原则、针对累犯的从重处罚原则，以及从旧兼从轻的处理刑法溯及力问题的原则等。这些虽然都是刑法中不可缺少的重要原则，但是，这些原则只是刑法中的局部性原则，不具有指导刑法制定与适用的全局性意义，仅适用于某些问题或某些案件，因此，它们不能作为刑法的基本原则。只有那些贯穿刑法始终的全局性的原则才能成为刑法基本原则。

其次，刑法基本原则必须体现我国刑事法治的基本精神，体现刑法这一部门法特征。只有符合刑事法治基本精神的原则才能成为刑法的基本原则。在国家的法律体系中，既有各个部门法律自己特有的原则，如民商事法律中的契约自由原则，又有指导所有法律的共同原则，如适用法律平等原则。各个部门法律的特有原则与所有法律的共同原则，是个性与共性、特殊与一般的关系。作为刑法的基本原则，应当是有别于其他部门法律原则以及所有法律共同准则的刑事法治精神的原则。

最后，刑法基本原则是对于刑事立法与司法有着重要指导价值的原则。刑法基本原则是贯穿于全部刑法规范和刑法适用中的准则，是刑事法治基本精神的集中体现，它们对刑事立法和刑事司法具有巨大的指导意义。无论是刑事立法工作、刑法解释工作还是刑事司法工作，都必须遵循和符合刑法基本原则的要求，绝不能违背这些基本原则。在刑事立法中应当坚持刑法基本原则，做到平等立法、明确立法、罪刑相当；在刑事司法中要坚决贯彻刑法基本原则，强化法治意识与司法公正观念，坚持法无明文规定不为罪，适用法律平等等刑法基本原则。如此，既能保证法律的公正实施，又可以有力地惩罚犯罪、保障人权，推进社会主义刑事法治进程。

第二节 我国刑法的基本原则

在我国，1979 年《刑法》没有规定刑法的基本原则，但是，在该部法典颁布之后，刑法基本原则作为一个重大理论问题，引起刑法理论界和实务界的高度重视与关注。特别是在 20 世纪八九十年代的《刑法》修订研拟中，关于刑法基本原则如何界定，刑法基本原则应否在刑法中增设，以及应当如何规定刑法基本原则等问题，在刑法理论界和实务界更是引起了广泛的争论，但在现行刑法颁布之前，刑法理论上对刑法基本原则的概括与提法不完全统一。有的教科书将刑法的基本原则概括为罪刑法定、罪刑相适应、罪责自负三个原则；[1] 有的教科书在上述三个原则基础上增加了惩罚与教育相结合的原则；[2] 有的教科书指出，刑法的基本原则是罪刑法定、罪刑相适应、主客观相一致、惩办与教育改造相结合四个原则；[3] 有的教科书提出，刑法的基本原则是罪刑法定、惩办与宽大相结合、公民在法律面前一律平等、罪责自负不株连无辜四个原则。[4]

1997 年修订的《刑法》在广泛听取和归纳各界意见的基础上于第 3 条至第 5 条明确规定了三项刑法基本原则，即罪刑法定原则、刑法适用平等原则、罪刑相适应原则，从而使刑事立法上如何规定刑法基本原则的问题得到了解决。因此，我国刑法明文规定的刑法基本原则是罪刑法定原则、刑法适用平等原则、罪刑相适应原则。

罪刑法定原则的基本含义是：法无明文规定不为罪，法无明文规定不处罚。法律明文规定为犯罪行为的，依照法律定罪处刑；法律没有明文规定为犯罪行为的，不得定罪处刑。国外刑法理论一般将罪刑法定原则概括为刑法的基本原则，这不仅因为各国刑法都规定了罪刑法定原则，而且因为刑法的性质、特点决定了罪刑法定原则是刑法的根本原则。

刑法适用平等原则是法律面前人人平等的法律原则在刑法中的具体化，对任何人犯罪，不论其家庭出身、社会地位、职业性质、财产状况、政治面貌、才能

---

[1] 参见杨春洗、杨敦先主编：《中国刑法论》，北京大学出版社 1994 年版，第 15 页。

[2] 参见高铭暄主编：《中国刑法学》，中国人民大学出版社 1989 年版，第 32 页。

[3] 参见苏惠渔主编：《刑法学》，中国政法大学出版社 1994 年版，第 31 页。

[4] 参见何秉松主编：《刑法教科书》，中国法制出版社 1995 年版，第 30 页。

业绩如何，都应追究刑事责任，一律平等地适用刑法，依法定罪、量刑和行刑，不允许任何人有超越法律的特权。

罪刑相适应原则的含义是：犯多大的罪，就应承担多大的刑事责任，做到重罪重罚，轻罪轻罚，罪刑相称，罚当其罪。在分析罪重罪轻和刑事责任大小时，不仅要看犯罪的客观社会危害性，而且要结合考虑行为人的主观恶性和人身危险性，把握各方面因素综合体现的社会危害性程度，从而确定其刑事责任程度，适用相应轻重的刑罚。

就三者的总体关系而言，一般认为，刑法这三个基本原则在刑法基本原则体系中处于同等重要位置或者轻重基本相当。但也有学者认为，三个原则并不是处于同样重要地位，或者说同一层次的原则。例如，张明楷教授在其《刑法学》（第四版）一书中的"刑法的基本原则"章节中，就没有解释论述刑法适用平等原则和罪刑相适应原则。他指出，"平等适用刑法是法律面前人人平等原则的法律原则在刑法中的具体化，本书不展开具体论述。罪刑相适应原则虽然对定罪有明显的制约作用，但更主要的是对量刑起指导作用，故本书在刑法的裁量一章详细讨论。"①

还有学者认为，从刑法三项基本原则各自的内涵和作用来看，罪刑法定原则是刑法基本原则体系的核心和灵魂，其他两项基本原则是该原则在不同层面的具体体现和实现的保障。② 有学者指出，从立法的角度而言，罪刑法定原则是实现罪刑相适应原则和刑法适用平等原则的基本前提和保障。没有立法上的准确、明朗和公正，就很难做到执法上的合理、科学和公平。③ 有学者甚至认为，罪刑法定原则包含罪刑相适应原则，罪刑相适应原则又包含刑法适用平等原则，这才正确反映了三者之间的关系。④ 更有学者主张，罪刑法定原则是刑法第一原则。之所以称其为第一原则，不仅指罪刑法定原则在我国刑法规定的三项基本原则中排名第一，更重要的是，罪刑法定原则的重要性在所有刑法原则乃至整个刑法体系中位列第一。这种第一是由罪刑法定原则的基本原则属性、在刑法体系中所处的地位以及对其他基本原则的作用决定的。首先，刑法体系由基本原则、具体原则、规则等具有法律规范性的构成要素组成。罪刑法定原则作为刑法基本原则之一，属于刑法体系中最高层次的构成要素，处于刑法体系的最高位阶。其次，在我国公认的其他基本原则中，罪刑法定原则居于统帅全体的地位。其一，刑法适用平等原则以刑法规定内容为条件，没有刑法规定的内容，适用刑法就成了无米·

---

① 张明楷著：《刑法学》（第四版），法律出版社2011年版，第49页。

② 参见刘流：《论我国刑法的基本原则》，载《法律适用》1997年第8期。

③ 参见刘德法：《论罪责刑相适应原则》，载《国家检察官学院学报》2000年第5期。

④ 参见马荣春著：《罪刑关系论》，中国检察出版社2006年版，第135～148页。

之炊。其二，罪刑相适应原则和罪责自负原则以刑法对犯罪、刑罚及刑事责任的规定为前提，没有刑法对罪与刑的规定，无法比较罪责的适应与否，也难以确认罪责是否由犯罪人本人承担。其三，主客观相统一指犯罪构成中主观要件和客观要件的统一，而罪刑法定的内容之一，就是对各要件予以明确阐述。其四，罪刑法定是惩罚与教育相结合原则的基础，惩罚与教育的结合实际上就是法定之刑罚与教育的结合。① 从罪刑法定原则的渊源来看，它不仅是刑法的基本原则，也是法治原则、宪法原则。现代法治正是建立在罪刑法定原则基础之上的，这也是法治文明国家的立国原则。因此，上述将罪刑法定原则作为第一原则的观点也不足为怪。

但也有学者指出，刑法适用平等原则是刑法基本原则中最根本、最原始的原则。就刑法适用平等原则和罪刑法定原则而言，二者的关系问题本质上是平等和自由的关系问题。平等和自由虽然都是正义的核心内容，但平等较之自由是更为基本的价值。所以，刑法适用平等原则就应当优于罪刑法定原则而在刑法中处于更为基础的地位。如果说行为人在刑法上是不平等的，那么，罪刑法定保证的自由价值就无法实现，罪刑法定充其量只是部分人之间的罪刑法定。就刑法适用平等原则和罪刑相适应原则的关系而言，二者实际上是平等和等价的关系。无论是从平等和等价的价值序列上讲，还是从罪刑相适应的产生历程来审视，等价都是以平等为基础的。所以，平等原则是刑法最基本的原则，其他基本原则与之相比都处于从属地位。②

在罪刑法定和罪刑相适应的关系问题上，有学者认为，罪刑法定仅仅涉及罪、刑二者与法之间的关系，而不调整罪与刑之间的关系；而罪刑相适应则真正触及了罪与刑之间的关系。两原则的冲突表现在三个方面：第一，在价值取向上，罪刑法定立足自由、秩序，而罪刑相适应着眼于平等、公正。第二，在立法要求上，罪刑法定要求立法明确性，而罪刑相适应则难以要求明确性。第三，在审判权限制上，罪刑法定是对法官审判权的限制，而罪刑相适应却要赋予法官更大的自由裁量权。在明确分歧和矛盾的基础上，该学者认为要协调两大原则，必须从三方面着手：第一，在价值取向上，二者统一于公正基础上的秩序。第二，在立法要求上，二者统一于相适应的罪刑法定的明确性。第三，限制审判权与否，要着眼于普遍自由之保障。③

① 参见刘竹君、陈剑：《论我国刑法中的罪刑法定原则》，载《当代法学》2002 年第 5 期。

② 参见赖早兴著：《刑法平等论》，法律出版社 2006 年版，第 129 页。

③ 参见周洪波：《试论新刑法基本原则的冲突及协调》，载《云南法学》1998 年第 1 期。

第一章　罪刑法定原则

第一节　罪刑法定原则的法律渊源

罪刑法定原则的思想渊源，一般认为可以追溯到 1215 年《英国自由大宪章》，其第 39 条规定："凡是自由民，除经其同辈贵族依法判决或遵照国内之法律规定外，不得逮捕、监禁、剥夺领地、剥夺法的保护或放逐出境，不得采取任何方法使之破产，不得施加暴力，不得使其入狱。"《英国自由大宪章》实际上是对中世纪封建原则的确认，但其重要意义在于体现了法律居于国王之上，即便国王也不能违反的原则。这在英国法制史上开辟了新的篇章，明示了王权也要受到法律的约束。但现代意义上的罪刑法定原则此时尚不存在，都铎王朝设立的星室法庭如同同时期欧洲大陆的法庭，行使着法外定罪的权力。直到 17 世纪，努力制止斯图亚特王朝侵犯臣民自由的议会反对派提出《英国自由大宪章》已包含了诸如"法律的正当程序原则"（due process of law）等原则，以支持其限制王权的主张。而 1689 年《权利法案》则正式确立了国会主权和法治原理。这一时期，洛克在《政府论》中明确提出，"……以法律规定的刑罚处罚任何社会成员的犯罪"。布莱克斯通提出刑法不得溯及既往，并强调法律的可预见性。这些思想均包含了罪刑法定原则的内容。

上述思想随着移居北美殖民地的英国人而传播并进一步发展。《弗吉尼亚权利宣言》（1776 年）第 8 条规定了法律正当程序："在所有可判死刑的案件或刑事诉讼中，被告有权要求知道被控的原因和罪名、与原告和证人对质、要求查证对其有利的证据，并有权要求由邻近地区的十二人组成公正陪审团进行迅速审判；未经陪审团的一致同意，不能判其有罪，也不能强迫其自证其罪；除依当地法律或同等地位者所组成陪审团的判决，不得剥夺任何人的自由。"《马里兰州宪法》（1776 年）第 15 条规定了不允许制定有溯及力的法律。《美国宪法》（1787 年）第 1 条第 9 项规定，联邦不得制定任何溯及既往的法律。1791 年，《美国宪法》第五条修正案进一步强调不经法律正当程序，不得剥夺任何人的生命、自由和财产。《美国宪法》第十四条修正案则规定各州不经法律正当程序，不得剥夺任何人的生命、自由和财产。

在欧洲大陆，直至18世纪，即便无法律规定，法官仍可对有关行为判处刑罚。例如，直到1712年，《普鲁士法典》中仍规定："对那本国法典无明文规定的，皇家的法律也未禁止的过错行为，可以按照公平与善意的准则加以判处，对于疑难案件可以由国王亲自决定。"① 在法国，流行着"无刑不专断"的格言，意味着法官有时可以自由决断适用其认为适于宣告的刑罚，"一切可能成为刑法对象的事物都是犯罪，而法官认为应当处罚的一切事物又都可以构成刑罚的对象"。② 法国司法机关还动辄施行酷刑，以致18世纪六七十年代频繁发生引发争议的重大案件。③ 18世纪的启蒙思想家针对封建统治下罪刑擅断、践踏人权的刑事司法状况提出了激烈批评，进而提出了罪刑法定原则。贝卡利亚为罪刑法定原则奠定了思想基础，他主张只有代表根据社会契约而联合起来的整个社会的立法者才能制定法律，为犯罪规定刑罚。而法官"根本没有解释刑事法律的权力，因为他们不是立法者"④，他们只能严格按照立法机关确立的法律定罪量刑。并且市民仅在必要限度内让渡自己的自由给国家，如果刑罚超过了保护公共利益的需要，就是不公正的。在启蒙思想推动下，法国、德意志联邦以及俄国等国在这一时期均不同程度地对刑事司法进行了改革。

1789年法国《人权宣言》赋予了罪刑法定原则以确定的现代形式："法律只应规定确定需要与显然不可少的刑法，并且除非依据犯法前已经制定与公布并依法施行的法律外，不得处罚任何人。"⑤ 1810年的《法国刑法典》第4条进一步规定："没有在犯罪行为时以明文规定刑罚的法律，对任何人不得处以违警罪、轻罪和重罪。"这一时期，德国著名刑法学家费尔巴哈在其《对实证主义刑法的原则与基本原理的修正》一书中指出，"每一应判刑的行为都应依据法律处刑"，"对公民的刑罚，只能是忠于并根据一种刑法科刑。哪里没有法律，哪里就没有

---

① 卜思天·儒潘基奇：《关于比较刑事法的若干法哲学思考》，载《比较法研究》1995年第1期。

② 黄风著：《贝卡利亚及其刑法思想》，中国大百科全书出版社1987年版，第13页。

③ 参见郭华榕著：《法国政治制度史》，人民出版社2005年版，第57页。

④ ［意］贝卡利亚著，黄风译：《论犯罪与刑罚》，中国大百科全书出版社1993年版，第12页。

⑤ 有观点认为，罪刑法定原则在欧洲大陆最早出现于神圣罗马帝国皇帝约瑟夫二世1787年颁布的《奥地利刑法典》第1条规定："并非所有不法行为均是刑事犯罪或可判死刑的犯罪；除由本刑法典规定以外，任何不法行为不得被认为是犯罪。"参见［德］克劳斯·罗克辛著，王世洲译：《德国刑法学总论（第1卷）》，法律出版社2005年版，第81页；［德］李斯特著，徐久生译：《德国刑法教科书》，法律出版社2006年版，第128页。

对公民的处罚"。在 1801 年出版的《德国现行普通刑法教科书》中，费尔巴哈明确使用了"罪刑法定"的表述，从而将罪刑法定确立为实证刑法的原则，其创造的拉丁文表述：Nullum Crimen Sine Lege, Nulla Poena Sine Lege（法无明文不为罪，法无明文不为罚）也成为对罪刑法定原则的经典表达。

《法国刑法典》的规定影响了欧洲大陆各国立法，罪刑法定原则也就此成为欧洲大陆各国的重要刑法原则。如 1851 年《普鲁士刑法典》照搬了《法国刑法典》这一条文，而统一后的《德国刑法典》也仅略微修改就采纳了这一条文。1930 年的《意大利刑法典》规定："行为之可罚性如非明定于法律者，则任何人不得因该行为成立犯罪，而受法定刑罚之制裁。"此后，罪刑法定原则在亚洲近代化进程中也逐步为亚洲立法所采纳。日本在 1880 年效仿《法国刑法典》制定的刑法中于第 2 条规定，凡法无正条者，无论何人所为的行为均不可罚，第 3 条规定禁止溯及既往处罚，从而明文规定了罪刑法定原则。我国于 1911 年《大清新刑律》第 10 条中也作出了"凡律例无正文者，不论何种行为不得为罪"的规定，将罪刑法定原则正式引入了中国法制。此后，南京临时政府直接将《大清新刑律》易名为《中华民国暂行新刑律》，于 1912 年颁行。南京国民政府 1928 年颁布的《中华民国刑法典》第 1 条就规定了罪刑法定原则："行为时之法律无明文科以刑罚者其行为不为罪。"南京国民政府 1935 年颁布的《中华民国刑法典》同样确立了罪刑法定原则，其第 1 条规定："行为之处罚，以行为时之法律有明文规定者为限。"第 2 条规定："行为后法律有变更者，适用裁判前之法律有利于行为者，适用最有利于行为人之法律。"

从大陆法系罪刑法定原则的历史发展可以看出，其产生与形式法治密切相关。由立法者明确哪些行为应受刑法处罚并规定相应刑罚，既使刑法具有确定性，又使人民可以合理预测行为后果，免受罪刑擅断之苦，从而实现对国民权利的保障和对司法权的限制。而英美法系的罪刑法定原则与大陆法系的罪刑法定原则在很长时间内是独立发展的，因此具有不同的表现形式。大陆法系是将罪刑法定规定为实体刑法的基本原则，英美法系没有对罪刑法定原则的系统而明确的规定，而是偏向于以程序规则保障罪刑法定。英美法系遵循先例原则及对法律确定性的关注产生了较为稳定、可预见且周知的罪名，实际上与罪刑法定原则的内在要求一致。针对认为英美法系没有罪刑法定原则的观点，美国学者霍尔指出，若干欧洲犯罪学者认为罪刑法定原则不存在于英美法系国家，在某种意义上表现出文字上狭隘之真理，这是错误的。虽然美国大部分州与英国一样，成文法分量在经常增加，然而仍有普通法存在，这一限度内与大陆法系特有意义之罪刑法定固有不同，但是美国判例法限制法官的行为较之于大陆法系国家罪刑法定原则限制法官的行为并无逊色①。可见，罪刑法定原则在两大法系尽管具有不同的表现形式，但背后实际上有共同的价值诉求，即限制国家刑罚权和保障公民权利与自由。

20 世纪初期，随着社会本位思潮勃兴，罪刑法定原则一度受到质疑和挑战。纳粹德国在 1935 年废除了刑法中的罪刑法定条款，在修正后的刑法第 2 条中允许"根据刑法的基本思想和人民的健康意识"实施处罚，并允许类推解释。这一时期，纳粹法理学以本质违法的概念取代了形式违法，鼓励法官作出符合纳粹法律秩序与政治领导层意志的价值判断，而只要确定某一条文隐含的意识形态意义，即可以任意解释法律条文，甚至有所谓"本质违法行为即与德国纳粹世界观不符的行为"一说②，完全背离了德国近代以来的法治思想。在实质公正的名义下，纳粹司法完全违背了现代法治精神。因此，在第二次世界大战后，纳粹德国刑法第 2 条立即被废除，并被符合法治原则的新文本取代。1949 年的《德国基本法》在第 103 条第 2 款肯定了罪刑法定原则。之后，《德国刑法典》在 1953 年修改时在文字上与《德国基本法》保持了一致。

基于对纳粹德国背离法治的极权统治的反思，二战后国际社会高度重视人权保障，罪刑法定原则也愈受重视。诚如日本刑法学者佐伯千韧所说："人类通过吸取法西斯主义刑法和战争后的宝贵经验已深深感受到，罪刑法定主义原则是刑法中不能轻易放弃的铁律。"③ 时至今日，罪刑法定原则不仅为世界各国所普遍采纳，而且被许多国际条约所确认。例如，1948 年《世界人权宣言》第 11 条第 2 款规定："任何人的任何行为或不行为，在其发生时依国家法或国际法均不构成刑事罪者，不得被判处为犯有刑事罪。"联合国《公民权利和政治权利国际公约》第 15 条第 1 项也作了类似规定。

因为罪刑法定原则与人权保障之间的密切关系，很多国家在二战后还将罪刑法定原则上升为宪法规范。例如，1958 年《法国宪法》确认了 1789 年《人权宣言》中各项原则。《意大利宪法》第 25 条第 2 款规定："如果不是根据行为实施前生效的法律，不得对任何人进行处罚。"1946 年《日本宪法》第 31 条规定："任何人非依法律所定程序，不得剥夺其生命或自由，或科以其他刑罚。"第 39 条规定："任何人如其行为在实行时实属合法，或经认为无罪时，不得追究其刑事上之责任。"

---

① [美] 霍尔：《刑法基本原则》，载《刑法问题与争鸣（第二辑）》，中国方正出版社 2000 年版。

② [德] 英戈·穆勒著，王勇译：《恐怖的法官——纳粹时期的司法》，中国政法大学出版社 2000 年版，第 68～69 页。

③ [日] 中山研一著：《刑法的基本思想》，国际文化出版公司 1988 年版，第 95 页。

第二节 罪刑法定原则的思想基础

一、罪刑法定原则早期思想渊源

一般认为，罪刑法定原则的思想渊源是自然法理论、三权分立思想和心理强制说。

1. 自然法理论。

17 世纪，随着科学发展，欧洲人的世界观发生巨大变化，怀疑论思潮兴起，导致天主教的精神秩序和封建主义世俗秩序均受到了挑战。在法律领域出现的"启蒙的理性的自然法"对自然法学说作了新的表述，并在 17、18 世纪的欧洲大为盛行。其中对罪刑法定原则诞生产生直接和重大影响的是英国的洛克。洛克认为，在法律产生前，人类处于一种自然状态，这一自然状态是完全自由和平等的。在此自然状态下，理性，也即自然法，教导人类不得侵害他人生命、健康、自由和财产，而每个人均有权以制止违反自然法为度，惩罚违反自然法的人。但由于缺少明文规定、众所周知的法律，缺少一个有权依法裁决争端的裁判者，缺少保证判决执行的权力，自然状态就存在缺陷：一方面自然状态中秩序缺乏稳定的保障；另一方面每个人在惩罚违法者时，难免因事关自身而过度。因此人们同意缔结契约组成国家，并将立法、刑罚等权力让渡给国家，"于是每一个别成员的一切私人判决都被排除，社会成了仲裁人，用明确不变的法规来公正地和同等地对待一切当事人；通过那些由社会授权来执行这些法规的人来判断该社会成员之间可能发生的关于任何权利问题的一切争执，并以法律规定的刑罚来处罚任何成员对社会的犯罪。"① 由此，洛克阐明了刑罚权源于自然状态下的私力处罚权，因此，其目的只能用于保障和增进个人幸福和安全，并受此目的的限制，政府在任何情况下都不得侵犯个人的天赋权利。这一自然权利和社会契约学说为罪刑法定原则提供了根本的思想理论基础。

2. 三权分立思想。

孟德斯鸠赞同洛克的自然权利学说，他认为，法律与自由密切相关，个人自由只能依靠法律来保障。"自由是做法律所许可的一切事情的权利，如果一个公民能够做法律所禁止的事情，他就不再有自由了，因为其他的人也同样会有这个权利。"② 但无限制的权力必然导致政府腐败，并损害人民的自由。为限制权力

---

① 〔英〕洛克著，叶启芳、瞿菊农译：《政府论》，商务印书馆 1964 年版，第 59 页。

② 〔法〕孟德斯鸠著，张雁深译：《论法的精神》（上册），商务印书馆 1961 年版，第 154 页。

滥用，保障公民自由，孟德斯鸠提出了三权分立的制度设计构想。他指出，为防止滥用权力，必须以权力制约权力。为此，必须将国家权力划分为行政、立法、司法三个方面，使三种权力相互独立，并由不同机构行使，从而实现权力间的制衡。就对于什么行为是犯罪，应予何种处罚，都应由立法机关事先作出规定，并且这一规定应该是理性的，"刑罚不是依据立法者一时的意念，而是依据事物的性质产生出来的"。而司法机关只能按事先确定的法律定罪处刑，作出合法判决。三权分立思想是罪刑法定原则在政治法律方面的直接思想基础。

3. 心理强制说。

费尔巴哈认为，国家存在的目的在于使人民拥有自由，不允许发生权利侵害。为此，最有效的方式是使人从心理上不能产生权利侵害动机。因为人是理性动物，有趋利避害的本能，所以只要触犯法律将招致的痛苦较之违法行为的欲求不能被满足而产生的痛苦更大，那么违法行为就能够被阻止了。为使人们对触犯法律必然招致痛苦有明确认识，就要求法律规定犯罪行为的必然后果。为实现威慑目的，刑罚法规还必须是适用刑罚的唯一依据并具有确定性。当法律明确规定了刑罚是犯罪的必然后果，有犯罪必有刑罚，则人们自然会基于利害权衡而选择抑制犯罪行为，以免触犯法律而招致刑罚引起的更大痛苦。

二、罪刑法定原则早期思想渊源的批判

前述三项罪刑法定原则的早期思想渊源并未一直作为罪刑法定原则的理论支撑而被认可，主要批评表现为：

1. 对自然法思想的批判。古典自然法经过了17、18世纪的辉煌后，在19世纪遭到猛烈批判。在18、19世纪之交的科学思维和哲学思维里，一种同历史的新的关系明显可感。对启蒙运动来说，历史上的人基本都是相同的，各个时代的差别首先是由于它们所达到的启蒙程度不同，历史的运动被理解为人类进步的过程。而按照历史主义的理解，各个时代和各个民族之间的人存在不同，因为他们深深地打上了他们对传统即历史的思维和价值观念的烙印。历史不再被理解为直线进步，而是极其复杂、不能机械理解的有机发展[①]。在德国和英国，反对自然法学派所倡导的理性主义的历史法学派运动高涨，并推动了对法律史，特别是对形成法律的各种力量的研究。萨维尼认为，自然法是一个不足为据的超经验的先天假设，并认为通过人类普遍理性制定出人类普遍适用的法典完全是幻想，法"首先是通过习俗和民众信仰，然后通过法学被形成，也即到处是假手内在的、

---

① ［德］H. 科殷著，林荣远译：《法哲学》，华夏出版社2002年版，第27～28页。

静默作用的力量，而非借助立法者的意志"①。梅因也认为"自然状态"是幻想，自然法根本不存在。总之，在自然法的反对者看来，自然法更多是语词和概念上的，而非历史和现实的。

2. 对三权分立思想的批判。三权分立思想要求权力分立，立法机关制定法律，司法机关依法裁判。这否定了罪刑擅断，为成文法主义奠定了基础，但不能为罪刑法定的其他内容，如禁止制定事后法、法律明确性等提供理论依据。还有批评认为："就司法而言，这个原则的深刻意义不仅在于排除了对于立法和行政行为的司法审查权，而且还导致否认法院通过解释法律条文具有的'制法'功能。然而，这种立法至上在逻辑上的内涵，并未能阻止现代大陆法各国的法制正日益朝着某种形式的司法审查靠拢，也同样未能削弱重要性在事实上的增强。"②

3. 对心理强制说的批判。心理强制说以理性人为假设，认为犯罪是人自由意志的产物，是基于利害权衡作出的选择。但通过对犯罪的统计和实证调查以及犯罪原因的社会学研究，很多学者明确对此提出批评，如菲力否认自由意志论，认为人的自由意志的观念是中世纪个人道德责任观念的残留，它仅是一种幻想，"它的产生完全是由于我们不认识在作出决定时反映在我们心理上的各种动机以及各种内部和外部的条件"③，"当用现代实证研究方法武装起来的近代心理学否认了自由意志，并证明人的任何行为均系人格与人所处的环境相互作用的结果时，你还怎么相信自由意志的存在呢？"④黑格尔反对心理强制说中的功利因素，认为凭此不足以说明刑罚的合法性，"如果把犯罪及其扬弃（随后被规定为刑罚）视为是一般祸害，于是单单因为已有另一个祸害存在，所以要采用这一祸害，这种说法当然不能认为是合理的"⑤。他在评论费尔巴哈的刑罚理论时指出，费尔巴哈的刑罚理论以威吓为依据，"就好像对着狗举起杖来，这不是对人的尊严和自由予以应有的重视，而是像狗一样对待他……心理的强制仅仅跟犯罪在质和量上的差别有关，而与犯罪本身的本性无关，所以根据这种学说制定的法典，

---

① ［德］艾里克·沃尔夫编，郑永流译：《历史法学派的基本思想（1814～1840）》，法律出版社2009年版，第8页。

② ［美］格尔登、戈登、奥萨魁著，米健、贺卫方、高鸿钧译：《比较法律传统》，中国政法大学出版社1993年版，第37页。

③ ［意］菲力著，郭建安译：《实证派犯罪学》，中国政法大学出版社1987年版，第16页。

④ ［意］菲力著，郭建安译：《实证派犯罪学》，中国政法大学出版社1987年版，第9页。

⑤ ［德］黑格尔著，范扬、张启泰译：《法哲学原理》，商务印书馆1961年版，第101页。

就缺乏真正的基础。"① 埃里克·沃尔夫则通过对犯罪原因的实证调查，也否认了心理强制说：行为人基于快乐与痛苦的比较而实施犯罪的情形极为罕见；行为人之所以实施犯罪，通常是因为在实施犯罪行为前存在一种侥幸心理，以为犯罪后不会被发现，可以逃避刑罚处罚；如果没有这种侥幸心理，则不会实施犯罪行为。② 李斯特也否认犯罪人有自由意志，认为犯罪是由人类学的原因和社会学所决定的③。可见，心理强制说遭到来自实证心理学、社会学、人性尊严的哲学等各方面的否定，其作为罪刑法定原则的基础的确具有重大欠缺。

三、罪刑法定原则的现代思想基础

罪刑法定原则早期思想渊源不足以支撑罪刑法定原则，导致要为罪刑法定原则的存在寻找新的更为坚实的理论基础，以支持其作为刑法基本原则的重要地位。这并不全然是一理论问题，而有着重要的现实意义。从 19 世纪下半叶到 20 世纪初，伴随着社会本位思潮兴起，体现个人本位的罪刑法定原则受到批评和质疑。尤其是德国、日本一些学者受国家主义影响，提出罪刑法定取消论和恢复类推等主张，但罪刑法定原则仍得到大多数法学家的支持和维护④。纳粹德国刑法及其专制统治的教训使得第二次世界大战后人们对罪刑法定原则与民主法治的关系有了更深刻的认识。因此，罪刑法定原则的当代思想基础主要是民主主义与尊重人权主义。

1. 民主主义。

民主主义涉及国民能否实现在刑事法领域自己统治自己的问题。根据民主主义的要求，犯罪与刑罚必须由国民的代表机关制定的法律来规定。这就是为了防止国家权力恣意行使的危险，必须由民主制定的法律规定犯罪与刑罚。这是因为刑法的处罚范围与程度直接关系着每一个人的生命、身体、自由、财产与名誉，属于特别重大的事项。如果规定这一重大事项的法律不能反映国民自己的意志，则罪刑法定的意义也就化为乌有。所以，应当由国民决定什么行为是犯罪、对犯罪科处何种刑罚。由此而制定的刑事法律，当然是为了保障公民权利和自由的实

① ［德］黑格尔著，范扬、张启泰译：《法哲学原理》，商务印书馆 1961 年版，第 102 页。

② ［日］木村龟二编：《刑法学入门》，有斐阁 1957 年版，第 53 ~ 54 页，转引自张明楷著：《罪刑法定与刑法解释》，北京大学出版社 2009 年版。

③ 张明楷著：《刑法格言的展开》，法律出版社 1999 年版，第 25 页。

④ 欧洲 20 世纪 30 年代关于罪刑法定原则的争论，参见 ［法］卡斯东·斯特法尼著，罗结珍译：《法国刑法总论精义》，中国政法大学出版社 1998 年版，第 144 ~ 146 页；日本牧野英一等学者在第二次世界大战前废除或限制罪刑法定原则主张的讨论，参见 ［日］中山研一著：《刑法的基本思想》，国际文化出版公司 1988 年版。

现。因此，只有在不得不依据刑罚来处罚某种行为从而使国民重大利益得到保护的情况下，才有通过刑事法律将某类行为规定为犯罪并设置相应刑罚的必要。因此，民主主义是实现法治的重要保障，它保证了适用于国民的法律具有社会正当性。

刑法一经制定，便由司法机关适用，司法机关适用刑法的过程，也是实施国民意志的过程。由于刑法是国民意志的体现，故司法机关不能随意解释刑法，尤其不能类推解释。又由于刑法是国民意志的体现，它要尽最大可能、最大限度地保护国民的利益，如果扩大处罚范围，就必然侵害国民的自由。这便要求禁止处罚不当罚的行为。正义与公平是国民的当然要求，立法机关根据国民意志制定的刑法，必须体现正义与公平。所以，刑法必须规定与犯罪相均衡的刑罚，并禁止残酷的刑罚。

2. 尊重人权主义。

人权是指人因其为人而应享有的权利，其具有丰富的内涵，当代许多国家的法律文件以及国际条约中都写入了保障人权的内容。我国第十届全国人大第二次会议通过的宪法修正案中，也把"国家尊重和保障人权"正式载入了宪法文本。从保障人权的角度，罪刑法定原则的基本价值目标就是要求国家履行其保障人权的义务，这意味着对国家公权力的限制。

为了保障人权，不致阻碍国民的自由行动，不致使国民产生不安，就必须使国民事先能够预测自己行为的性质与后果。因此，有必要将国家刑罚权与抽象的法律相联系，法官仅能依据事先公开的法律中的明文规定来定罪，并且只能在所预告的范围内适用刑罚。当国民事先能够根据成文刑法预测自己的行为性质时，就不会因为不知道自己的行为是否会受到刑罚处罚而感到不安，也不会因为不知道自己的行为是否会受到刑罚制裁而不敢实施合法行为。国民对自己行为的性质与后果具有预测可能性的前提是事先有成文法的规定，这便是法律主义。事后法不能使国民具有预测可能性，因此，必须禁止刑法溯及既往；如果在有成文法的前提下实行类推解释，国民也不能预测自己的行为是否会被类推解释为犯罪，导致自由被侵犯，故必须禁止类推解释。刑法是裁判规范与行为规范，如果含混不清、模棱两可或者前后矛盾，法官就无法裁判，国民也因为不能预测自己行为的性质而左右为难，由此产生了刑罚法规的明确性原则。刑法是通过限制自由的手段来保护自由的，二者之间始终存在一个平衡问题，故刑法的处罚范围必须合理，否则便与刑法的宗旨相矛盾[1]。

---

[1]　张明楷著：《刑法学》（第四版），法律出版社 2011 年版，第 52 页。

第三节　罪刑法定原则的发展与评价

回顾罪刑法定原则的历史发展可以看出，罪刑法定原则经历了一个从形式到实质，从单纯限制司法权到既限制司法权，又限制立法权，从而对国家刑罚权整体加以限制、保障公民权利的发展过程。

作为刑事法治基石的罪刑法定原则是欧洲启蒙运动的产物，从其诞生之日起就被打上了时代的烙印。在欧洲资产阶级革命之前，刑事司法领域的罪刑擅断、酷刑迫害登峰造极。以旧制度下的法国为例，刑罚是不平等的，刑罚执行方式是残酷和野蛮的，犯罪没有确切定义，个人没有丝毫的安全保障足以避免国家在镇压犯罪时的过火行动。刑法的适用范围扩展到了调整社会关系之外，甚至超越了对意识的统治①。因此，防止法官在运用法律过程中的主观恣意，对司法者的权力给予足够的限制就成为这一时期的主要目标。19 世纪以来科学与技术取得了惊人的成就，这使人们相信科学是处理所有问题最可靠的方法。人们试图以物理学原理解释一切。许多研究社会科学的学者也加入了进来，采用科学的方法来研究社会。认为依照社会发展的基本准则，社会可以得到科学的研究和改造。他们天真地认为，人生而具有智慧与道德的禀赋，能使人审慎思考而建构文明，借助于普遍理性的方法，社会就能得到最大程度的建构。在法律领域，自然法思想认为，"存在着独立于宗教信条的个人自治的自然原则，由此而派生出法律规范制度，如果这些规范被有目的地以一种条理清楚的形式加以制定，那么一个伦理与理智的社会秩序的基础即由此而得以奠定。"② 因此，19 世纪初法律界主流思想是主张运用理性的力量制定严密的法律体系，力图系统地规划出一部包含各种各样的法律规则和原则，并可以适用于社会生活各种情况的完美法典。相应地，在法律适用中，他们否定法官的自由裁量权，甚至否定对法律的解释，认为立法是公意的体现，是人的理性结晶，各种法典已经实现了尽善尽美的理性，具有绝对的正当性，只要司法者严格依据法律的规定去适用就能实现社会的正义，保障个人的自由。

在这样的时代背景下，早期的罪刑法定原则着重强调的是立法对于司法的形式限制，提倡"无法无罪"、"无法无罚"，要求什么样的行为构成犯罪，对构成犯罪的行为处以什么刑罚，必须有成文法的规定。司法者只能被动地执行法律，而不允许任何的自由裁量。因此，早期的罪刑法定原则是一种严格的、不容任意选择或变通的原则，更多地强调对司法的形式控制，反对司法的自由裁量。在理

---

① 黄风著：《贝卡利亚及其刑法思想》，中国大百科全书出版社 1987 年版，第 2 页。

② ［德］K. 茨威格特著：《比较法总论》，法律出版社 2003 年版，第 133 页。

论上，也称之为形式的、绝对的罪刑法定原则。

绝对的罪刑法定原则描绘了一幅排除了法官自由裁量的严格、明确的法律适用图景，但其一旦进入现实，就迅速变得黯淡，显得相当不切实际。法国在严格规则主义思想指导下制定了体现绝对罪刑法定原则的1791年刑法。但在1810年，拿破仑颁布的《法国刑法典》就改变了1791年刑法草案中绝对罪刑法定的规定，对大多数犯罪规定了一定的量刑幅度，并允许法官在法定幅度内自由裁量。在理论上，绝对罪刑法定原则也面临着无法解决的明确性困境。成文法至上理念下的罪刑法定原则的一个基本要求就是刑法规范的明确性。因此，基于法治安定性、可预测性的追求，罪刑法定原则要求刑法对于所有的犯罪构成要件及其处罚都有明确的规定。然而，刑法规范中大量的概括条款、规范性构成要件的存在对罪刑法定明确性的要求造成巨大的冲击，使得刑法的绝对明确性成为理论的幻影。而且，由于语言文字本身的局限性，即使是描述性的构成要件，也依赖于法官的解释，没有解释的法律只能是僵死的条文，根本无法实现其应有的功能。因此，企图以立法明确规范所有的现实生活，禁止法官对刑法解释的绝对罪刑法定是无法实现的空想。正如 Leckner 所指出的，罪刑法定的原初理想只是一个乌托邦，它不可能在刑法中实现。[①] 19世纪中叶以后，随着自然竞争资本主义发展到垄断资本主义阶段，各种社会问题纷纷涌现。单纯依靠市场这只"看不见的手"，已难以保证经济的健康发展，个人本位观念也逐渐被社会本位意识所取代。与之相适应，在法律领域出现了法律社会化运动。在刑法界，以社会防卫论为理论核心的刑事实证学派对个人本位至上的刑事古典学派及其所倡导的罪刑法定原则提出了强烈的批判，并意图抛弃罪刑法定原则。他们指出，法律的作用不仅仅是为了规制司法者，更是为了实现社会正义，保障人民的福祉、国家的繁荣与人民安宁而幸福的生活。人的理性具有非至上性，意图建立以理性设计的立法为唯一法律的社会秩序规则只能是人类"致命的自负"。为了应对社会生活的发展和理论的非难，适应社会的发展，摆脱理论上的困境，绝对罪刑法定原则最终演变为现代各国所奉行的相对罪刑法定原则。

现代的罪刑法定原则已从当初单纯的强调严格依照实定法定罪量刑的形式原则，转变成为强调限制刑罚权、保障人权的原则和理念的实质追求。它不仅强调罪刑的法定化，更强调刑罚适用的正当性、合理性。从单纯依赖立法限制司法到对立法者进行同样的限制，从绝对排斥法官的自由裁量到有条件地容许法官的自由裁量，从单纯追求刑法适用上的形式公正变为兼顾追求实质的公正。经过理论的发展，现代意义的罪刑法定原则已不仅限于强调法律主义的形式侧面的价值，而且更为强调刑法规范制定和适用的正当性和合理性，反对处罚不当罚的行为的

---

① 劳东燕：《罪刑法定的明确性困境及其出路》，载《法学研究》2004年第6期。

实质价值。可以说，罪刑法定原则已演化为法治理念在刑事法中的体现。美国学者罗尔斯在论述法治时，就将罪刑法定视为法治的重要原则之一："法无明文规定不为罪的准则及其暗含的种种要求也产生于一个法律体系的观念中。这个准则要求法律为人所知并被公开地宣传，而且它们的含义得到清楚的规定；法令在陈述和意向两方面都是普遍的，不能被当成损害某些可能被明确点名的个人（褫夺公民权利法案）的一种手段；至少对较严重的犯罪行为应有严格的解释；在量刑时不追溯被治罪者的既往过错。上述要求暗含在由公开规则调节行为的概念中。"① 因此，现代以民主主义和尊重人权主义为基础的罪刑法定原则是实质的，其"并非仅具有法实证主义的形式原理之意义，更具有支撑自由主义、民主主义等法治国家之宪法秩序基本原理（实质人权保障）之实质原理之意义"②。

第四节　罪刑法定原则在我国刑法中的体现

我国 1979 年《刑法》没有明确规定罪刑法定原则，反而在第 79 条规定了有罪类推制度③。1997 年 3 月修订的《刑法》从完善我国刑事法治、保障人权的需要出发，明文规定了罪刑法定，并禁止类推，在我国刑法史上具有重要进步意义。1997 年《刑法》第 3 条规定："法律明文规定为犯罪行为的，依照法律定罪处刑；法律没有明文规定为犯罪行为的，不得定罪处刑。"本条后段大致相当于罪刑法定原则的经典表述"法无明文不为罪，法无明文不为罚"，但就对前段条文如何理解，以及这一条文整体是何含义，与罪刑法定原则又是何关系等问题，学者之间有不同理解。

1. 全面的罪刑法定说。有学者认为，1997 年《刑法》第 3 条是积极的罪刑法定与消极的罪刑法定的统一，其前段为积极的罪刑法定原则，它是从积极方面要求正确运用刑罚权，惩罚犯罪，保护人民；后段是消极的罪刑法定原则，它是从消极方面限制刑罚权的适用，防止国家滥用刑罚权，侵犯人权。"其中，正确运用刑罚权，惩罚犯罪，保护人民，这是第一位的；而防止刑罚权的滥用，以保障人权，则是第二位的。积极的罪刑法定原则与消极的罪刑法定原则的统一，运用刑罚权，惩罚犯罪，保护人权与约束刑罚权，防止滥用，保障人权的统一，是

① ［美］约翰·罗尔斯著，何怀宏等译：《正义论》，中国社会科学出版社 1988 年版，第 228 页。

② 陈子平著：《刑法总论》，中国人民大学出版社 2009 年版，第 35 页。

③ 当时在理论上对我国《刑法》是否采用了罪刑法定原则存在争议，刑法界主流观点认为我国实行了罪刑法定原则，并有"相对的罪刑法定原则"、"以罪刑法定为基础、以类推适用为补充原则"等提法。参见赵秉志、肖中华：《罪刑法定原则的确立历程》，载《河北法学》1998 年第 3 期。

罪刑法定原则的全面的正确含义，它克服了西方罪刑法定原则的片面性，是对罪刑法定原则新的发展。"①

2. 后段罪刑法定说。有学者认为，1997 年《刑法》第 3 条前段与罪刑法定无关，后段表述的才是罪刑法定。该学者认为，《刑法》第 3 条后段是对罪刑法定原则的规定，但其前段并不是对罪刑法定原则的规定，而是针对我国《刑法》分则的特点，防止司法人员随意出罪。易言之，第 3 条前段旨在突出刑法的法益保护机能，后段则旨在突出刑法的人权保障机能。一方面，第 3 条要求司法机关对二者进行调和，在充分权衡利弊的基础上，使两个机能得到充分发挥。另一方面，总体来说，第 3 条旨在限制司法权，只不过前段与后段所限制的内容不同而已②。

3. 前段多余说。有学者认为，第 3 条是对罪刑法定原则的规定，且其前段体现了刑法保护机能，是"积极的罪刑法定"。因此，1997 年《刑法》第 3 条的规定表明我国罪刑法定原则并非着重于人权保障机能的发挥，而是致力于社会保护机能的实现，从而扭曲了罪刑法定原则。罪刑法定原则只应该是体现人权保障机能的"消极的罪刑法定"，因此，应将与罪刑法定原则保障机能相悖的第 3 条前段内容删除③。

4. 相辅相成说。有学者认为，并不存在所谓"积极"或"消极"罪刑法定的区分，1997 年《刑法》第 3 条前段与后段是从正反两个方面来界定"法无明文不为罪"这一罪刑法定原则的基本涵义，体现的是对刑罚权的限制，防止刑罚权滥用的人权保障观念，而不能认为第 3 条前段要求司法机关在法律有明文规定的情况下，必须依照法律规定定罪判刑④。该说认为这一解读得到了全国人大法工委刑法室对 1997 年《刑法》第 3 条权威解释的支持。

笔者认为，第一种观点背离了罪刑法定原则的基本精神。罪刑法定原则的产生与发展的进程表明，该原则旨在保障公民自由、限制国家刑罚权的行使。而第一种观点将刑法的机能与罪刑法定原则的机能混为一谈，也即将刑法是保护机能与保障机能统一的要求强加在罪刑法定原则的机能上。而实际上，罪刑法定原则的机能只能是突出对权利的保障，并体现为对司法机关刑罚权和立法机关制刑权的限制。因此，不可能有所谓"积极的罪刑法定"的存在余地。

第二种观点在将 1997 年《刑法》第 3 条前段理解为体现了刑法保护机能而

① 何秉松主编：《刑法学教科书》，中国法制出版社 1997 年版，第 63~68 页。
② 张明楷著：《刑法学》（第四版），法律出版社 2011 年版，第 53~54 页。
③ 刘艳红：《刑法的目的与犯罪论的实质化》，载《环球法律评论》2008 年第 1 期。
④ 陈兴良：《刑法的明确性问题：以〈刑法〉第 225 条第 4 项为例的分析》，载《中国法学》2011 年第 4 期。

非人权保障机能与第一种观点实际上是一致的①。区别在于，其否定"积极的罪刑法定"的提法，而主张第 3 条前段与罪刑法定原则无关。但从 1997 年《刑法》对基本原则的规定体例来看，第 4 条、第 5 条分别规定了刑法适用平等原则和罪刑相适应原则，均是一个条文规定一项刑法基本原则。将第 3 条后段理解为罪刑法定原则，前段与罪刑法定原则无关，显然与这一体例不合。

第三种观点肯定 1997《刑法》第 3 条是对罪刑法定原则规定的同时，否定这一规定的合理性，认为罪刑法定原则只能是"消极的罪刑法定"，即第 3 条后段内容。其还认为第 3 条前段的规定体现了禁止出罪的社会保护机能，剥夺了法官的不定罪权。但第 3 条前段是否就意味着只要法律有明文规定，就必须定罪处罚？如果这一理解不能成立，则这一观点就难以立足。

从立法过程看，全国人大常委会法工委 1996 年 8 月 31 日形成的《刑法总则修改稿》对罪刑法定原则采用的文本是"对于行为时法律没有规定为犯罪的，不得定罪处罚"。这基本对应了国外罪刑法定原则的有关规定。但参与立法相关人士认为在当前历史条件下，还应该增加一层法律已经作出规定的，必须按照法律规定办的意思。根据相关意见，刑法文本起草者对该条进行了相应修改②。此后，1996 年 10 月 10 日《中华人民共和国刑法（修订草案）》（征求意见稿）规定："法律明文规定为犯罪行为的，依照法律定罪处刑；法律没有明文规定为犯罪行为的，不得定罪处刑。"1996 年 12 月下旬由第八届全国人大常委会第 23 次会议审议的《中华人民共和国刑法（修订草案）》、第 24 次会议审议的《中华人民共和国刑法（修订草案）》（修改稿），直至 1997 年 3 月 14 日通过的修订后的《刑法》，均沿用了这一表述。其中，《关于〈中华人民共和国刑法（修订草案）〉的说明》在阐述了取消类推规定的必要性后，指出："因此，草案明确规定了罪刑法定原则：'法律明文规定为犯罪行为的，依照法律定罪处刑；法律没有明文规定为犯罪行为的，不得定罪处刑'。"从这一于 1997 年 3 月 6 日作出的立法情况说明中亦可看出，"法律明文规定为犯罪行为的，依照法律定罪处刑；法律没有明文规定为犯罪行为的，不得定罪处刑"就是对罪刑法定原则的表述。全国人大常委会法工委刑法室对这一条文的解释是："本条规定的罪刑法定内容有两个方面：一方面是只有法律明文将某种行为规定为犯罪的，才能对这种行为

---

① "第 3 条前段的规定，并不是限制司法机关与立法机关的入罪权、施刑权与制刑权，故与罪刑法定原则没有关联。其次，从实质上说，限制司法机关与立法机关的入罪权、施刑权与制刑权，是为了保障行为人的自由。换言之，罪刑法定原则旨在对适用刑法保护法益进行制约，而第 3 条前段的内容显然不是如此。"张明楷著：《刑法学》（第四版），法律出版社 2011 年版，第 53～54 页。

② 张军等著：《刑法纵横谈（总则部分增订版）》，北京大学出版社 2008 年版，第 3 页。

定罪判刑，而且必须按照法律的规定定罪判刑；另一方面，凡是法律没有明文将某种行为规定为犯罪的，就不能对这种行为定罪判刑。这是一个问题的两个方面。"①

从上述立法过程及立法机关对条文的说明可以看出，《刑法》第3条规定的就是罪刑法定原则，之所以在后段关于罪刑法定原则的传统表述以外又加入前段"法律明文规定为犯罪行为的，依照法律定罪处刑"的内容，主要是在我国法治刚起步的特定历史条件下，突出了"有法必依，执法必严"的内涵，强调的是依照法律定罪处刑。尽管在条文表述上与西方传统"法无明文不为罪，法无明文不为罚"的表述相比，增加了"法有明文为罪，法有明文为罚"的内容，但如同全国人大常委会法工委刑法室解释所揭示的，这是指"只有法律明文将某种行为规定为犯罪的，才能对这种行为定罪判刑"，而非"只要法律明文将某种行为规定为犯罪，就要对这种行为定罪判刑"，因此，我们认为，《刑法》第3条与国外刑法关于罪刑法定原则的规定在内容上并无本质差异。

在现行刑法中，罪刑法定原则的价值内涵和内在要求得到了较为全面、系统的体现。

1. 1997年修订的《刑法》实现了犯罪的法定化和刑罚的法定化。犯罪的法定化具体表现为：明确规定了犯罪的概念、犯罪构成的共同要件、各种具体犯罪的构成要件，并标明了成立犯罪的具体规格，为司法实践中定罪、区分罪与非罪、此罪与彼罪、一罪与数罪等提供了法律标准。刑罚的法定化具体表现为：明确规定了刑罚的种类，把刑罚分为死刑、无期徒刑、有期徒刑、拘役、管制、没收财产、剥夺政治权利、罚金、驱逐出境等；明确规定了量刑的原则和各种刑罚制度及具体犯罪的法定刑。

2. 1997年修订的《刑法》取消了1979年《刑法》第79条规定的类推制度，这是罪刑法定原则得以真正贯彻的重要前提。

3. 1997年修订的《刑法》重申了1979年《刑法》第9条关于刑法在溯及力问题上从旧兼从轻的原则。

4. 在分则罪名的规定方面，1997年修订的《刑法》已相当详备，罪名数由1979年的129个增加到412个。1997年修订的《刑法》通过后，全国人民代表大会常务委员会因应社会政治、经济、文化等方面的变化及与犯罪作斗争的需要，颁布了1部单行刑法和8部刑法修正案，对1997年修订的《刑法》进行了诸多修改，《刑法》分则条文达到373条、罪名达到451个。

5. 在具体犯罪的罪状以及各种犯罪的法定刑设置方面，1997年修订的《刑

---

① 全国人大常委会法制工作委员会刑法室编：《中华人民共和国刑法条文说明、立法理由及相关规定》，北京大学出版社2009年版，第6页。

法》增强了法条的可操作性。对于大量犯罪，尽量叙明罪状；在犯罪的处罚规定上，注重情节的具体化。

第五节　罪刑法定原则的基本内容

罪刑法定原则自产生以来，经历学说的发展和完善而逐渐形成其特有内容。传统上认为罪刑法定原则派生出禁止习惯法、禁止事后法、禁止类推解释和禁止绝对的不定期刑这四项规则。进入 20 世纪，特别是二战后，受英美法系影响，对罪刑法定原则的认识得到进一步深化。国内外学者对罪刑法定原则的内容有不同表述，如德国学者修特兰达认为，罪刑法定主义的内容包括四点：（1）排除习惯法于刑法规范之外；（2）刑法不承认溯及效力；（3）刑法上不许不定期刑；（4）不许类推。迈耶亦主张罪刑法定主义的内容有四点，但稍有不同：（1）除非法律规定，不得科刑；（2）习惯法从刑法的渊源中排除；（3）刑法中不允许类推；（4）刑法无溯及力。日本刑法学者内田文昭认为，罪刑法定主义的内容包括：（1）法律主义；（2）刑罚法规明确性的原则；（3）罪刑均衡原则——残虐刑罚的禁止；（4）绝对不定期刑的禁止；（5）类推解释的禁止；（6）事后法的禁止。内藤谦教授主张，罪刑法定主义的内容分为形式方面和实质方面。前者包括：（1）法律主义；（2）事后法的禁止；（3）类推解释的禁止；（4）绝对的不定刑的禁止。后者包括：（1）明确性原则；（2）刑罚法规正当的原则。① 野村稔将罪刑法定的内容归纳为三个方面：（1）罪刑的法定；（2）刑罚法规不溯及既往（事后法禁止）的原则；（3）类推解释的禁止。② 国内学者中，陈兴良认为，罪刑法定原则的基本内容包括禁止类推及类推解释、禁止事后法、禁止习惯法与刑法明确性的要求。张明楷认为，罪刑法定原则的基本内容包括形式的侧面和实质的侧面，前者包括：法律主义、禁止事后法、禁止类推解释和禁止不定期刑；后者包括：刑罚法规的明确性原则和刑罚法规内容的适正的原则。③ 周光权认为，罪刑法定原则的基本内容是：溯及既往的禁止、排斥习惯法、禁止类推解释和刑罚法规的适当。④

尽管存在上述分歧，但总的来说，当代国内外学者普遍认可在传统的四项规

① 马克昌著：《比较刑法原理：外国刑法学总论》，武汉大学出版社 2002 年版，第 66 ~ 67 页。

② ［日］野村稔著，全理其、何力译：《刑法总论》，法律出版社 2001 年版，第 47 ~ 52 页。

③ 张明楷著：《刑法学》（第四版），法律出版社 2011 年版，第 53 页。

④ 周光权著：《刑法总论》（第二版），中国人民大学出版社 2011 年版，第 32 ~ 36 页。

则以外，罪刑法定原则还具有明确性等实质内容，以发挥其保障公民权利与自由的功能。

一、形式的侧面

法律主义、禁止事后法、禁止类推解释、禁止不定期刑，是罪刑法定原则的传统内容，被称为"形式的侧面"。形式的侧面旨在限制司法权，即要求法院严格执行立法机关制定的法律，这体现了形式法治的观点。

1. 法律主义。

法律主义，是指规定犯罪及其后果的法律必须是成文的法律，法官只能根据成文法律定罪量刑。这是因为刑罚权源自国家主权，只有代表民意的最高立法机构才能依法定程序制定涉及公民生命、自由和财产的刑罚法规，而司法机关必须在此类法规明确规定的范围内定罪判刑，以实现对公民个体权利的保障。就我国而言，只有全国人大及其常委会才能制定涉及犯罪及其后果的法律。由此可见，法律主义中所谓的法律是指狭义的法律，它既不包括地方性法规，也不包括行政法规和行政规章。

与此有关的几个问题是：

（1）行政法规或规章能否制定罚则？

综合各国刑事立法实践，法律与行政法规或规章之间的关系有三种情况：第一种是法律规定由行政法规或规章来确定构成犯罪的条件和相应的法定刑；第二种是法律在规定某种犯罪的法定刑的情况下，让行政法规或规章来确定具体罪名的罪状；第三种是法律规定由行政法规或规章来确定具体犯罪构成的某一要素。

第一种类型，如有的国家宪法规定，当法律授权行政法规或规章制定罚则（指刑罚）时，行政法规或规章可以在相应范围内制定罚则。例如，《日本宪法》第73条规定，在有法律委托的情况下，可以设立罚则。对此，日本学者认为，如果法律的授权不是概括的，而是具体的、个别的，则可以在行政法规中设立罚则[①]。但我国实行严格的法律主义，根据我国宪法及相关法律的规定，行政机关无权在行政法规或规章中设立罪刑规范，立法机关也不得委托行政机关制定罪刑规范。

第二种类型是否违背法律主义需要具体进行分析，如果行政法规或规章从根本上修改了法律规定的犯罪构成要件，则违背了法律主义的要求；如果行政法规或规章只是对法律规定的内容作进一步的补充或明确，则是允许的。这里主要涉及的就是刑法中的空白刑罚规范，又称空白刑法或空白罪，即刑法就某一应受刑

---

① ［日］大谷实著，黎宏译：《刑法讲义总论》，中国人民大学出版社2008年版，第49页。

罚处罚的行为类型，只规定了罪名与法定刑，而将其构成要件的一部分或者全部委托其他法律、法规等规范性文件补充。此时，刑法条文中常采取"违反……法规"的表述方式，这里所指向的法规就被称为补充规范。1997 年《刑法》第96 条规定："本法所称违反国家规定，是指违反全国人民代表大会及其常务委员会制定的法律和决定，国务院制定的行政法规、规定的行政措施、发布的决定和命令。"可见，《刑法》明确把行政规章、地方性法规等排除在了"国家规定"的范围之外，行政规章、地方性法规因而不能成为我国空白刑法的补充规范。空白刑罚规范在我国刑法中大量存在，如《刑法》第 325 条第 1 款规定："违反文物保护法规，将收藏的国家禁止出口的珍贵文物私自出售或者私自赠送给外国人的，处五年以下有期徒刑或者拘役，可以并处罚金。"该条款仅指明在确定非法向外国人出售、赠送珍贵文物罪的构成要件时应当参照文物保护法规的规定，而没有直接、具体描述该罪的特征。此外，有的刑法条文虽然没有指明具体违反哪种行政法规或规章，但实质上仍是空白罪状，如《刑法》第 137 条规定了"建设单位、设计单位、施工单位、工程监理单位违反国家规定"，降低工程质量标准，造成重大安全事故的，直接责任人员构成工程重大安全事故罪。虽然该条文没有写明"违反建设法规"，但实践中势必要参照建设法规加以认定。再如，《刑法》有关走私罪的条文中虽未写明"违反海关法规"，但对某一行为是否属于走私行为势必要参照海关法规加以认定。

第三种类型一般认为符合法律主义，这与刑法所规制的行为日益复杂化有关，如毒品犯罪中的毒品是指国家管制的精神药品与麻醉药品，而精神药品与麻醉药品的具体范围则通常由行政法规或规章加以确定。

综上，行政法规或规章不是刑法的渊源，但它们通过刑法规范明文规定被吸纳进刑法规范内，成为认定犯罪的第一个层次的法律依据，从而对刑法中不少犯罪（主要是法定犯或行政犯）的构成要件的解释与行为违法性的判断具有重要影响。

（2）习惯法能否成为刑法的渊源？

法律主义意味着具有实质性意义的刑法必须采取成文法的法律形式，因此本身就蕴涵了排斥习惯法的意思。之所以排斥习惯法作为刑法渊源，主要是因为习惯法缺乏明确性，因而不利于人们预测自己行为的性质与后果，据此裁判也就难以约束法官的恣意。另外，在社会复杂、价值多元的现代社会，很少有普遍适用的习惯法存在，导致习惯法不具有法律所应具有的一般性。

在一些情况下，在对某些犯罪构成要件要素的含义进行解释时，需要借助对社会习惯的理解，如我国《刑法》分则第六章第九节"制作、贩卖、传播淫秽物品罪"中，在具体案件中认定某一物品是否属于该罪中所称"淫秽物品"必须考虑社会习惯与一般观念。在关于预备行为与未遂的界限，关于故意、过失的理论，关于承诺的理论，过失犯的注意义务等场合，也常需要结合习惯加以认定。然而这些并不意味着习惯法成为了刑罚的依据，这事实上是法院依据社会习惯与一般观念对法律进行的解释，这一解释结果并不具有规范约束力。法庭不能像受法律约束那样，受这种解释结果的约束，并可能随着社会观念的变化而改变解释①。例如，对婚内强行发生性关系能否构成强奸罪的问题，我国《刑法》第236条规定，以暴力、胁迫或其他手段强奸妇女的，即构成强奸罪。但我国古代传统素重人伦礼教，并有夫为妻纲之说，"奸"一词仅指婚外性关系，因此，自然得出"婚内无奸"的绝对结论。相应的，长期以来，我国习惯认为，丈夫不可能对妻子构成强奸罪，但随着对妇女权益保障的重视，人们现在已认可，婚姻关系存续期间，丈夫不能成为强奸罪主体，但在婚姻关系非正常存续期间，丈夫可以成为强奸罪主体。

需要注意的是，当存在有利于行为人的习惯法，行为人以习惯法为根据实施行为时，可能以行为人缺乏违法性认识的可能性为由，排除犯罪的成立。

（3）判例能否成为刑法的渊源？

判例，是指法院先前的某一判决具有法律的效力，从而成为以后审判同类案件的依据。大陆法系的法律主义传统上排斥判例法作为定罪量刑的依据，并否认法官造法②。而在普通法上，判例传统上就是法律渊源，普通法院在很长时间内可以创制普通法罪名。但从20世纪初，特别是20世纪30年代开始，美国进入所谓成文法时代，各州大量创制成文法。在刑法领域，绝大多数州都颁布了刑法典，废除了普通法罪，制定法成为唯一法律渊源。只有少数州保留了普通法罪，但严格限制在不得与制定法冲突的范围内。联邦刑法则完全采用制定法。但普通法上关于犯罪构成要件以及合法辩护的定义仍十分重要。在英国，大多数犯罪也由制定法规定和调整，而且在1972年的"克努勒股份有限公司诉检察长"一案中，英国上议院否决了法院创制新罪名的残留权力，也否决了法院扩大现有罪名以致把那些迄今还不受处罚的行为规定为应受处罚的犯罪行为方面所残留的权力。③ 可见，即便在普通法国家，判例如今也不再是罪刑规范的来源。

我国不存在判例制度，也就不存在作为刑法渊源的判例。但近年来，法学界不断有人倡议推行判例法，主要理由是判例可以弥补成文法的缺陷，如有人列举

---

① ［德］克劳斯·罗克辛著，王世洲译：《德国刑法学总论（第1卷）》，法律出版社2005年版，第92页。

② 20世纪中后期，德国、日本等国最高法院也开始发布判例，但这类司法判例与普通法国家的判例法仍有相当区别，其主要是作为成文刑法的解释例，而不是刑法渊源。

③ ［英］鲁帕特·克罗斯、菲利普·A.琼斯著，赵秉志等译：《英国刑法导论》，中国人民大学出版社1991年版，第11～12页。

J 判例制度的八项功能：一是构建刑法体系的开放性；二是使个案的救济制度化，同时维护刑法的秩序价值；三是构建刑法的自我发展机制，使其具有回应立法的功能；四是对法官自由裁量权构成有效制约；五是有助于培养法官的司法推理技术，从而形成解释论的传统；六是为学说实践影响架设必要的渠道。[1] 至于判例制度的具体设计以及判例法与成文法的关系，不同学者又有不同主张。对此，反对意见认为，在我国推行判例法，意味着同时将成文刑法与刑事判例作为刑法法源，此时，成文法仍可能被随意解释，判例法的非民主性、溯及既往等缺陷各自独立地存在，并且同时表现出来。[2] 我们认为，在成文法外另创判例法作为法律渊源的双轨制做法过于复杂，并且牵涉成文法与判例法之间相互关系等问题，而且我国行政化的司法体制和基层法官素质状况等物质条件也使推行判例法不具有现实可操作性。因此，仿照大陆法系国家如德国、日本等的判例制度，由最高裁判机关制作有详细判决理由和说理过程的判例，以此指导下级法院的审判工作，或许是一条可行之路。但此时，最高人民法院制作的判例如同德国、日本等国，也仍然是对成文刑法的权威解释，而非独立的法律渊源。

【研讨问题】空白罪状中补充规范的查找

【案例 1-1】陈某非法经营案

1997 年 5 月 9 日，陈某在重庆市江北区成立重庆星运汽车有限责任公司（以下简称星运公司），经营范围为销售汽车、摩托车及配件、普通货运业务。陈某为该公司的法定代表人。1997 年 5 月 9 日，陈某在重庆市长寿县设立星运汽车有限责任公司第一分公司（以下简称第一分公司），道路运输业经营许可证上载明其经营范围包括班车客运、包车客运、出租客运。为牟取暴利，陈某在长寿县以每辆 7.5 万元的价格购买 4 辆旧奥拓出租车，将旧车报废，又以每辆 5.98 万元的价格购得 4 辆新奥拓车，把旧出租车手续过户到 4 辆新买的奥拓车上，然后将本该在长寿县经营的这 4 辆出租车违规在重庆市以每辆 19~20 万元的价格发包给他人进行营运。陈某从中非法获利 48.2 万元。

1998 年 1 月至 1999 年 9 月，陈某对外谎称有正从长寿县过户或有营运证的出租车发包，与前来星运公司要求承租出租车的 18 名承租人签订合同。承租人交定金买好车辆后，陈某所在的星运公司办理上户手续、准驾证、行驶证、安装好计价器，擅自喷绘出租车标志，安装出租车灯，并由陈某指使公司职员谢某到长寿县出租车管理办公室通过非正当手段办理了 18 个治安许可证。以此方法，陈某发包给凌某等人 18 辆奥拓车，让承租方以无营运证的代步车在重庆市区非法营运，从中非法获利 199 万元。为逃避检查，陈某安排谢某等人为承租户通风

---

① 劳东燕：《罪刑法定的明确性困境及其出路》，载《法学研究》2004 年第 6 期。

② 张明楷著：《刑法学》（第四版），法律出版社 2011 年版，第 55~56 页。

报信，并承诺由星运公司承担承租户由于检查而暂停营运期间的经济损失。当承租户索要营运证时，陈某派谢某等人到重庆市交通局公路运输处通过非正当手段开出营运代理证欺骗承租户，并指使谢某私刻2枚渝北区运管处的印章，伪造8个营运证欺骗承租户。案发后，陈某指使彭某烧毁了8个伪造的营运证。

检察机关以非法经营罪对陈某提起公诉（未起诉星运公司）。法院审理认定，1997年陈某发包的4辆车，由于办理了营运证，在长寿县具有营运资格，其将本该在长寿县经营的出租车跨区域发包到重庆市区经营，其行为仅违反建设部和公安部颁发的《城市出租车管理办法》第26条的规定，故不以犯罪论处。陈某作为星运公司的法定代表人，在该公司1998年发包无营运证的18辆车的经营活动中，违反了《公司法》的规定，超出经营范围，以无营运证的代步车冒充出租车进行经营，严重扰乱市场秩序，非法获利199万元，情节严重，其行为已构成非法经营罪。

陈某的行为是否构成非法经营罪，在审理过程中意见分歧较大，其中，陈某的行为是否违反"国家规定"，是判断其行为是否构成非法经营罪的前提要件。

按照罪刑法定原则要求，法官只能根据成文法律定罪量刑。但法律有时在规定了某种犯罪的法定刑的情况下，允许行政法规或规章来确定具体罪名的罪状。根据我国《刑法》第225条的规定，"违反国家规定"是构成非法经营罪的前提条件。《刑法》第96条规定："本法所称违反国家规定，是指违反全国人民代表大会及其常务委员会制定的法律和决定，国务院制定的行政法规、规定的行政措施、发布的决定和命令。"因此，"国家规定"的制定主体只能是全国人民代表大会及其常委会和国务院，其他任何机关，包括国务院各部委均不是"国家规定"的制定主体。可见，《刑法》已经明确把行政规章、地方性法规等排除在了"国家规定"的范围之外。因此，有观点认为，由于建设部、公安部联合颁布的《城市出租车管理办法》是行政规章，不属于《刑法》第96条所称"国家规定"范围，因而陈某以无营运证的代步车冒充出租车发包经营仅违反了行政规章，不具备构成非法经营罪的前提条件，也就不需要考查其行为是否符合非法经营罪的其余构成要件了。

笔者认为，上述见解并不妥当。《公司法》第11条规定，公司应当在登记的范围内从事经济活动。《公司登记管理条例》第39条、第41条规定分公司不具有企业法人资格，分公司的经营范围不得超出公司的经营范围。上述法律和条例的制定主体分别是全国人民代表大会常务委员会和国务院，因此，以上规定属于《刑法》第96条规定的"国家规定"的范围。陈某的星运公司的经营范围是销售汽车、摩托车及配件、普通货运业务，不包括出租车客运。其拥有的交通部门颁发的道路运输业经营许可证虽然载明其第一分公司的经营范围为班车客运、包车客运、出租客运，但是，陈某并未到工商行政管理部门变更登记星运公司的经营范围，也未对所设的分公司向工商行政管理部门申请领取营业执照，而是无营运证发包出租车，牟取巨额非法利润。可见，陈某的分公司的经营范围超出了公司的经营范围，其发包出租车的主体资格尚未完全具备，因此，陈某的行为违反了上述法律规范，已经具备构成非法经营罪的前提要件。无罪观点未对陈某行为所违反的法律、法规进行全面考查，得出的结论难免有失偏颇。

2. 禁止溯及既往。

禁止溯及既往又称禁止事后法，这一原则要求必须在行为前以法律预先规定犯罪及其刑罚，换言之，只能对行为适用行为时法。行为时法必须是行为时已经生效的法律，"行为时"即行为人实施犯罪行为的时间，或者在不作为情况下指本应作为的时间。由于适用刑法的效果通常导致严厉的刑罚，故与其他部门法相比，刑法对事后法的禁止极为严格。

溯及既往之所以被禁止，是因为如果刑事立法具有溯及既往的效力，则无异于要求国民遵守行为时尚不存在的法律。这是对个人权利的严重侵犯，同时也是专制的重要表现。对个人而言，预测自身行为后果只能是依据行为时已经公布的法律。如果可以适用事后法将行为认定为不法，则国民将无法按既有法律选择其行为方式，这不仅会破坏法的安定性，也将损害国民对法律的信赖，进而摧毁法律的社会机能。更重要的是，制定事后法就使刑罚权及于此前的行为。而"每个立法者都可能在特别引起轰动的行为的压力下，通过事后引入刑罚威胁或加重刑罚威胁来平息一种在政治上不愿看到的动乱和激愤，这种持续存在的法律政策的现实性产生了禁止溯及既往的必要性"[1]。正是对政府滥用刑罚权的警惕，使得禁止溯及既往在美国成为一条宪法规则。美国宪法起草者之一的汉密尔顿将法不得溯及既往称为是对自由与共和政体的确实保障，认为"事后确立罪状，或换言之，以发生时并不违法的行为为根据加以惩办及任意拘禁公民的做法，历来是暴政所善用及最恐怖的手段"[2]。约瑟夫·斯托里法官在其《美国宪法释义》一书中力主法不得溯及既往，并写道："如果现有法律不处罚一个罪人，那就由他去。让立法纠正法律漏洞，以应对未来实施的同类罪行。一个罪人得以逃脱，无论如何不及违背这一司法信誉和公民自由所赖以存在的规则为害之甚。"可见，禁止溯及既往是基于保障国民自由和限制政府权力的要求。

以下几种情形因为不利于被告人，应严格禁止溯及既往：

第一，创设新罪名，即以新法将行为时合法的行为规定为犯罪，也包括对行

---

① [德] 克劳斯·罗克辛著，王世洲译：《德国刑法学总论（第1卷）》，法律出版社2005年版，第93页。

② [美] 汉密尔顿等著，程逢如等译：《联邦党人文集》，商务印书馆1980年版，第428页。

为时虽有法律禁止但并未以刑罚禁止（未规定法定刑）的行为科处刑罚。例如，《刑法》第369条规定了破坏武器装备、军事设施、军事通信罪，《刑法修正案（五）》增加规定了过失损坏武器装备、军事设施、军事通信犯罪的内容，从而也增加了过失损坏武器装备、军事设施、军事通信罪的新罪名。

第二，加重既有罪名，即根据行为时的法律只构成较轻的犯罪，而依照事后新法则构成较重的犯罪。例如，携带凶器抢夺的行为在1979年《刑法》中构成抢夺罪，而根据1997年《刑法》则构成抢劫罪，罪名较之于以前有所加重。

第三，加重刑罚，即事后新法较行为时法律处罚更为严厉，包括：（1）提高法定刑，如《刑法修正案（七）》将巨额财产来源不明罪的法定刑从5年有期徒刑提高到10年有期徒刑。（2）规定从重情节，如《刑法修正案（八）》在特别累犯中增加了恐怖活动犯罪和黑社会性质的组织犯罪，上述两种犯罪分子在刑罚执行完毕或者赦免后，在任何时候再犯上述一类罪的，都以累犯论处。（3）规定构成加重情节，如行为人入户抢劫，根据1979年《刑法》只构成一般的抢劫罪，而依据现行刑法属于抢劫罪的加重情节。（4）限制适用有利的刑罚执行方式，如1997年《刑法》第81条第2款规定："对累犯以及因杀人、爆炸、抢劫、强奸、绑架等暴力性犯罪被判处十年以上有期徒刑、无期徒刑的犯罪分子，不得假释。"《刑法修正案（八）》则将因放火、投放危险物质或者有组织的暴力性犯罪被判处10年以上有期徒刑、无期徒刑的犯罪分子也纳入了不得假释的范围。（5）增加新的附加刑，如《刑法修正案（八）》在《刑法》第274条关于敲诈勒索罪的规定中增加了并处或单处罚金的内容。

第四，出于入罪目的改变证明规则。如根据行为时的法律，主观故意的存在与否需要由控方举证证明，而新法引入推定，可由客观行为推定犯意存在。

第五，事后减少犯罪构成要件或者降低犯罪成立条件而增加入罪可能性，如行为时法律规定构成某一犯罪需同时满足A、B、C、D四个要件，而新法改为只需满足A、B、C三个要件即可，这无疑增加了行为入罪的可能性。例如，《刑法修正案（六）》将1997年《刑法》第135条重大劳动安全事故罪中"劳动安全设施不符合国家规定，经有关部门或者单位职工提出后，对事故隐患仍不采取措施"的构成要件删除，降低了入罪条件。

（1）禁止溯及既往与刑法修正案。

制定刑法修正案是一种新的立法活动，它涉及增减罪名、扩大或缩小犯罪主体、变更犯罪构成或改变刑罚。因此，刑法修正案对其颁布前实施的犯罪行为原则上没有溯及力。

根据从旧兼从轻的规定，在1997年《刑法》和刑法修正案都认为是犯罪，并且按照《刑法》第一编第四章第八节的规定应当追诉的，原则上应按1997年《刑法》追究刑事责任。但是，如果1997年《刑法》处罚比刑法修正案要重，则适用刑法修正案。例如，1997 年《刑法》第 239 条规定，"以勒索财物为目的绑架他人的，或者绑架他人作为人质的，处十年以上有期徒刑或者无期徒刑，并处罚金或者没收财产"。《刑法修正案（七）》增加了"情节较轻的，处五年以上十年以下有期徒刑，并处罚金"的规定。因此，对于 1997 年以后实施的情节较轻的绑架行为，如在《刑法修正案（七）》颁布后审判的，应适用《刑法修正案（七）》的规定。同样，如果 1997 年《刑法》认为是犯罪，而刑法修正案不认为是犯罪的，只要这种行为未经审判或者判决尚未确定，刑法修正案具有溯及力①。

（2）禁止溯及既往与立法解释。

根据《立法法》和全国人大常委会《关于加强法律解释工作的决议》的规定，刑法立法解释存在于以下场合：刑法条文的规定需要进一步明确具体含义的；刑法制定后出现新的情况，需要明确适用法律依据的；最高人民法院和最高人民检察院就作出的具体应用刑法的司法解释出现原则性的分歧，报请全国人民代表大会常务委员会作出解释的。由于刑法立法解释是针对特定刑法条文作出的，与特定刑法条文之间有依附及对应关系，是根据刑法条文的立法原意对法律条文的含义作进一步明确阐释，并不涉及对法律条文的修改、补充。因此，立法解释对法律条文的效力没有影响，其适用的时间范围与其解释的法律条文一致。对于立法解释公布前还没有判决的案件，应当根据立法解释的精神适用有关刑法条文作出判决。最高人民检察院在"关于《全国人民代表大会常务委员会关于〈中华人民共和国刑法〉第九十三条第二款的解释》的时间效力的批复"中曾指出，全国人大常委会的解释是对《刑法》有关条款规定的进一步明确，并不是对《刑法》的修改，因此，该解释的效力适用于《刑法》的施行日期。

有观点认为，从全国人大常委会已经作出的刑法立法解释来看，有的刑事立法解释实际上已经变为另一种形式的立法活动。例如，1997 年《刑法》将渎职罪的犯罪主体规定为"国家机关工作人员"，但全国人大常委会于 2002 年 12 月 28 日作出的《关于〈中华人民共和国刑法〉第九章渎职罪主体适用问题的解释》将渎职罪的犯罪主体扩大到"依照法律、法规规定行使国家行政管理职权的组织中从事公务的人员，或者在受国家机关委托代表国家机关行使职权的组织中从事公务的人员，或者虽未列入国家机关人员编制但在国家机关中从事公务的人员"。这个立法解释已经超出了阐释刑法条文本身含义的范围。对这种已经超出单纯常规解释范畴、直接涉及公民过去的某一行为是否构成犯罪或者是否属于更严重的犯罪的解释，应当禁止溯及既往。还有的建议全国人大常委会在出台有关刑事立法解释时，根据其解释内容对时间效力分别予以明确，对于那些属于常规状态下的解释或有利于被告人的解释，可以溯及既往；对于那些不属于常规状

---

① 到目前为止，刑法修正案对《刑法》的修正内容中还没有出现过这种情况。

态下的解释或不利于被告人的解释，应当明文规定此解释只适用于颁布后的行为且不宜自公布之日起生效①。笔者认为，虽然由于现实运作中存在以立法解释扩张法律内容的情况，但要做的是避免作扩大的立法解释，而不应用事实委屈规则，无视立法解释的性质而从溯及力上加以限制。

（3）禁止溯及既往与司法解释。

我国的司法解释是最高人民法院和最高人民检察院就适用法律有关问题作出的有权解释，虽然对司法机关处理案件有约束力，但不是法律渊源。就其本质而言，司法解释不是对刑法规范的补充、修改或变更，而仅仅是对刑法固有含义的阐明，因此如同立法解释，对司法解释不存在禁止溯及既往的问题。司法解释自发布或规定之日起施行，效力及于法律施行期间。但这并不意味着司法解释具有溯及力，这其实是司法解释从属于刑法效力的必然结果。

最高人民法院、最高人民检察院《关于适用刑事司法解释时间效力问题的规定》第2条规定："对于司法解释实施前发生的行为，行为时没有相关司法解释，司法解释施行后尚未处理或者正在处理的案件，依照司法解释的规定办理。"承认事后制定的司法解释的效力及于此前行为。但该规定第3条又指出："对于新的司法解释实施前发生的行为，行为时已有相关司法解释，依照行为时的司法解释办理，但适用新的司法解释对犯罪嫌疑人、被告人有利的，适用新的司法解释。"这里又采取了从旧兼从轻原则，实质上是将司法解释视为与刑法效力一样。刑事司法解释与刑法不同，其并非法律渊源，而是有权机关对刑法的解释性规定。当新的解释性规定废止了旧的解释性规定，就意味着有权机关基于学说变更或司法政策等因素而修正了以往对犯罪或处罚的理解。这一新解释自其发布或规定之日起就适用于该法律施行期间。如果将刑事司法解释视同刑法而适用禁止溯及既往，无疑违背了立法权与司法权的权限划分。况且，不能因为曾存在不当的有效解释，在新解释对刑法含义作了阐明后仍坚持原有不当解释，而错误地适用刑法。正确的理解应该是：在新司法解释较旧司法解释对被告人有利的情况下，如旧司法解释规定某种行为是犯罪，新司法解释规定该行为不构成犯罪，此时适用新司法解释不是因为采取从旧兼从轻原则，而是因为对刑法的正确理解不认为该行为是犯罪。在新司法解释较旧司法解释对被告人不利的情况下，仍应适用新司法解释，但在行为人因旧司法解释的存在而误解刑法的情况下，可以依据法律认识错误的处理原则进行救济，即由于行为人不具有违法性认识的可能性，而排除其有责性，不以犯罪论处。

与此相关的一个问题是司法判决中的个案解释。在个案审判中，难免要对刑

① 黄太云：《刑法修正案和刑法立法解释溯及力问题探析》，载《人民检察》2006年第19期。

法规范作出解释，如"同性恋卖淫"案中，审判法院对"卖淫"一词作出解释，认为男性向男性提供性服务的行为构成刑法上的"卖淫"。对此，德国学说认为，对司法判决不适用禁止溯及既往。如果法院对一项规则作出比现有的司法判决更不利于被告人的解释时，被告人就必须接受这个对自己不利的解释。从思想方法上说，这个新的解释不是根据溯及既往的惩罚或者从重的刑罚作出的，而是为了实现已经存在但现在才被正确认识了的法律的意图。少数观点认为，公民信任稳定的司法判决就像信任法律一样，因此应将禁止溯及既往原则适用于改变稳定的司法判决而对被告人作出不利判决的情况。对此，批评意见指出，这违反了权力分立原则，而将立法与司法判决放在同一个等级上。并且，公民不应当相信司法判决，而应当相信法律原文。因为司法判决的变化必须保持在可能的文字含义之内，而个人能够并且必须在一些情况下适应这种变化。但在行为人以不受责备的方式相信确定的司法判决的情况下，可以依据无罪责的禁止性错误而宣告无罪。①

（4）禁止溯及既往与程序法。

程序法，是指不变更犯罪的特征，也不改变犯罪人的责任与刑罚的确定，仅仅与认定犯罪及追诉程序有关的法律。② 禁止溯及既往原则上不适用于程序法，亦即程序法不受这一原则的限制，可以即行适用。这是因为罪刑法定原则是为可罚行为及与此有关的刑罚设置的，而不保护对程序规定中漏洞的信任。

（5）禁止溯及既往的例外。

禁止事后法只是禁止不利于被告人的溯及既往，如果新法有利于被告人，则可以溯及既往适用新法。因此，如在判决之前法律发生变更，在新法处罚较轻或者不处罚的情况下，应当适用新法；在新法废除了某刑法条文的情况下，应宣告无罪。这是为了使刑罚的处罚范围降低到最低限度，从而扩大国民的自由。因为如果新法降低了对某一行为的处罚或者将其非犯罪化，意味着判决时的立法者认为该行为具有较轻的可罚性或不具有可罚性，此时再依据行为时的旧法进行惩罚，已无意义。

【研讨内容】法不溯及既往

【案例1-2】徇私舞弊暂予监外执行案

1995年12月，在押犯欧甲在A市看守所羁押期间，其兄欧乙持伪造的欧甲患乙型肝炎诊断书，找到被告人A市看守所副所长魏某，魏某在没有对在押犯

① ［德］克劳斯·罗克辛著，王世洲译：《德国刑法学总论（第1卷）》，法律出版社2005年版，第97~98页。

② ［法］卡斯东·斯特法尼著，罗结珍译：《法国刑法总论精义》，中国政法大学出版社1998年版，第169页。

欧甲进行疾病鉴定的情况下，于 1995 年 12 月 18 日向办案单位出具了病情反映，称看守所不予关押，建议变更强制措施。办案单位于 1995 年 12 月 25 日决定对欧甲予以监外执行。1998 年案发，A 市 C 区检察院以魏某构成徇私舞弊暂予监外执行罪提出起诉，一、二审法院均认为魏某的行为依照 1979 年《刑法》不构成犯罪。

本案中魏某的行为当然是违法行为，因为作为监管人员不认真履行职责，对被监管人欧甲的近亲属提出的监外执行申请的事由不作认真核实，也未对欧乙的疾病状况进行检查和鉴定，就向办案单位出具了病情反映，其行为显然违反了应尽的监管审查职责。但其是否构成犯罪，要看是否符合刑法规定。

根据 1997 年《刑法》第 401 条的规定，司法工作人员徇私舞弊，对不符合减刑、假释、暂予监外执行条件的罪犯，予以减刑、假释或者暂予监外执行的，构成徇私舞弊减刑、假释、暂予监外执行罪。但魏某的行为是发生在 1997 年《刑法》实施之前，应适用 1979 年《刑法》。对照 1979 年《刑法》第八章渎职罪的条款看，并不能找到某一罪名的犯罪构成符合魏某行为的特征。若认为魏某行为系玩忽职守，但其行为并没有造成公共财产、国家和人民利益遭受重大损失。若认为魏某构成司法人员徇私舞弊罪，但其行为并没有使欧甲免予追诉。若认为魏某构成司法人员私放罪犯罪，但实际上其并未将欧甲释放，而是促使了刑罚执行方式的改变。

1997 年《刑法》第 12 条规定，"中华人民共和国成立以后本法施行以前的行为，如果当时的法律不认为是犯罪的，适用当时的法律"。由于 1979 年《刑法》并未将魏某的此类行为作为犯罪来处理。虽然魏某的行为违反监管规定，在 1997 年《刑法》中也作为犯罪处理，但依照罪刑法定原则，魏某的行为不构成犯罪。

【研讨内容】司法解释的时间效力

【案例 1-3】朱某某、左某某等非法买卖枪支案①

湖北省当阳市水产供销公司系《枪支管理法》实施前的湖北省猎枪定点销售单位。《枪支管理法》于 1996 年 10 月 1 日实施后，水产供销公司虽向有关部门提出申请，但未取得继续经营猎枪的资格。

1998 年，水产供销公司职工王某某在该市公安局窃取了盖有公章但已作废的《枪支、弹药运输许可证》及《射击运动枪、猎枪、注射枪购买证》。该公司经理朱某某要走该购枪手续，准备做猎枪生意。1998 年 9 月 29 日至 1999 年 12

---

① 朱某某、左某某等非法买卖枪支、贪污案，参见《刑事审判参考》（总第 42 集），法律出版社 2005 年版。此处对案例略作改动，没有涉及与研讨问题无关的贪污犯罪事实。

月 14 日，朱某某持《射击运动枪、猎枪、注射枪购买证》，以当阳水产供销公司名义先后 11 次到湖南资江机械厂购买猎枪 166 支。除在运输途中被湖北省松滋市公安局查获 14 支外，均通过当阳水产供销公司渔猎用品商店卖出。1998 年到 1999 年间，被告人左某某多次到当阳水产供销公司渔猎用品商店非法购买猎枪共计 22 支后非法销售。其中，卖给被告人邹某某 6 支，卖给被告人李某某 1 支。1999 年 5 月，被告人邹某某经人介绍，从左某某处购买了 1 支五连发猎枪和 5 支猎枪，先后售出。

1998 年 9 月，被告人张某某找被告人李某勇帮忙购买 1 支猎枪。李某勇找被告人李某某帮忙购买，李某某遂联系被告人左某某。谈定价格后，李某某即通知李某勇，李某勇将钱交给李某某，李某某又将钱交给左某某，购得五连发猎枪 1 支。尔后，李某某将枪交给了被告人李某勇，李某勇又交给被告人张某某。

湖北省襄樊市人民检察院以被告人朱某某、左某某、邹某某、张某某、李某某、李某勇犯非法买卖枪支罪，向襄樊市中级人民法院提起公诉。

襄樊市中级人民法院经审理认为，被告人朱某某、左某某、邹某某、张某某、李某某、李某勇违反枪支管理规定买卖枪支，严重危害了公共安全，其行为均已构成非法买卖枪支罪。被告人朱某某非法买卖枪支 166 支，被告人左某某非法买卖枪支 23 支，被告人邹某某非法买卖枪支 6 支，根据《最高人民法院关于审理非法制造、买卖、运输枪支、弹药、爆炸物等刑事案件具体应用法律若干问题的解释》第 2 条第 1 项的规定，均属情节严重。被告人左某某、张某某在刑满释放后 5 年内重新犯罪，系累犯，应当从重处罚。被告人李某某揭发他人犯罪行为，有立功表现，可以减轻处罚。

2002 年 10 月 25 日，襄樊市中级人民法院依法判决如下：1. 被告人朱某某犯非法买卖枪支罪，判处死刑，剥夺政治权利终身。2. 被告人左某某犯非法买卖枪支罪，判处死刑，缓期 2 年执行，剥夺政治权利终身。3. 被告人邹某某犯非法买卖枪支罪，判处有期徒刑 12 年，剥夺政治权利 2 年。4. 被告人张某某犯非法买卖枪支罪，判处有期徒刑 4 年。5. 被告人李某勇犯非法买卖枪支罪，判处有期徒刑 3 年。6. 被告人李某某犯非法买卖枪支罪，判处有期徒刑 2 年 6 个月。

针对涉及非法买卖枪支的刑事案件，最高人民法院先后制定了两部司法解释，分别为最高人民法院在 1995 年 9 月 20 日颁布的《关于办理非法制造、买卖、运输非军用枪支、弹药刑事案件适用法律问题的解释》（以下简称"1995 年解释"）、最高人民法院在 2001 年 5 月 15 日颁布的《关于审理非法制造、买卖、运输枪支、弹药、爆炸物等刑事案件具体应用法律若干问题的解释》（以下简称"2001 年解释"）。其中，1995 年解释第 2 条第 1 项规定，非法买卖非军用枪支 2 支以上的，构成非法买卖枪支罪；第 3 条规定，非法买卖非军用枪支 10 支以上的，属于非法买卖枪支"情节严重"。2001 年解释第 1 条第 1 款第 2 项规定，非法买卖以火药为动力的非军用枪支 1 支的行为，构成非法买卖枪支罪；第 2 条第 1 项规定，非法买卖以火药为动力的非军用枪支 5 支以上的，属于非法买卖枪支"情节严重"。本案在审理过程中应该适用哪部司法解释存在争议，有两种不同意见：

第一种意见认为，应当适用 1995 年解释中的数量规定处罚。具体而言，被告人郜某某的行为构成非法买卖枪支罪，但不应认定为非法买卖枪支罪"情节严重"，应当在 3 年以上 10 年以下有期徒刑的幅度内处刑；被告人张某某、李某某、李某勇的行为未达到行为时的司法解释所规定构成犯罪的数量标准，应当宣告无罪。

第二种意见认为，根据 2001 年解释第 1 条、第 2 条的规定，对被告人左某某、郜某某、李某某、李某勇均应当适用最高人民法院在 2001 年解释中规定的数量标准处罚。

审判法院采纳了第二种意见。法院裁判理由指出：

第一，最高人民法院《关于司法解释工作的若干规定》第 12 条规定："司法解释在颁布了新的法律，或在原法律修改、废止，或者制定了新的司法解释后，不再具有法律效力。"1995 年解释是对 1979 年《刑法》第 112 条的解释，而本案发生于 1997 年《刑法》施行以后，因此，1995 年解释对 1997 年《刑法》施行以后发生的行为不具有法律效力。

第二，最高人民法院、最高人民检察院《关于适用刑事司法解释时间效力问题的规定》第 1 条规定："司法解释是最高人民法院对审判工作中具体应用法律问题和最高人民检察院对检察工作中具体应用法律问题所作的具有法律效力的解释，自发布或者规定之日起施行，效力适用于法律的施行期间。"第 2 条规定："对于司法解释实施前发生的行为，行为时没有相关司法解释，司法解释施行后尚未处理或者正在处理的案件，依照司法解释的规定办理。"第 4 条规定："对于在司法解释施行前已办结的案件，按照当时的法律和司法解释，认定事实和适用法律没有错误的，不再变动。"换言之，司法解释是最高司法机关对法律条文本身含义的进一步明确，其时间效力与其所解释的法律相同。最高人民法院 2001 年解释自 2001 年 5 月 16 日起施行，其主要目的在于维护判决的既判力，即只要该司法解释施行前已办结的案件在认定事实和适用法律方面没有错误，即使在定罪量刑标准上与 2001 年解释不一致，也不能根据 2001 年解释对已经生效的裁判提起审判监督程序进行再审。而对于 2001 年解释施行以后尚未处理或者正在处理的案件，只要应当适用其解释的法律，2001 年解释就适用于该案件。本案各被告人非法买卖枪支的行为均发生于 1997 年《刑法》施行期间，应当适用 1997 年《刑法》，也当然适用 2001 年解释。

第二，最高人民法院《关于认真学习宣传贯彻修订后〈中华人民共和国刑法〉的通知》第5条规定："修订的刑法实施后，对已明令废止的全国人大常委会有关决定和补充规定，最高人民法院原作出的有关司法解释不再适用。但是如果修订的刑法有关条文实质内容没有变化的，人民法院在刑事审判工作中，在没有新的司法解释前，可参照执行。其他对于与修订的刑法规定相抵触的司法解释，不再适用。"因此，对于发生于1997年《刑法》施行以后的刑事案件，参照执行1997年《刑法》施行以前颁行的司法解释的前提条件是"刑法有关条文实质内容没有变化"，且"没有新的司法解释"。虽然1997年《刑法》第125条与1979年《刑法》第112条相比实质内容没有变化，但在2001年解释已对1997年《刑法》第125条的含义进行了解释的情况下，就不能参照执行1995年解释。

根据最高人民法院《关于认真学习宣传贯彻修订后〈中华人民共和国刑法〉的通知》第5条的规定，最高人民法院原作出的有关司法解释不再适用，但是如果修订的刑法有关条文实质内容没有变化的，人民法院在刑事审判工作中，在没有新的司法解释前，可参照执行。朱某某、左某某等非法买卖枪支罪一案审结后，最高人民法院于2003年7月29日作出的《关于97刑法实施后发生的非法买卖枪支案件，审理时新的司法解释尚未作出，是否可以参照1995年9月20日最高人民法院〈关于办理非法制造、买卖、运输非军用枪支、弹药刑事案件适用法律问题的解释〉的规定审理案件请示的复函》也指出："原审被告人××非法买卖枪支的行为发生在修订后的《刑法》实施以后，而该案审理时《最高人民法院关于审理非法制造、买卖、运输枪支、弹药、爆炸物等刑事案件具体应用法律若干问题的解释》尚未颁布，因此，依照我院法发〔1997〕3号《关于认真学习宣传贯彻修订〈中华人民共和国刑法〉的通知》的精神，该案应参照1995年9月20日最高人民法院法发〔1995〕20号《关于办理非法制造、买卖、运输非军用枪支、弹药刑事案件适用法律问题的解释》的规定办理。"按照最高人民法院上述司法解释的规定，对于1997年《刑法》实施后、2001年5月16日前实行的非法买卖枪支行为，在2001年5月16日前审理完毕的，应参照1995年解释进行审判。问题在于，如果上述行为是在2001年5月16日后审理的，应适用1995年解释还是2001年解释？

禁止溯及既往要求必须在行为前以法律预先规定犯罪及其刑罚，换言之，只能对行为适用行为时法。所谓行为时法，是指行为时已经生效的法律规定。本案中，几名被告人的买卖枪支行为均发生在1998年以后，应当适用1997年《刑法》。本案被告人的非法买卖枪支行为实施之时，已有1995年解释，但在案件审理之时，2001年解释即新的司法解释已经实施，其效力及于1997年《刑法》施行期间。司法解释附属于其解释的法律文本，不具有独立的时间效力，也不存在所谓溯及力问题，也就不存在适用从旧兼从轻的问题。正如有学者指出的：《刑法》关于从旧兼从轻溯及力原则的规定是针对《刑法》，不是针对司法解释，从旧兼从轻原则的本质是禁止适用"事后法"或"重法"，但刑法司法解释只是法律规范得以顺利施行的工具，其本身只是该工具是否合法与应手等问题，而不存在事后法或重法的问题——因为它本身不是"法"。① 因此，从学理上讲，本案应适用 2001 年解释。

但最高人民法院、最高人民检察院《关于适用刑事司法解释时间效力问题的规定》第 3 条规定："对于新的司法解释实施前发生的行为，行为时已有相关司法解释，依照行为时的司法解释办理，但适用新的司法解释对犯罪嫌疑人、被告人有利的，适用新的司法解释。"该规定中"行为时已有相关司法解释"既包括行为时有现行法律的司法解释，也包括有可参照执行的旧的司法解释。本案中 1995 年解释较 2001 年解释对被告人有利，因此应当适用 1995 年解释。实践中，最高人民法院、最高人民检察院由于《关于适用刑事司法解释时间效力问题的规定》第 3 条规定的存在，实际上将司法解释视如刑法规定，在存在新旧司法解释的情况下，适用从旧兼从轻处理，如下面这个案例。

【研讨内容】司法解释的溯及力

【案例 1-4】谭某某、蒋某某侵犯著作权案②

被告单位湖南大学财税远程教育中心。

被告人谭某某原系湖南税务高等专科学校党委副书记、副校长，兼任湖南大学财税远程教育中心主任。因涉嫌犯侵犯著作权罪于 2002 年 11 月 18 日被逮捕，2004 年 8 月 15 日被取保候审。

被告人蒋某某原系湖南税务高等专科学校教师，兼任湖南大学财税远程教育中心资源办主任。因涉嫌犯侵犯著作权罪于 2002 年 11 月 18 日被逮捕，2004 年 5 月 12 日被取保候审。

湖南省长沙市人民检察院以被告单位湖南大学财税远程教育中心、被告人谭某某、蒋某某犯侵犯著作权罪，向长沙市中级人民法院提起公诉。

被告单位和被告人谭某某、蒋某某及辩护人均提出，公诉机关指控湖南大学财税远程教育中心翻印教材、复制光盘非法所得数额和非法经营数额的计算方法均有误，不能作为定案依据，且《大学英语预备级 I》不属于教学计划课程，系免费发放，不具有营利目的。《现代远程教育基础》的著作权由编者李某某、胡某某享有，湖南大学有权在业务范围内优先使用。湖南大学财税远程教育中心从

---

① 屈学武：《刑事司法解释效力范围探究》，载《中国司法》2004 年第 8 期。

② 《谭某某、蒋某某：侵犯著作权案——对于司法解释是否需要适用从旧兼从轻原则》，载《刑事审判参考》（总第 67 集），法律出版社 2009 年版。

属于湖南大学，其复制发行该书用于教学活动，不构成侵权。

长沙市中级人民法院经公开审理查明：

2000 年下半年，国家税务总局为配合税务系统机构改革，提高税务系统公务员学历，与湖南大学协商开展税务系统远程学历教育。2001 年 1 月 2 日，湖南大学发文成立湖南大学财税远程教育中心（以下简称财税中心），隶属于湖南大学现代教育技术中心（又称湖南大学多媒体信息教育学院，2002 年更名为湖南大学网络学院）。2001 年 1 月 19 日，湖南大学向湖南省教育厅申请办理财税中心的备案手续。财税中心在湖南省质量技术监督局取得组织机构代码证，机构类型为"其他机构"。湖南大学现代教育技术中心批复财税中心，"在国家税务总局教育中心、湖南大学指导下相对独立地开展教育教学工作，按企业化管理模式运作"。

2001 年 3 月 6 日，国家税务总局教育中心与湖南大学签订《关于合作开展税务系统远程学历教育协议书》，双方就所开设的专业、教学形式、生源组织、教学管理、学历及学位证书发放、课程设置、教育计划及教材选用、教学软件开发、学费标准、负责人的产生及聘任等问题进行了约定。2001 年 3 月 22 日，经国家税务总局教育中心委托、湖南省国税局推荐，被告人谭某某被湖南大学聘任为财税中心主任。2001 年 4 月，被告人蒋某某被谭某某聘请到财税中心资源办任主任。

2001 年 4 月 15 日和 9 月 5 日，湖南大学现代教育技术中心先后与财税中心签订了《关于湖南大学财税远程教育中心管理合同书》和该协议补充协议书，约定了办学层次及专业、教学管理、教学资源的使用及建设、收费、收入的分配、奖励等方面事项。

财税中心在办学过程中，向学员收取教育资源费，发放教科书和光盘给学员。办学之初，财税中心向湖南大学现代教育技术中心教学资源指定供应单位湖南大学信息技术有限公司共计支付 250.542 万元，购买了部分教材和教学光盘发放给学员使用。

2001 年 9、10 月间，财税中心开学在即，急需教材，被告人谭某某认为根据与湖南大学现代教育技术中心签订的管理合同书，财税中心可以使用湖南大学的教材，遂要求资源办翻印教材。时任资源办负责人的符某将从湖南大学现代教育技术中心取回的《邓小平理论概论》、《大学英语预备级 1》、《INTERNET 基础》3 本样书及《现代远程教育基础》的印刷胶片交给被告人蒋某某要其翻印。蒋某某经请示谭某某同意后，在没有征得著作权人许可和专有出版权人同意，也没有向印刷厂提供印刷证明的情况下，找人联系印刷厂翻印，共印刷了《邓小平理论概论》3 万册、《大学英语预备级 1》3 万册、《现代远程教育基础》3 万册、《INTERNET 基础》1 万册。财税中心支付印刷费 48.1793 万元。

其中,《邓小平理论概论》是中共湖南省委高等学校工作委员会、湖南省教育厅组编,吴某主编的高等学校通用教材,由湖南大学出版社出版。该课程系财税中心学员必修课程。财税中心共翻印该书 3 万册,该书定价为 11.50 元/册,发放给学员 29187 册,免费配发给各教学点 759 册,库存 54 册,非法经营额为34.5 万元。

《INTERNET 基础》是由北方交通大学出版社出版的现代远程教材,由王某某(湖南大学现代教育技术中心网络部主任)主编,胡某某(湖南大学现代教育技术中心教务部主任)副主编,杨某某(湖南大学现代教育技术中心负责人)主审。财税中心共翻印该书 1 万册,该书定价为 19 元/册,其中发放给学员9249 册,免费配发给各教学点 751 册,非法经营额为 19 万元。

《大学英语预备级 I》系董某某主编的高等学校教材,由上海外语教育出版社享有专有出版权。该书没有列入财税中心的教学计划。财税中心翻印 3 万册,定价 11.1 元,非法经营额为 33.3 万元。该书全部免费发放给学员。

《现代远程教育基础》是李某某主编的湖南大学多媒体信息教育学院的内部教材,没有公开出版。该书编辑了远程教育方面的文件和相关论文。该书的印刷胶片由编者之一胡某某提供,财税中心翻印 3 万册。该书没有定价。

湖南省金雷司法鉴定所出具的《司法鉴定技术报告书》证实,财税中心非法复制《邓小平理论概论》、《INTERNET 基础》,共获利 28 万余元。

长沙市中级人民法院认为,被告单位湖南大学财税远程教育中心为节约成本、谋取利益,未经著作权人许可和享有专有出版权的出版社同意,非法复制发行《邓小平理论概论》和《INTERNET 基础》,获取违法所得 28 万余元,其行为构成侵犯著作权罪。被告人谭某某作为财税中心负责人、被告人蒋某某作为财税中心直接责任人员应当承担刑事责任。根据被告人蒋某某犯侵犯著作权罪的犯罪情节,对其适用缓刑确实不致再危害社会,可以宣告缓刑。财税中心复制光盘、翻印《大学英语预备级 1》和《现代远程教育基础》两书虽不能认定为犯罪,但系违法行为,所得利润应予追缴。依照《刑法》第 217 条、第 220 条、第 30 条、第 31 条、第 72 条、第 73 条第 2、3 款的规定,于 2004 年 7 月 28 日判决如下:(1)被告单位湖南大学财税远程教育中心犯侵犯著作权罪,判处罚金四百万元。(2)被告人谭某某犯侵犯著作权罪,判处有期徒刑 1 年,并处罚金 5 万元。(3)被告人蒋某某犯侵犯著作权罪,判处有期徒刑 1 年,宣告缓刑 2 年,并处罚金 5 万元。(4)追缴被告单位湖南大学财税远程教育中心违法所得256.29324 万元。

一审宣判后,被告单位湖南大学财税远程教育中心和被告人谭某某、蒋某某均不服,提出上诉。

财税中心上诉提出:(1)一审对上诉人判处罚金 400 万元,达到了其所认定的犯罪所得额14倍多，量刑畸重；（2）上诉人所复制的书籍，用于发放给学员作为学习资料，与一般的商业营利活动不同，量刑时应作为重要的情节因素予以考虑；（3）上诉人收取的经费来源于学生，收费较低，并用于财税教育，量刑时应予考虑。财税中心的辩护人提出：（1）本案不应以"所得数额"作为认定是否达到刑事责任起点的标准，而应按照非法经营额的标准，按此标准被告单位湖南大学财税远程教育中心不构成犯罪。（2）即使采用"合理估算收入，扣除直接成本"的方式估算"所得数额"，两本书的"所得数额"也未达到20万元的刑事责任标准，其行为亦不构成犯罪。

被告人谭某某上诉及其辩护人辩护提出：财税中心翻印两本书的行为不构成侵犯著作权罪，属于一般的违法行为，本案所获取的利益没有达到侵犯著作权所要求必须达到的法定构罪标准，从而不能追究谭某某的刑事责任。

被告人蒋某某上诉及其辩护人辩护提出：（1）财税中心翻印两本书的行为，主观上没有营利的目的，客观上没有营利的事实，数额上也没有达到犯罪的标准，财税中心的行为不构成侵犯著作权罪。（2）其本人不是直接责任人，不应追究刑事责任。

湖南省高级人民法院经审理认为，上诉人湖南大学财税远程教育中心为节约成本，未经著作权人许可和享有专有出版权的出版社同意，非法复制发行《邓小平理论概论》、《INTERNET基础》两本书，系侵犯著作权的行为。财税中心非法复制《邓小平理论概论》一书，因案发而未实际获利，没有违法所得；财税中心非法复制《INTERNET基础》一书，虽实际获利，但由于复制成本费无法查清，折扣率无法确定，不能准确确定其违法所得。一审认定财税中心非法复制上述两本书，非法获利28万余元的证据不足。由于财税中心侵犯著作权的违法所得数额无法准确认定，本案应当以非法经营额来评判是否构罪。而本案财税中心非法复制上述两本书的非法经营额能准确认定为53.5万元，没有达到100万元的构罪标准，故财税中心非法复制上述两本书的行为，不构成侵犯著作权罪。谭某某作为该单位主管人员，蒋某某作为直接责任人员依法不应追究刑事责任。湖南大学财税远程教育中心及其辩护人，谭某某及其辩护人、蒋某某及其辩护人上诉和辩护提出的"财税中心虽有为节约成本，未经著作权人许可和享有专有出版权的出版社同意，翻印、复制《邓小平理论概论》、《INTERNET基础》两本书的侵权行为，但违法所得、非法经营额均未达到构罪标准，其行为不构成犯罪"的理由部分成立，予以采纳。原审判决认定的主要事实清楚，证据确实、充分，审判程序合法，但适用法律不当。依照《刑法》第3条、第13条，最高人民法院《关于审理非法出版物刑事案件具体应用法律若干问题的解释》第2条第1款第2项及《刑事诉讼法》第162条第2项、第189条第2项之规定，于2005年10月11日判决如下：（1）撤销长沙市中级人民法院（2004）长中刑二初字第9号刑事判决。（2）被告单位湖南大学财税远程教育中心和被告人谭某某、蒋某某无罪。

对于侵犯著作权犯罪的法律适用，最高人民法院先后公布了两个司法解释，一个是1998年12月17日公布的最高人民法院《关于审理非法出版物刑事案件具体应用法律若干问题的解释》（以下简称《非法出版物刑事案件解释》）；另一个是2004年12月8日公布的最高人民法院、最高人民检察院《关于办理侵犯知识产权刑事案件具体应用法律若干问题的解释》（以下简称《知识产权刑事案件解释》）。

《非法出版物刑事案件解释》第2条对侵犯著作权罪作出规定为："以营利为目的，实施刑法第二百一十七条所列侵犯著作权行为之一，个人违法所得数额在五万元以上，单位违法所得数额在二十万元以上的，属于'违法所得数额较大'；具有下列情形之一的，属于'有其他严重情节'：（一）因侵犯著作权曾经两次以上被追究行政责任或者民事责任，两年内又实施刑法第二百一十七条所列侵犯著作权行为之一的；（二）个人非法经营数额在二十万元以上，单位非法经营数额在一百万元以上的；（三）造成其他严重后果的。以营利为目的，实施刑法第二百一十七条所列侵犯著作权行为之一，个人违法所得数额在二十万元以上，单位违法所得数额在一百万元以上的，属于'违法所得数额巨大'；具有下列情形之一的，属于'有其他特别严重情节'：（一）个人非法经营数额在一百万元以上，单位非法经营数额在五百万元以上的；（二）造成其他特别严重后果的。"

《知识产权刑事案件解释》第5条第1款对侵犯著作权罪作出规定为："以营利为目的，实施刑法第二百一十七条所列侵犯著作权行为之一，违法所得数额在三万元以上的，属于'违法所得数额较大'；具有下列情形之一的，属于'有其他严重情节'，应当以侵犯著作权罪判处三年以下有期徒刑或者拘役，并处或者单处罚金：（一）非法经营数额在五万元以上的；（二）未经著作权人许可，复制发行其文字作品、音乐、电影、电视、录像作品、计算机软件及其他作品，复制品数量合计在一千张（份）以上的；（三）其他严重情节的情形。"第15条规定："单位实施刑法第二百一十三条至第二百一十九条规定的行为，按照本解释规定的相应个人犯罪的定罪量刑标准的三倍定罪量刑。"

本案关键就在于，对于同一个具体应用法律问题，最高司法机关先后作出了上述两个司法解释，是否需要适用从旧兼从轻原则，选择适用对被告人最有利的司法解释？

本案裁判理由认为，司法解释是法律条文含义的具体化，既不涉及增加罪名，也没有改变原有的犯罪构成要件，除有特殊规定的外，司法解释本身没有自己独立的时间效力，因为司法解释是依据法律规定对法律的适用问题所作的解释。依法解释是司法解释的基本原则，司法解释只不过是把法律规定的那些不明确或者理解上有不同意见的问题，更加明确、具体化。从理论上讲，司法解释的时间效力与其所解释的法律相同，即它所解释的法律什么时候有效，司法解释就应当什么时候有效。只要适用该司法解释所解释的法律，就应当适用该司法解释。

《知识产权刑事案件解释》颁行后，就应当适用于所有正在审理和尚未审理的侵犯知识产权犯罪案件，即使侵犯知识产权犯罪行为发生在该司法解释施行以前，这是司法解释适用的一般原则。但是，由于之前施行的《非法出版物刑事案件解释》也对《刑法》第217条规定的侵犯著作权罪的定罪处刑标准作了规定，那么就涉及对于《知识产权刑事案件解释》颁行以前发生但在其颁行以后才处理的侵犯著作权刑事案件，是适用《非法出版物刑事案件解释》还是《知识产权刑事案件解释》的问题。对此，最高人民法院、最高人民检察院《关于适用刑事司法解释时间效力问题的规定》第3条规定："对于新的司法解释实施前发生的行为，行为时已有相关司法解释，依照行为时的司法解释办理，但适用新的司法解释对犯罪嫌疑人、被告人有利的，适用新的司法解释。"据此，对于同一个具体应用法律问题先后有两个司法解释的，应当选择适用对被告人最有利的司法解释。从以上两个司法解释对于侵犯著作权罪的规定可以看出，按照从旧兼从轻的原则，对于2004年12月21日以前发生的正在审理和尚未审理的侵犯著作权刑事案件，显然应当适用《非法出版物刑事案件解释》。

前文提到，司法解释本身不存在所谓溯及力问题，其效力依附于所解释的法律。司法解释适用于其颁布前的行为，这并非溯及力的表现，而是司法解释从属于刑法效力的必然结果。由于司法解释仅仅是对刑法规范应有含义的阐明，所以并不存在有利于或不利于被告人的问题。在存在新旧司法解释的情况下，新司法解释是对刑法规定的进一步明确，此时，的确可能出现新司法解释较旧司法解释规定更为严格的情况，如案例1－3中，1995年解释规定非法买卖非军用枪支2支以上的，构成非法买卖枪支罪，2001年解释则规定非法买卖以火药为动力的非军用枪支1支的行为，就构成非法买卖枪支罪。2001年解释的规定实际上与20世纪90年代后期以来对枪支管理更加严格的社会背景相适应。虽然从形式上看似降低了入罪条件，但实际并非如此。因为在枪支买卖管理趋于严格的背景下，2001年买卖1支枪支的行为的社会危害性不亚于1995年前后买卖2支枪支的行为。同样，案例1－4中，《知识产权刑事案件解释》较《非法出版物刑事案件解释》规定的"违法所得数额较大"的数值虽然有所降低，但这与整个社会对著作权保护意识的增强和打击侵权措施的加强也是相适应的。司法解释内容上的变化乃是调整刑事法律打击范围使其适应社会形势变化的适当之举。立法上所以就"数额较大"、"情节严重"等规范框架作出空白性规定，本身就是为司法解释因应时势对"数额"或"情节"作出界定留下的再解释空间。因而凡是在此框架之内的解释均是法内解释而非法外解释。认为存在新旧不同刑法司法解释时应适用从旧兼从轻原则处理，实质上是将刑法司法解释等同于刑法，将刑法司法解释看做刑法渊源的结果，这显然是对刑法司法解释性质的误解。

因此，正确的理解应该是，司法解释不具有独立的时间效力，因此其效力自然适用于所解释的法律全部施行期间。在存在新旧司法解释时，若旧的正式解释规定某种行为不构成犯罪，新的正式解释将该行为解释为犯罪，行为人在新的正式解释颁布之前根据旧的正式解释实施了该行为，但在新的正式解释颁布后才发现该行为的，可以认定为旧的正式解释导致行为人误解刑法，应根据法律认识错误的处理原则进行救济，即由于行为人不具有违法性认识的可能性，而排除其有责性，不以犯罪论处。旧的正式解释将某种行为解释为犯罪，但新的正式解释规定该行为不构成犯罪，行为人在新的正式解释颁布之前实施该行为的，不应以犯罪论处。这并不意味着对正式解释采取了从旧兼从轻的原则，而是因为该行为并未违反刑法①。

3. 禁止类推解释。

（1）对类推解释的一般禁止。

禁止类推解释是罪刑法定原则的一个内容。罪刑法定原则所禁止的类推解释是"超出了通过解释才可查明的刑法规范规定的内容"，是"为制定新法律规范目的而类推"②。我国1979年《刑法》曾规定类推适用，允许对于刑法分则没有明文规定的犯罪比照《刑法》分则最相类似的规定定罪量刑。例如，1987年，犯罪嫌疑人马某某将他人委托其保管的密码箱一只私自撬开，窃取财物39500余元。一审法院查明，犯罪嫌疑人马某某利用为他人保管财物之机，以非法占有为目的，侵吞巨款，已构成犯罪，依法应追究刑事责任。马某某的行为虽然与盗窃罪的主体、主观方面和客体相符合，但其所侵占的财物是失主委托在其实际控制下的他人财物，这与盗窃罪的客观方面即秘密窃取公私财物的行为不符。因此，法院依照《刑法》第79条关于类推的规定，比照《刑法》第152条关于盗窃罪的规定，类推马某某犯非法侵占他人财产罪。③ 在现行刑法明文规定了罪刑法定原则的情况下，这种比附定罪的类推适用已不再可能出现，所要防止的主要是超出刑法用语可能具有的含义而进行的类推解释。

---

①　张明楷著：《刑法学》（第四版），法律出版社2011年版，第83页。

②　［德］汉斯·海因希里·耶塞克、托马斯·魏根特著，徐久生译：《德国刑法教科书》，中国法制出版社2001年版，第166页。

③　马某某侵占他人财产类推案，载《中华人民共和国最高人民法院公报》1990年第1期。

　　立法机关通过文字表述其立法意图，因此，在解释刑法时，只能在法条文字可能具有的含义内进行解释。同时，由于刑法本身有自己的体系，故在确定文字含义时，应当在维持刑法整体含义的前提下进行解释。如果可以类推解释，则意味着成文刑法丧失了意义。禁止类推解释实际上是要禁止一切违反民主主义与预测可能性的不合理解释。因为类推解释导致刑法的规定适用于相似的情况，则行为可能因为与刑法规定行为的相似性，就有被定罪量刑的危险。允许通过类推解释对法无明文规定的行为进行处罚，实际上是将司法者的主观意志强行置于由立法机关所代表的最高民意之上，这必然违反法律主义，违反作为罪刑法定思想渊源之一的民主主义；它也意味着对事先没有明文禁止的行为在事后进行处罚，从而背离禁止溯及既往原则。此外，将国民根据刑法用语所预想不到的事项解释为刑法用语所包含的事项，超出了国民的预测可能性，从而导致国民实施原本不认为是犯罪的行为却受到了刑罚处罚，使国民不能预测自己的行为性质后果，也损害了法的安定性。因此，禁止类推解释表明国家刑罚权的行使是有节制的。除刑法明文规定的行为以外，即使某些行为与刑法规定为犯罪的行为具有类似的社会危害性，只要刑法没有将其规定为犯罪，便不允许运用类推的手段追究行为人的刑事责任。例如，美国的一起案件中，被告人将一架他知道是被人偷来的飞机从伊利诺伊州运到俄克拉荷马州，因而被认定违反了《国家反盗窃机动车法》（the National Motor Vehicle Theft Act）中禁止任何人故意将盗窃的机动车运过州界的规定，并被认定有罪。该法第 2 条把"机动车"一词界定为包括汽车、卡车、运货车、摩托车或其他任何不是设计用来在轨道上运行的、自动推进的车辆。有人因此主张，飞机也是一种"不是设计用来在轨道上运行的、自动推进的车辆"。并且，汽车和卡车被包括在这项联邦制定法中，是因为它们可以很容易地被运出失窃的州。而一旦被运出，就会使该州执法的官员感到棘手，因为他们的管辖权限于州界以内。与汽车和卡车相同，一架失窃的飞机可以很容易地被运出失窃的州。于是可以认为，将飞机归类为"机动车"符合该法目的。但联邦最高法院推翻了有罪判决，霍姆斯大法官发表的意见指出，在涉及运用刑罚的时候，应该用常人理解的语言给世人一个公平的警告，告诉他们法律意图做什么。在日常语言中，"机动车"一词给人的印象是一种在地上运行的东西。不能仅仅因为表面上可能看似应该适用一项类似的政策，或者基于假如立法机关想到了这一问题，很可能使用含义更宽泛用语的推测，就将该法扩大适用于飞机。

　　严格来说，类推解释在刑法解释中之所以被禁止，根本原因是因为其并非法律解释方法，而是法律漏洞补充方法。法律解释与法律漏洞补充方法之间存在一个重要区别，即法律解释的活动只在可能的文义范围内为之，而法律补充的活动则只在法律可能文义范围之外为之。法律解释方法与法律漏洞补充方法在私法领域都是可以采取的法律方法，但"鉴于实务上某些'法域'（如'刑法'、'捐税法'）对法律补充之不同程度的禁止的存在，法学方法论上对法律解释与法律补充的区分的努力便有必要。"① 刑法上所谓禁止类推，实际上就是严格禁止在刑法适用中采取法律漏洞补充方法，对法律规范没有规定的事项设定刑罚或加重原有刑罚。西原春夫就类推与一般解释的区别指出："类推并不是对某个词句进行解释，看某种行为包括不包括在此解释内，而是从国家、社会全体的立场来看某一行为的不可允许，然后再设法找出类似的法条以资适用。"② 类似的，大谷实的评论指出："类推解释不是法律解释而是创造法律，如果将其作为刑法解释的话，就会将刑法中没有规定的事项也适用刑罚法规予以处罚，剥夺国民的预测行为后果的可能性，违反罪刑法定原则，特别是尊重人权原则的要求。"③ 可见，禁止类推解释禁止的是一切超出法律明文规定而设定刑罚或加重刑罚的做法。

（2）对有利于被告人的类推解释的例外允许。

当类推解释有利于被告人时，其例外地被允许。这是因为从罪刑法定原则蕴涵的保障人权的价值出发，其禁止的是法官不依法律规定而对被告人新设刑罚或加重其刑罚，换言之，其禁止的是不利于被告人的法律漏洞补充。因此，当刑法中存在一些有利于被告人的规定，而这些规定因为文字表述以及立法疏漏的缘故，按照其文字含义解释适用时会造成不公平现象，应当允许有利于被告人的类推，这恰恰是为了克服对罪刑法定进行形式解读造成的缺陷，实现刑法的正义。例如，《刑法》第 67 条第 2 款规定："被采取强制措施的犯罪嫌疑人、被告人和正在服刑的罪犯，如实供述司法机关还未掌握的本人其他罪行的，以自首论。"但现实中存在这样的现象，被处以治安拘留的违法人员在拘留期间，主动如实供述司法机关还未掌握的本人其他罪行。此处的违法人员显然不符合《刑法》第 67 条第 2 款的规定，其行为也不符合《刑法》第 67 条第 1 款的自动投案的成立条件，但若不以自首论，则显失公平。于是，可以对《刑法》第 67 条第 2 款中的强制措施进行类推解释，认为它包含治安拘留。这样一来，《刑法》第 67 条第 2 款所指涉的主体就包括受治安拘留的一般违法人员。

（3）类推解释与扩张解释的区分。

实践中最易招致违反罪刑法定原则质疑的是扩张解释。扩张解释扩大了刑法条文字面的含义，使条文未明确规定的内容包含在该条文之中，因而与类推解释有相似之处。当代主流观点主张禁止类推解释而允许扩张解释，但如何区分刑法中类推解释与扩张解释的界限，刑法学界莫衷一是。典型观点有：①可能文义

---

① 黄茂荣著：《法学方法与现代民法》，中国政法大学出版社 2001 年版，第 352 页。

② ［日］西原春夫：《罪刑法定主义与扩张解释、类推适用》，载《日本刑事法的形成与特色》，中国法律出版社、日本国成文堂联合出版 1997 年版。

③ ［日］大谷实著，黎宏译：《刑法总论》，法律出版社 2003 年版，第 48 页。

说。该说主张类推解释与扩张解释的区别在于是否超越法律文字可能的含意的范围，"扩张解释限于刑法成文语言的可能意义的界限内，相反的，类推解释超越其可能意义的界限，从而对成文没有规定的事项承认刑法规范的妥当性"①。②预测可能性说。该说主张应以是否超出国民的预测可能性为标准，凡是未超出国民预测可能性的是扩张解释，反之则是类推解释②。③可能文义与预测可能性结合说。该说主张应同时以是否超出刑法用语可能具有的意义范围和国民的预测可能性为标准，凡是在此范围之内的解释就是扩张解释，反之则是类推解释③。④法律解释范围说。该说主张以是否超出法律解释范围为标准，凡是超出法律解释范围的是类推解释，反之则是扩张解释④。⑤混合标准说。该说认为类推解释与扩大解释之间的界限具有相对性，因此必须从多方面进行综合判断：一是在考虑用语可能具有的含义的同时，还必须考虑处罚的必要性，处罚的必要性越大，将其解释为犯罪的可能性越大，这种解释被认定为类推解释的可能性就越小；二是应根据本国或本地区刑法及其用语进行判断，而不能根据外国刑法用语得出结论；三是在考虑用语原有含义的同时，还要考虑用语的发展趋势，如果解释结论符合用语的发展趋势，一般不宜认定为类推解释；四是在考虑用语的基本含义的同时，还要考虑相关法条的保护法益；五是不仅考虑某个用语在其他法律中的基本含义，还要考虑该用语在刑法中应有的含义；六是解释结论与刑法的相关条文内容以及刑法的整体精神相协调时，不宜认定为类推解释；七是不能仅从解释者文字表述上作出判断，还要联系解释结论的合理性作出判断；八是应当通过一般人的接受程度判断是否会侵犯国民的预测可能性。"总之，某种解释是类推解释还是扩大解释，并不是单纯的用语含义问题。换言之，某种解释是否被罪刑法定原则所禁止，要通过权衡刑法条文的目的、行为的处罚必要性、国民的预测可能性、刑法条文的协调性、解释结论与用语核心含义的距离等多方面得出结论。在很多情况下，甚至不是用语的问题，而是如何考量法条目的与行为性质，如何平衡法益保护机能与人权保障机能的问题。"⑤

　　如前所述，类推解释属于法律补充方法，而非严格意义上的法律解释方法。因此，类推解释与扩张解释的关键区分就在于是否超出一般法律解释的限度而实际上成为"造法"活动。罪刑法定原则允许所有合理的法律解释——无论是扩

---

① 马克昌著：《比较刑法原理：外国刑法学总论》，武汉大学出版社 2002 年版，第 71 页。

② 杨仁寿著：《法学方法论》，中国政法大学出版社 1999 年版，第 112 页。

③ ［日］曾根威彦著，黎宏译：《刑法学基础》，法律出版社 2005 年版，第 14 页。

④ 韩忠谟著：《刑法原理》，中国政法大学出版 2002 年版，第 47 页。

⑤ 张明楷著：《罪刑法定与刑法解释》，北京大学出版社 2009 年版，第 120～129 页。

张解释抑或限缩解释，但禁止超出可能文义范围的法律漏洞补充。因此，所谓类推解释与扩张解释的区分，毋宁说是法律漏洞补充方法与法律解释方法的区分。其具体标准，应是刑法文字可能文义范围以及国民预测可能性。具体来说：一是可能文义标准。可能文义标准是判定某种解释是否为类推解释的首要的、最基本的标准，也是贯彻罪刑法定原则的起码要求。德国学界及实务界普遍承认，"解释及法的续造（补充或改造），两者的界限只能是语言上可能的字义，实在不能发现其他界分标准"①。尽管可能文义这一标准不是绝对精确，但如果由此得出解释者不能就可能文义达成一致的结论，则未免过于极端。事实上，通过综合运用文义解释、历史解释、体系解释以及目的解释等解释方法，大多数情况下可以得出可能文义的界限之所在。值得注意的是，可能文义标准主要的是形式标准，不应引入处罚必要性的考量，认为"处罚的必要性越大，将其解释为犯罪的可能性越大，这种解释被认定为类推解释的可能性越小"的观点是不可取的。二是预测可能性标准，即以是否超出社会一般人预测可能性为标准，凡是超出社会上具有通常判断能力的一般人所能预测的范围的解释就是类推解释，反之则是扩张解释。可能文义标准主要是基于对法律语言的通常理解，预测可能性标准则是基于社会一般人的生活常识，二者结合，通常可以对特定结论究竟属于法律解释抑或"法官造法"作出适当判断。

【研讨问题】类推解释与扩张解释的界限

【案例1-5】王某某、金某、汤某职务侵占案

被告人王某某原系某地盛大网络发展有限公司（以下简称盛大公司）游戏项目管理中心运维部副经理，主要负责对服务器、游戏软件进行维护和游戏环境内容的更新等。2004年8月底，被告人王某某与被告人金某通过网上聊天，预谋利用王某某在盛大公司工作，有条件接触"热血传奇"游戏软件数据库的职务便利，复制游戏武器装备予以销售。2004年9月底，被告人王某某、金某开始实施上述行为。由金某首先在"热血传奇"游戏中建立人物角色，然后将游戏角色的相关信息通过聊天记录发送给王某某，王某某在盛大公司内利用公司的电脑进入游戏系统，同时打开"热血传奇"服务器6000端口，通过增加、修改数据库Mir. DB文件中的数据，在金某创建的游戏人物身上增加武器及装备。然后金某将游戏人物身上的武器及装备通过www.5173.com网站或私下出售给游戏玩家。2005年2月，王某某将此事告诉被告人汤某，汤某表示愿意一起加入，并采用同样的方法与王某某共同实施非法复制并销售游戏武器与装备。此后，王某某认为上述操作方法比较麻烦，就让金某、汤某从网上下载"热血传奇"私

① ［德］卡尔·拉伦茨著，陈爱娥译：《法学方法论》，商务印书馆2003年版，第203页。

服游戏服务器端，并生成一个伪造的数据包，王某某负责打开"热血传奇"游戏服务器 6000 端口，同时将服务器的 IP 地址告诉金某、汤明，由金某、汤某将每次修改后的数据包发送到服务器，王某某收到数据包后，提取数据信息再传送到数据库中，在游戏人物身上增加或修改游戏武器与装备。三被告人约定金某某、汤某在出售得款后，分给王某某 60% 的获利。至 2005 年 7 月，三被告人共计非法获利人民币 202 万余元。其中，王某某获利 122 万余元，金某获利 42 万余元，汤某获利 38 万余元。

法院经审理认为，被告人王某某利用其在盛大公司担任游戏项目管理中心运维部副经理的职务便利，与被告人金某、汤某共同合谋通过非法手段获取游戏武器装备并销售，数额巨大，其行为已触犯《刑法》第 271 条之规定，构成职务侵占罪。

一审宣判后，三被告人不服提出上诉。某市第一中级人民法院经二审审理后认为，原审判决认定事实清楚，证据确实、充分，定性准确，量刑适当，审判程序合法，裁定维持原判。

本案的争议问题之一是，虚拟财产是否属于刑法所保护的财物。它是否具有财产属性，将直接决定三被告人是否构成职务侵占罪。

有观点认为，虚拟财产并非法律意义上的财产，被告人破坏的是网络游戏运营商的游戏规则，仅仅可能造成游戏玩家的兴趣减弱，不应通过刑法来保护。对此，一审法院认为，网络游戏中的"武器"及"装备"是计算机软件运行后生成的结果，是一种虚拟财产，其在虚拟环境中的作用决定了其可以被人占有、使用等，游戏玩家要取得虚拟财产除了花费时间外，还必须付出一定的费用，如购买游戏点卡的费用、上网费等，同时该虚拟财产通过现实中的交易能转化为货币，因此虚拟财产既有价值，又有使用价值，具有现实财产的属性。本案裁判理由作了进一步论述，指出："'网络虚拟财产'一般指网民、游戏玩家在网络游戏中的账号积累的'装备'、'货币'、'宠物'等'财产'，这些所谓的'装备'和'武器'以及如腾讯 Q 币、新浪 U 币等虚拟货币实际上是特定形式表现出来的一组数据，这些数据一旦脱离特定的网络游戏环境，将失去其意义。但它是游戏玩家投入一定时间、金钱、精力积累取得的，在某种程度上，应算是一种劳动所得。而对玩家来说具有使用价值，这种价值看似无形，但它可以转让，转让时具有一定的市场价格。因此，它还具有交换价值，能够体现为现实中的一定财产价值。所以虚拟财产已经具备了商品的一般属性，寻求法律保护是合理的。近年来，随着互联网用户的激增，少数不法分子利用互联网大肆进行盗窃、诈骗等侵犯网络虚拟财产的犯罪，给公私财产造成很大的损失，这种犯罪手段往往较为隐蔽，不易查获，其社会危害性也较大，仅通过民事或行政处罚手段尚难以遏制日益猖獗的网络犯罪活动，需要动用刑法手段进行惩处。"

虚拟财产实际上是一种数据信息，它的存在形式完全不同于传统意义上的财物。上述的解释究竟属于为罪刑法定所禁止的类推解释还是刑法允许的扩大解释，关键在于对虚拟财产性质的认识，以及我国刑法上的"财物"如何理解。

虚拟财产，是指网络虚拟社会中存在的财物，包括虚拟物品、虚拟货币等。虚拟财产的获得主要是通过个人劳动获取，玩家不仅在游戏中投入时间和精力，而且还有上网费用等伴随性财产投入。并且，虚拟财产不仅在网络中可以进行交易，而且在现实中与真实财产之间也存在市场交易，并与真实货币存在固定兑换方式。虚拟财产具有以下特征：（1）虚拟性。虚拟财产以数字化形态存在于虚拟的网络空间，不占据现实物理空间。（2）价值性。虚拟物品可以在网络社会中使用，虚拟货币在网络社会也可以流通。尤其是当虚拟财产与现实中的财产和货币进行交易时，由此产生的利益是现实的，其价值性愈发凸显。（3）一定程度的支配性。虚拟财产以电磁记录的方式存在于网络空间，玩家可以对虚拟财产在网络中进行占有、支配和处分，但这一支配性需要服务商的积极配合。因此，虚拟财产的权利内容与物权的绝对性并不完全一致。总的来说，虚拟财产尽管与现实中财产的存在状态有很大不同，但它们在具有价值并能为人所支配上是一致的，因此是一种无形财产。

承认虚拟财产具有财产性，并不意味着其就属于作为刑法上侵犯财产罪客体的"财物"。作为刑法上侵犯财产罪客体的"财物"是否限于有体物，理论上存在争议。在日本刑法学说上，有体性说主张刑法上的财物仅限于有体物，无形物不是刑法上的财物；物理管理可能性说主张，刑法上的财物不限于有体物，还包括其他具有物理管理可能性的财物，或者说物理上属于物的，就是刑法上的财物，因此，财物包括有体物和无体物，但不包括债权、人的劳动力、牛马的牵引力等；事务管理可能性说认为，凡是可以作为一种事务进行管理的物，都是刑法上的财物，有体物、无体物、债权、人的劳动力、牛马的牵引力等都是财物。

就我国而言，刑法上将侵犯财产罪的客体规定为财物，但历来对财物的理解不限于有体物，而是包括无形物。最高人民法院、最高人民检察院1992年发布的《关于办理盗窃案件具体应用法律的若干问题的解释》也规定，"盗窃的公私财物，既指有形财物，也包括电力、煤气、天然气、重要技术成果等无形财物"。司法实践也照此执行。《人民法院报》曾报道了全国各地宣判的多起以虚拟财产为对象的侵犯财产犯罪案件[①]：

①2006年11月，上海市虹口区法院以盗窃罪，一审判处被告人张某有期徒刑3年、缓刑3年，并处罚金人民币1万元。2003年11月，张某根据上游棋牌

---

① 刘宁：《各地宣判数起虚拟财产盗窃案》，载《人民法院报》2007年1月29日；冯保军等：《抢劫虚拟财产，遭受现实处罚》，载《人民法院报》2005年11月1日。

天地游戏大厅主页的 IP 地址,在其住处使用电脑连接游戏管理服务器,利用黑客密码破解工具软件,获取了服务器系统管理员的密码。之后,张某在该网站注册了名为"漂亮的小蜘蛛"、"美丽的花孔雀"两个系列的 200 个账号,盗取大量互联星空点数和游戏金币出售,共计获得人民币 3 万元。张某又以相同手法盗窃、出售游戏金币,获利 1000 美元。

②2006 年 6 月,浙江省宁波市海曙区法院宣判一起盗窃虚拟财产案,法院认定被告人张某盗窃罪成立,判处张某有期徒刑 1 年、缓刑 2 年,并处罚金人民币 5000 元。2005 年 2 月,家住宁波市海曙区的张某开始在网上出售某网络游戏的游戏卡账号,江苏省南通市的申某以 4800 元的价格购得该账号。申某将 4800 元打进张某的银行卡里,张某则将游戏账号和密码给了申某。申某拿到游戏账号之后,没玩几天,就发现账号被盗,遂向警方报案。警方经过侦查,发现是张某将账号盗走。

③2006 年 4 月,广东省首起虚拟财产被盗案在广州市中级人民法院宣判,"网络小偷"颜某某因盗窃他人网络游戏装备,被终审判决单处罚金人民币 5000元。2004 年,颜某某经短期聘用,成为当年广州网易互动娱乐有限公司《大话西游 II 》2 周年年庆活动的工作人员。他伪造玩家的身份证,将假的身份证复印件传真回网易公司,以安全码被盗为由,骗取网易公司修改了那些玩家的安全码,他拿着新的安全码在广州的数个网吧里将那些玩家的"神兽剑精灵、猴精、斩妖剑"等装备分别卖出,获利折合人民币近 4000 元。

④2006 年 6 月,西藏自治区林芝县法院对一起网络虚拟财产盗窃案作出一审判决,以盗窃罪判处被告人王某拘役 6 个月,并处罚金人民币 1000 元。2005年 11 月 2 日和 18 日,被告人王某在林芝县八一镇某网吧上网时,趁网吧管理员不注意,窃取了网吧的网址和密码。之后,他用窃取到的网址和密码,打开网吧的销售充值卡网页,先后两次给自己的游戏账号充值价值 1900 元的"金元宝",并用"金元宝"购买了游戏卡和游戏装备。

⑤2005 年 7 月 14 日,河南省郑州市二七区人民法院宣判一起抢劫虚拟财产案,法院认为张某等六人构成抢劫罪,鉴于该案六被告人均系初犯,主观恶性小,认罪态度好,有悔罪表现,判决免予刑事处罚。张某、王某在传奇游戏逐鹿中原 46 战区与高级别玩家"神圣法神"交手不敌,经打听,"神圣法神"账号属于刘某。张某、王某二人遂决定将刘某的号抢过来,这样不但废了他的"功夫",自己也可以威风了。2004 年 12 月 4 日,张某带着赵某某、王某、孙某某、李某某到了郑州第十四中学等候刘某放学,并把他强行拉到人民公园的一个角落,对其进行殴打,逼其说出账号及密码,通过修改密码的方式占有了刘某的充值卡及游戏账号。事后,刘某向警方报案,张某等六人当天即被抓获。

可见,就我国刑法理论及实践来看,大多持管理可能性说,认可无形物可以成为侵犯财产罪的对象。因此，将虚拟财产包括在刑法所称的"财物"范围内，并未超出刑法文义的可能范围，也符合国民的预测可能性，所以并不违反罪刑法定原则。

本案中，盛大公司通过许可取得了"热血传奇"游戏在一定时间内的独家运营权，在此期间，盛大公司对游戏"武器、装备"享有所有权和处分权。盛大公司虽然不直接向玩家出售这些游戏"武器、装备"，但由于玩家一般只能通过不断投入时间、精力、上网费、点卡费等成本进行持续参与游戏才能获得这些"武器、装备"，因此，这些"武器、装备"与盛大公司通过网游获得的经济收益直接有关，是盛大公司拥有的特殊"虚拟财产"。被告人王某某作为盛大公司游戏项目管理中心运维部副经理，利用其负责维护服务器、游戏软件，更新游戏环境内容的职务上的便利，将这些公司拥有的虚拟财产盗出后出售牟利，获利200余万元，符合职务侵占罪构成要件。被告人金某、汤某虽然不是被害单位工作人员，但他们与被告人王某某勾结，利用王某某的职务便利实施了侵占盛大公司财产的犯罪行为，符合2000年最高人民法院《关于审理贪污、职务侵占案件如何认定共同犯罪几个问题的解释》第2条的规定，三被告人属于共同犯罪，对金某、汤某应当以职务侵占罪的共犯论处，因此法院以职务侵占罪对本案三被告人进行定罪处罚是正确的。

4. 禁止绝对不定（期）刑。

法定刑必须有特定的刑种与期限。刑种、期限绝对不确定的刑罚（如只规定"犯……罪的，判处刑罚"或者"犯……罪的，判处有期徒刑"）不能防止司法恣意，违反了罪刑法定的要求。

历史上曾有规定绝对确定法定刑的刑法，如1791年的《法国刑法典》。从表面上看，刑法规定绝对确定的法定刑，有利于保障人权。但事实上，任何一种具体的犯罪都可能具有不同的情节、不同的罪行程度以及不同的特殊预防必要性，而绝对确定的法定刑只能以该种犯罪的平均罪行程度为根据予以确定，故反而侵害那些情节轻微、特殊预防必要性小的部分犯罪人的自由。所以，现代各国的刑法都规定了相对确定的法定刑。法官不仅应当以相对确定的法定刑为依据裁量刑罚，而且必须作出具体的裁量，即必须宣告具体的刑罚，而不能宣告不定期刑。相对确定的法定刑，一方面限制了法官自由裁量的权力，另一方面也有利于实现罪刑相适应原则，因而符合法治的要求。

二、实质的侧面

实质的侧面来源于作为罪刑法定原则思想基础的民主主义和尊重人权主义，它包括两个方面的内容：一是刑罚法规的明确性原则，二是刑罚法规内容的适正原则（包含禁止处罚不当罚的行为和禁止不均衡的、残虐的刑罚）。实质的侧面主要在于限制立法权，反对恶法亦法，是实质法治的表现。实质法治不仅强调所有人都在法律之下，而且主张以实在法之外的标准衡量和检测法律，寻求法律的实质合理性。

罪刑法定原则的实质侧面，正是为了寻求刑法的实质合理性。要求刑法的明确性，是因为含混的刑法必然导致司法机关扩大处罚范围；禁止处罚不当罚的行为，是为了防止立法者过度地侵害国民的自由；禁止残虐的刑罚，是为了防止立法者过度地侵害犯罪人的自由；禁止不均衡的刑法是为了实现公正、平等。总之，实质侧面的内容旨在使刑法尊重个人自由、实现社会公平，不仅限制司法权而且限制立法权，从而实现实质的法治。

1. 明确性。

明确性原则，即规定犯罪的刑事立法条文必须明确清晰，不允许模棱两可或意义含糊，以便国民能够确切地了解其中的内容，并对犯罪行为与非犯罪行为的范围有所认知，确保刑法没有明文规定的行为不会成为刑罚惩罚的对象。这一原则，通常认为是关于构成要件的问题。德国学者威尔哲尔、鲍曼进而认为，作为罪刑法定主义的要求，也要揭示"法的效果的明确性"，即"刑罚法规明示可罚的行为的类型之同时，也要求以刑罚的种类、分量明示可罚性的程度"[①]。具体来说，明确性原则在内容上首先要求构成要件的明确性，即刑法对犯罪构成要件的规定必须明确，避免使用过于抽象或模糊的语言。其次要求法定刑的明确性，即规定"绝对的不定刑"的刑罚法规是不允许的，规定"绝对的不定期刑"的刑罚法规也是不允许的。

尽管启蒙思想家的著作中就已经论及对法律明确性的要求，如孟德斯鸠在《论法的精神》中写道，"在法律已经把各种观念很明确地加以规定之后，就不应再回头使用含糊笼统的措辞"[②]，但将明确性作为罪刑法定原则的派生原则，则是20世纪以后的事。一般认为，明确性原则源于美国的"因不明确而无效理论"（void-for-vagueness doctrine）。美国联邦最高法院于1914年认定法律"因不明确而无效"是一项宪法原则。此后相继出现了一批基于这一理论的判决。1948年的"温特斯案"中，纽约州法院提出明确性理论具有以下机能：一是就什么是犯罪事前适正地告知国民，二是给法官适用法提供指针，三是向诉讼当事人的诉讼活动提供指针。经过这一判决后，因不明确而无效的理论被联邦法院牢

---

① 马克昌著：《比较刑法原理：外国刑法学总论》，武汉大学出版社2002年版，第74页。

② ［法］孟德斯鸠著，张雁深译：《论法的精神（下册）》，商务印书馆1961年版，第297页。

固地确认，而且在理论上也得以确立和完成①。对明确性原则的法律基础，有观点认为源于法官拒绝适用过于含糊以致无法适用的法律条款的普通法实践；还有观点认为依据是三权分立的宪法原则——如果法律过于模糊，法官除非重述法律或通过解释赋予法律条文自身所不具有的全新含义，否则无法适用。此时，法官可以为避免篡夺立法权而拒绝适用此法律。但当代美国被广泛接受且最有说服力的观点认为，明确性原则的依据在于正当法律程序条款，亦即公民在可能被剥夺生命、财产、自由之前，有权知悉相关法律规定。此后，该理论也得到了其他国家的确认。联邦德国巴伐利亚州的宪法法院于 1952 年明确宣布，处罚违反公共秩序行为的法律不具有明确性而无效。此后，德国联邦法院于 1969 年 5 月 14 日明确表述了"必须使任何人都能够预测对何种行为规定了何种刑罚"的原则。日本最高裁判所 1975 年 9 月 10 日的判决肯定了明确性原则，并且指出"某种刑罚法规是否因为含混、不明确而违反宪法第三十一条导致无效，应当根据具有通常判断能力的一般人的理解，在具体场合能否判断某行为是否适用该法规为基准来决定"。法国宪法委员会在 1985 年的一个裁决中承认，立法应当使用准确清楚的语言，具体地对犯罪的构成要件作出解释。意大利刑法理论也主张罪刑法定原则派生出明确性与确定性原则，要求犯罪和刑事制裁的规定必须清楚。②

关于明确性的标准，提法虽然不尽相同，但基本精神是一致的。例如，大谷实教授认为，"应当以有通常的判断力者能够认识、判断的程度为明确的标准"。金泽文雄教授认为，"关于犯罪的构成要件，成为该刑罚法规的适用对象的国民层的平均人，根据法规的文字不能理解什么被禁止的场合，是不明确的、违宪的"。美国有些学者认为，测定一项法律是否含糊的标准是：具有普通智力的人能够事先确定什么行为是被禁止的。下列论据常常被法院提出作为否决因含糊而废除某项法律的要求：（1）发现法律的结构是以避免不确定性的方式来制作的；（2）发现特定的要求与意图（有时明文写在法律中）阐明了这项法律；（3）发现其他相关的法律规范阐明了这一不确定的法律规范；（4）发现这项法律同已被认为确定的法律相比并非不确定③。

将明确性视为罪刑法定原则的实质侧面之一，是因为明确性是限制国家权力、保障国民自由的基本要求。首先，"明确性要求的首要根据在于，只有当人

①　张明楷著：《罪刑法定与刑法解释》，北京大学出版社 2009 年版，第 49 页。

②　参见张明楷著：《罪刑法定与刑法解释》，北京大学出版社 2009 年版，第 49 页；[法] 卡斯东·斯特法尼著，罗结珍译：《法国刑法总论精义》，中国政法大学出版社 1998 年版，第 115 页；[意] 杜里奥·帕多瓦著，陈忠林译：《意大利刑法学原理》，法律出版社 1998 年版，第 15 页。

③　储槐植、江溯著：《美国刑法》（第四版），北京大学出版社 2012 年版，第 21 页。

民代表的意志明确地表现在条文中，从而排除法官作出主观擅断的判决时，法律才能发挥充分的效果"。换言之，不明确的刑法意味着有意或者无意地抹杀民意。其次，如果刑罚规定不明确，国民就无法预测自己行为后果，以致对是否会受处罚常常感到不安，而妨碍其行动自由。而且，随着社会的复杂化，法定犯（行政犯）日益增多，不明确的刑罚法规对国民预测可能性的侵害便越来越严重。最后，不明确的刑法给警察等执法机关留下过于宽泛的自由裁量余地，这就为国家机关恣意侵犯国民的自由找到了形式上的法律根据。德国学者威尔哲尔为此说道："威胁法无明文规定不处罚这个基本原则的真正危险，不是来自类推，而是来自于不确定的刑法！"许内曼也断言，法典的明确性要求是"无法无罚原理的最低限度"。① 因此，法的明确性不仅有助于形塑国民对法秩序的信任和实现一般预防，而且也有助于防止司法的擅权与恣意。

在各个部门法中，刑法因其涉及对个体包括生命、自由与财产在内的基本权利的处分，所以对法律规定明确性要求最高。但必须认识到，明确性法则的价值取向主要是为了限制警察和检察官的裁量权，而非为了确保谋划犯罪行为者易于理解法条。因此，单单是立法字面含义的不清晰，并不能直接得出违反明确性原则的结论。从国外实践来看，各国一般都承认立法表面的不确定性可由司法判决来弥补，即如果通过解释能使不明确的法律条文变得明确，则此类条文并不被认为违反明确性原则。美国联邦最高法院曾在其判例中称，某项法规如果能够通过阅读州法院的司法意见而得以确定，则不算是不合理的模糊。日本的情况与此类似。通过限定解释的方法，使乍看之下似乎不明确的条款变得明确，是日本法院贯彻明确性原则时常用的做法。意大利宪法法院也认为，只有根本不可能确定犯罪构成实际内容的特殊情况，才违反刑法规范明确性要求，而运用"约定俗成的概念或者可作客观理解的社会伦理价值"并不与明确性原则的要求相悖，只要"这些概念在法官所处的社会环境中是众所周知并被普遍接受的"②。

可见，明确性要求只是一种相对的要求，刑事立法永远不可能达到根本不需解释的程度，这是由法的一般性所决定的。"法律需通过概念来构建一般分类，这种格式化的过程筛掉了具体情境中的种种细节，以确保特定行为、物或情况能为法所识别，尔后分门别类地纳入法所构建的特定概念之内。更何况，任何语言一旦跨出其核心的意义领域，同样会遭遇不确定的问题。"③ 然而，正如前面提

① ［德］克劳斯·罗克辛著，王世洲译：《德国刑法学总论（第1卷）》，法律出版社2005年版，第100页。

② ［意］杜里奥·帕多瓦著，陈忠林译：《意大利刑法学原理》，法律出版社1998年版，第29~30页。

③ 陈兴良主编：《刑法总论精释》（第二版），人民法院出版社2011年版，第40页。

到的，尽管刑事立法不可能达到绝对明确，但仍然可以找到一定标准对某一具体法规是否明确作出判断。因此，绝不应走得过远，否定明确性的价值，甚至主张刑法规范的模糊性。例如，有观点认为，模糊性是刑法规范的又一基本属性，与明确性"二者相辅相成、缺一不可；明确性是相对的，模糊性是绝对的，各有其独立的存在必然性、必要性与生存空间"，并主张"在刑事立法中，既要以刑法规范的明确性为目标，又要注意充分利用和发挥刑法规范模糊性的积极功能，二者的协调与平衡是刑事立法的理想目标"①。尽管从哲学上讲，明确性与模糊性是一个矛盾的两个方面，二者此消彼长。因此，承认刑法规范明确性是相对的，就意味着承认刑法规范必然具有某种程度的模糊性。但二者在刑法领域的地位并非对等：明确性是矛盾的主要方面，模糊性是矛盾的次要方面。基于保障人权的要求，刑法规范必须在可能范围内尽量明确，并消除模糊的表述。因此，只要明确性居于主导地位，这种相对明确就仍然属于明确性范畴。而当某一刑法规范表述过于模糊——亦即模糊性居于主导地位而妨碍了刑法规范的明确性时，恰恰就需要明确性原则发挥作用，并否定其效力。

我国刑法立法基本满足了明确性的要求：（1）把流氓、投机倒把等"口袋罪"分解为内容具体、范围明确的若干种犯罪。（2）对绝大多数犯罪采取一条文一罪名的立法方式，尽量使用叙明罪状的方式，明确、具体地描述犯罪构成的特征。（3）重点严密了多发性犯罪的犯罪构成，设计了与犯罪形式的多样性相对应的多种犯罪构成，实现多样性犯罪的罪刑系列化；同时，适当选用了堵截构成要件，形成法网严密的格局。例如，对于盗窃罪，1997 年《刑法》在保留1979 年《刑法》规定的"数额较大"的构成要件的同时，增设了"多次盗窃"的构成要件，从而弥补了以前对盗窃罪单纯以赃论罪之弊。（4）对与犯罪构成有关的重要概念（如公共财产、重伤、首要分子、商业秘密、淫秽物品等）作出明确的立法解释。

不过，我国刑法立法在实现明确性方面仍有很多不足：一方面，大量使用高度盖然性条款，大量以弹性构成要件的立法方法规定犯罪的基本构成要件（如罪行重大、情节严重、情节恶劣、数额较大、后果严重）、加重构成要件（如罪行特别重大、情节特别严重、情节特别恶劣、数额特别巨大、后果特别严重）和减轻构成要件（如情节较轻）。类似规定，占了《刑法》分则条文的1/3，这在外国刑事立法中是较为罕见的。广泛使用盖然性条款固然可以弥补刑法不周延之不足，不至于放纵犯罪，但却有可能助长司法恣意，偏离公众的可预测范围。因为罪刑明确性要求对犯罪与刑罚进行设计的刑法能够为"具有通常判断能力

---

① 杨书文：《刑法规范的模糊性与明确性及其整合机制》，载《中国法学》2001 年第 3 期。

的一般人"所理解，人们能够从中看出对特定行为是否要适用该法规定。而高度盖然性条款显然不能为具有通常判断能力的一般人提供这一认识标准。既然罪刑法定原则以紧缩司法权、保障人权为依归，那么，盖然性条款就有可能使司法机关无所适从，无法选择，增加司法活动的难度。

另一方面，刑法在对个别犯罪的构成要件的设计方面也存在尚待进一步明确之处。例如，受贿犯罪本身是一种多发性的渎职犯罪，如果要达到刑法明确性的要求，就应当针对受贿行为设置多个罪名，并描述其罪状。很多国家对受贿犯罪的立法也采取这种模式。此外，我国刑法对收受型受贿罪的成立，还要求符合为他人谋取利益的条件，以致司法机关对行为人具有某种职权而收受他人财物，但为他人谋取利益的行为不明显，或者连为他人谋取利益的承诺都缺乏的行为毫无办法。其实，这种行为的社会危害性是显而易见的：正是因为行为人享有职权，行贿人认为这种职权于己有用才去拉拢，在这种情况下，虽然接收财物人未为他人谋取利益，但是权力腐败的可能性却始终是存在的，所以利用职权收受财物本身就是腐败，收受的财物达到相当数额就是犯罪。对此，外国刑法一般规定单纯受贿罪加以解决。我国刑法在受贿等常见型犯罪立法上的不明确、不周全，对于保护法益极其不利。

2. 禁止处罚不当罚的行为。

禁止处罚不当罚的行为，是指对某一行为作为犯罪规定刑罚有合理的依据。即使刑罚规范本身是明确的，如果其内容欠缺处罚的必要性和合理根据，就不符合刑罚规定的适当性要求。因此，禁止处罚不当罚的行为，就是指刑罚法规只能将具有处罚根据或者说值得科处刑罚的行为规定为犯罪，从而限制立法权。

禁止处罚不当罚的行为与刑法谦抑性的精神是相通的。刑法的谦抑性具有三个含义："第一是刑法的补充性。即使是有关市民安全的事项，也只有在其他手段如习惯的、道德的制裁即地域社会的非正式的控制或民事的规制不充分时，才能发动刑法。第二是刑法的不完整性。如果像上面那样认为刑法具有补充的性质，那么，发动刑法的情况自然是不完整的。第三是刑法的宽容性，或者说是自由尊重性。即使市民的安全受到侵犯，其他控制手段没有充分发挥效果，刑法也没有必要无遗漏地处罚。在现代社会，人如果不或多或少侵犯他人就不能生存下去，因此，各人在某种程度上必须相互忍耐他人的侵犯，如果对所有的侵犯行为都禁止，反而容易阻碍各人的自由活动。"[1] 刑法所规定的法律后果，在具有积极作用的同时，也存在明显的消极作用，因此，除非有以刑罚保护特定法益的必要，否则不应设定刑罚规定。

至于判断刑罚规定是否适当的标准，一般来说，具备下列条件的才能作为犯

---

① 张明楷著：《罪刑法定与刑法解释》，北京大学出版社 2009 年版，第 52 页。

罪论处：第一，这种行为不管从哪个角度看，对法益的侵犯性都非常严重，而且绝大多数人不能容忍，并主张以刑法进行规制；第二，适用其他制裁方法不足以抑制这种行为，不足以保护法益，换言之，没有其他制裁力量可以代替刑法；第三，运用刑法处罚这种行为不会导致禁止对社会有利的行为，不会使国民的自由受到不合理的限制；第四，对这种行为能够在刑法上进行客观的认定和公平的处理；第五，运用刑法处罚这种行为符合刑事责任的目的，即具有预防或抑制该行为的效果。[①]

3. 禁止不均衡的、残虐的刑罚。

禁止不均衡的刑罚，是罪刑法定原则的重要内容。不均衡的刑罚意味着设定的刑罚与对应的罪行之间存在不对等，因此不具有实质合理性。罪刑均衡才能适应人们同样事情同样对待的朴素公平正义观念，其原始的绝对表现形式就是以眼还眼、以牙还牙的同态复仇。刑法史上，前期旧派曾主张绝对的报应刑论，认为对恶毒的犯罪以痛苦的刑罚进行报应就体现了正义，因此，刑罚带来的痛苦应相当于犯罪造成的罪恶。然而，这一相"均衡"或"适应"的程度在现实中难于计算，因此在现代，人们"所要求的并不是某一犯罪和对这种犯罪的惩罚之间的那种完美适应的关系。而是对不同犯罪的惩罚应当在罚与罪的标度或标准上'相当'于相应的犯罪的恶或严重性。尽管我们不能说某种犯罪有多大的恶，但或许我们能说某种犯罪比另外一种犯罪更恶，而且我们应当以相应的惩罚标度来表明这种依次的关系"[②]。亦即在刑罚体系中实现不同罪行的处罚程度区分，以使惩罚严厉程度与犯罪严重程度相符。

要禁止不均衡的刑罚，就必然反对残虐的刑罚。残虐的刑罚，是指以不必要的精神、肉体的痛苦为内容，在人道上被认为是残酷的刑罚。既然是不必要的和残酷的，那么，它相对于任何犯罪而言都必然是不均衡的。欧洲直到18世纪仍保留诸如刑轮、肢解、斩首、槌击等多种酷刑，因而引发大量批评和要求改革的呼声。孟德斯鸠在《论法的精神》一书中提出了刑罚轻重与犯罪大小相当的刑罚适度理论。伏尔泰推进了这种思想。人道主义刑罚理论被表述得更为完整的是贝卡利亚的《论犯罪与刑罚》，贝卡利亚的刑罚理论基本上就是同犯罪性质相一致的、适度的、确定的和速决的刑罚理论。《美国宪法》第八条修正案也规定了禁止残酷的和非常的刑罚。大法官菲尔德在1892年一个判决的反对意见中扩大了"非常的刑罚"的概念，他认为《美国宪法》第八条修正案旨在"反对一切同所指控罪行明显地不相当的过长或过严的刑罚"。首席大法官沃伦在1958年一个判决意见中说："本法院很少解释第八条修正案的精确内容"，此内容不是静

---

① 张明楷著：《刑法的基础观念》，中国检察出版社1995年版，第145～148页。

② ［英］哈特著，王勇等译：《惩罚与责任》，华夏出版社1989年版，第155页。

态的，而是从"不断发展的标志着成熟社会进步的体面标准中吸取它的意义"，这条修正案的"基本概念是人的尊严"，目的是为了维护"受到文明处遇"的原则。①

随着历史的发展，法律中更加体现人性和人道，而将带有原始野蛮色彩的酷刑逐出刑法领域。既然刑罚是在理性指导下设定的，就不应该带有不必要的残酷性。刑罚处罚程度由重到轻，是历史发展的进步表现与必然结果。正如贝卡利亚指出的："在刚刚摆脱野蛮状态的国家里，刑罚给予那些僵硬心灵的印象应该比较强烈和易感。为了打倒一头狂暴地扑向枪弹的狮子，必须使用闪击。但是，随着人的心灵在社会状态中柔化和感觉能力的增长，如果想保持客观与感受之间的稳定关系，就应该降低刑罚的强度。"② 轻刑化是历史发展的必然趋势，也是人类逐步走向文明的标志。然而，这并不意味着应该或者可以超越时代实行轻刑化，使犯罪人受剥夺性痛苦是刑罚的惩罚性质与内在属性。对于刑罚的痛苦程度，应以本国国情、国民的物质、精神生活水平以及社会的平均价值观念为标准进行衡量。在我国当前社会转型、社会矛盾多发的形势下，固然不能一味依赖重刑打击，但刑罚维持一定严厉性仍有其必要。不能无视社会发展条件和人民法治观念不同，一味照搬西方做法，强调刑罚全局轻刑化。

---

① 储槐植、江溯著：《美国刑法》（第四版），北京大学出版社 2012 年版，第 21 页。

② ［意］贝卡利亚著，黄风译：《论犯罪与刑罚》，中国大百科全书出版社 1993 年版，第 44 页。

第二章 刑法适用平等原则

第一节 刑法适用平等原则概述

刑法适用平等原则，也称平等适用刑法原则、刑法面前人人平等原则，这一原则是人类平等思想在刑法中的直接体现，是平等权利在刑法上的要求，刑法上的平等是同宪法原则密切联系在一起的。

一、历史沿革

平等，根据现代汉语词典的解释，是指：（1）人们在社会、政治、经济、法律等方面享有相等待遇。（2）泛指地位相等，如平等互利或男女平等。由此可见，平等的最普通的含义就是一切社会成员应有相同的地位待遇。平等有两种类型：一种是实质平等，即社会利益分配结果平等，社会成员待遇平等；另一种是机会平等，也叫程序平等，即承认和允许结果的不平等，但每个社会成员获取结果的机会和过程是平等的。社会成员实质平等的实现只有在未来的社会。在目前历史阶段，平等还只能是机会平等。这种机会平等，也是历史进步的体现和要求。

原始社会末期，原始社会开始解体，人与人之间的平等关系逐渐转变为阶级对立和阶级压迫关系，在阶级斗争和阶级统治中，法律首先是作为统治工具出现的。在漫长的奴隶制和封建制时代，无论是实质的平等，还是程序的平等，对于广大人民来说都是难以实现的，刑法上的阶级不平等十分突出。随着历史进程的发展和广大劳动人民的阶级斗争，追求程序平等的主张逐渐出现，在中华法系的发展中，刑法平等观念很早就出现了。

在封建社会，刑法是主要法律，法律上的平等要求突出地表现在刑法上，即要求适用刑法必须平等。在中国两千多年的封建历史中，刑法充分体现了平等权利，也可以说，法律平等的主要方面就是刑法平等。春秋战国时期，法家提倡刑法平等，认为实行法治可以"矫上之失，诘下之邪"，"治乱决缪，绌羡齐非"

（《韩非子·有度》）。为此人人必须守法，"法者，君臣之所共操也"（《商君书·修权》）。提倡"刑无等级"，卿相、将军、大夫、庶人，有不从王命者……罪无赦（《商君书·刑》）。"法不阿贵，绳不挠曲"，"刑过不避大夫，赏善不遗匹夫"（《韩非子·有度》）。虽然法家思想不是封建社会的主导思想，但是法家有关法律方面的思想，包括法律面前人人平等的观念对中华法系的影响还是很大的。甚至有人认为，中国封建时代的思想特征是"外儒内法"。因此，既有一些执法攀附，严刑峻法的酷吏，也产生了像海瑞、包拯这样执法如山、刚正不阿的既受儒家教诲又受法家思想影响的司法官。但是中国古代刑法平等的内容仅限于适用法律上的平等。其目的是树立皇权至高权威，保障统治阶级长治久安，其利益着眼于统治之术。它以公开承认和维护封建等级特权为前提，和劳动人民权利的维护是根本背离的。当然，从实质上说，儒家思想对平等，包括实质平等的追求是很强烈的，王莽杀子的典故充分表明了这种意识，但遗憾的是只能作为一种社会理想，而不是社会现实。

在欧洲，随着资本主义因素的发展，资产阶级力量不断发展壮大，为了在商品经济中获取利益寻求政治上的权利和保障，他们与广大人民结成反封建联盟，提出了"法律面前人人平等"的口号。马克思指出："由于竞争这个自由商品生产者的基本交往形式，是平等的最大创造者，因此，法律面前人人平等成为资产阶级的决战口号。"早在欧洲文艺复兴时期，资产阶级思想家就提出天赋人权学说，17、18世纪欧洲启蒙思想家进一步系统地完善了天赋人权思想，把平等视为天赋的最基本权利，提出天赋平等论和自然平等论。洛克指出："人类天生都是自由、平等和独立的。"[①] 资产阶级革命胜利后，法律面前人人平等原则在资产阶级宪法性法律中得以确认，其最经典的表述是法国1789年《人权宣言》。该宣言第1条规定，"在权利方面，人们生来是而且始终是自由平等的"。第6条规定："法律是公共意志的体现，全国公民都有权亲自或由其代表参与法律的制定，法律对所有的人，无论是实行保护或处罚都是一样的。在法律面前公民都是平等的，故他们都能平等地按其能力担任一切官职和公共职位，除德行和才能上的差别，不能有其他差别。"资产阶级刑法平等观的主要特点是：（1）刑法上的平等是机会平等，即承认实际的不平等，因行为人的能力、德行及犯罪行为的危害性导致不同的刑罚。刑罚的轻重和其罪行相适应，在刑罚上除德行和才能表现出的危害程度上的差别，不得有其他任何差别影响定罪量刑。（2）资产阶级刑法平等观是以个人权利的维护和保障为核心，反对封建等级制度和一切刑法以外的刑罚，其法律是公民的意志体现，全体公民都有权参与制定法律，刑法是维护人权的法制手段。（3）资产阶级刑法平等是以资产阶级能够以其财产的力量

---

① 洛克著：《政府论》（下篇），商务印书馆，第59页。

控制刑法的制定和适用的前提下的平等，其结果是以财产的不平等代替社会出身造成的不平等。①

二、平等是人的本质需求

就本体论而言，"平等"是一个"表明人的本质的统一"的概念，是人作为一个生物种类特有的"类意识和类行为"。无论是人类平等观念产生的根源或是人类平等最终实现的途径，都只能通过人特有的本质，或者说人类特有的需要内容和人类满足需要的特有方式，才可能得到科学的解释。②

就政治法律要求而言，"平等"首先是一种人类特有的与人的本质相关的需要内容的反映，是作为个体的人认识到自己同他人的共同性之后激发的一种本能性需要。

从人的本质需要的内容角度看，这种需要是人特有的一种"归属需要"，即将自己视为特定国家、社会、民族、阶级、社会集团、社会群体成员的需要。这种需要未必产生于个体的衣食住行以及安全等最基本的需要满足之后，以个体对"一切人，作为人来说，都有某些共同点"的意识为前提和基础，也可以说，人的群体性存在既是一种意识，也是一种存在。这也是政治发生的基础。作为个体的社会成员认识到自己是一个国家、民族、阶级、社会集团、社会群体的成员之后，就很自然地会"从人的这种共同特性中，引申出这样的要求：一切人，或者至少一个国家的一切公民或一个社会的一切成员，都应当有平等的政治地位和社会地位"。在政治法律领域，"归属需要"这种人类特有的"类意识和类行为"就具体化为在法律上与其他社会成员享受同等待遇，得到同等尊重，受到同等保护的基本要求。由此，平等的起点产生。一个人既必须认同自己所属的社会群体，又要与自己所属群体的其他成员一样平等地认同、分享自己所属群体的基本价值，更产生个人地位的平等观念。"平等"是人性的内在动力，是人的本质需求，也是人的政治性存在特征的集中体现。

从人类满足需要的方式考察，任何个人的需要，都只能在社会中通过与他人的联系得到满足，也就是依赖社会关系才能实现个人的需求。人类特有的这种满足需要的方式，决定了任何人都只能以其他（多数）社会成员所认可或忍受方式来满足自己的需要，而这往往产生多数人暴政。为了避免在群体生活中多数人对少数人的专制，社会的发展决定了任何个人的生存发展只要和其他社会成员一样（平等地）遵守社会成员共同制定的规则即可。如果一个人不能平等地对待

---

① 参见薛瑞麟、陈吉双：《刑法上的人人平等原则》，载《政法论坛》1998 年第 5 期。

② 参见陈忠林：《自由、人权、法治——人性的解读》，载《现代法学》2001 年第 3 期。

他人，不和其群体成员一样认同所属群体的价值，遵守所属群体的规则，他也必然不被他所属群体所认同；如果一个人不顾其他社会成员所容忍的底线，不遵守所属群体最基本的规则，他就会因为最基本的需要都不可能得到满足而无法生存。这样，个体基本需要只能通过其他社会成员所认可（容忍）的方式才能满足这一种人所特有的特点，以及由此决定的个体为了自己的生存就必须与其他社会成员一样平等地遵守自己所属国家、民族、社会群体的基本规则这一人类社会特有现象。这就成了作为个体的人不得不接受"平等"观念的外在压力。正是在上述两个方面的意义上，马克思说平等是"人的本质的统一"。"人和人实际的统一。也就是说，他表明人对人的社会关系或人的关系。"换言之，"法律面前人人平等"是由人的本质需求以及这种需求的满足方式所决定的，是人的这种本性所决定的人与人之间关系应有状态的体现，是人特有的需要内容与满足需要的方式相互作用的必然结果。①

三、法学意义上的"平等"

从法的功能的角度考察，"平等"是法律的基本属性。但是，也必须看到，"平等"的属性是法律正义原则之下的属性。正义与平等不能画等号。除了由于人的差别，决定了正义不仅仅包括平等之外，目前历史阶段还不能实现实质平等或立法上的平等。法是一种调整社会成员间相互关系的行为规范，它必然要求在其调整范围内的人都必须按照法律的规定来规范自己的行动，不允许任何法外特权的存在；否则，都会从根本上威胁到其作为一种具有普遍约束力的规则的功能。不论是什么社会，只要存在有形的法律，法律面前人人平等一般而言是一个基本事实，如中国古代的"刑"、"法"、"律"，还有西方各国的如"jus（拉丁语）"、"dIo itf（法语）"、"re cht（德语）"、"derecho（西班牙语）"、"pabo（俄语）"、"diritto（意大利语）"等表述"法"的概念的词，一般都具有"公平"、"平等"的内涵。也正是因为这个原因，不论是主张君主专制的韩非子、商鞅等中国古代法家，还是主张三权分立、人民主权的孟德斯鸠、卢梭等西方启蒙思想家都毫无例外地强调法律面前人人平等的作用。

罗尔斯在有关正义的原则中，这样论述平等原则：（1）每个人对其他人所拥有的最广泛的基本自由体系相容的类似自由体系都应有一种平等的权利；（2）社会的和经济的不平等应这样安排，使他们被合理地期待适合于每一个人的权益；依系于地位和职务向所有人开放其中第一个原则（平等）优先于第二个原

---

① 参见陈忠林：《刑法面前人人平等原则》，载《现代法学》2005 年第 4 期。

则（平等），两个原则中公平机会优先于差别原则。① 这是现代平等观念发展的产物，由此也确立了现代政治学上的"平等"的最基本含义：一是指人们在确立、实现自己法律权利、义务过程中的地位（权利或机会）的平等；二是指任何人依法享有的相同权利都应该受到同样的保护，任何人违反自己所承担的法律义务都应该同样受到制裁。前者是人们在法律制定、执行、适用的全部过程中的地位平等，是实质意义上的平等。这种平等必须以人们在现实生活中经济、社会地位真正平等为完全实现的前提，是人类社会存在的理想状态和全人类永恒追求的目标。后者仅指法律适用过程中的平等，是形式意义的平等或者说叫做机会平等。这种平等是一种以承认现实中人与人之间政治、经济、社会权利等方面实质不平等为前提的平等，是一种以法律的手段来确认、保护现实生活中作为历史发展必然要求的以实质不平等为内容的平等。政治实践中，追求应然是必需的，但是受历史阶段的限制，法律中主要还只能是形式意义上的平等，这种适用上的平等，也是法律的基本功能之一。

四、人类社会终将走向实质平等

法律之于平等，可谓既增进，又限制。由于近现代以前及至现代，实质上的平等、立法上的平等还不能实现，所以，法律客观上也在维持不平等。但从历史考察，从根本上说，是形式意义上的平等和实质意义上的平等不断融合、相互接近的历史，不断地将人们追求实质平等的理想转化为法律所维护的平等的现实，在法律所维护的现实中不断地增加、扩大人类实质平等的理想的内容，不断地将"法律面前人人平等"从形式平等变为实质平等，这既是历史发展的必然规律，也是现代法治国家的基本任务。

第二节　刑法适用平等原则的基本含义

法律面前人人平等是我国宪法确立的社会主义法治的基本原则。我国《宪法》明确规定，任何组织或个人都必须遵守宪法和法律，都不得有超越宪法和法律的特权，一切违反宪法和法律的行为，必须予以追究。为了使这一原则进一步得到贯彻执行，我国一些基本法律也规定了这一原则，如《刑事诉讼法》、《民事诉讼法》都规定了公民在适用法律上一律平等。《刑法》作为惩罚犯罪、保护人民的基本法律，更应当贯彻这一原则。我国《刑法》第 4 条规定："对任何人犯罪，在适用法律上一律平等。不允许任何人有超越法律的特权。"这就是

---

① ［美］约翰·罗尔斯著，何怀宏、何包钢、廖申白译：《正义论》，中国社会科学出版社 1988 年版，第 56 页。

刑法适用平等原则。刑法适用平等原则是适用法律一律平等的宪法原则在刑法上的具体化。

刑法适用平等原则的基本含义：一是对于不同身份的人在适用刑法上一律平等，包括平等定罪、平等处罚；二是对于犯相同之罪的人，在适用刑法上一律平等对待。

就犯罪人而言，任何人犯罪，都应当受到法律的追究；任何人不得享有超越法律规定的特权；不论犯罪人的社会地位、家庭出身、职业状况、财产状况、政治面貌、才能业绩如何，都一律平等地适用刑法，在定罪量刑时一视同仁，依法惩处。就被害人而言，任何人受到犯罪侵害，都应当依法追究犯罪、保护被害人的权益；被害人同样的权益，应当受到刑法同样的保护；不得因为被害人身份、地位、财产状况等情况的不同而对犯罪人在定罪量刑上有所区别。

平等适用刑法是保障国民自由的要求。国民的自由以其对行为性质与法律后果的预测可能性为前提。国民的预测可能性并非仅仅取决于行为前是否存在明文的法律规定，而且取决于行为前司法机关对相同或类似行为的处理结论。因为法律需要"确证"，一方面，成文刑法是否会被司法机关执行需要确证，如果成文刑法不能得到司法机关的适用，人们必然认为成文刑法形同虚设，违反刑法也可能不会受到制裁；另一方面，成文刑法的含义到底是什么也需要得到确证，如果不同的司法机关对相同的法条作出不同的解释，或者同一司法机关前后对相同的法条作出矛盾或不一致的解释，人们就不能预测司法机关会如何对待自己的行为。由此可见，事先所颁布的成文刑法只是对原则所作的一种并不完善的表述，而法院在其判决中对这些原则的严格遵循更甚于用文字对它们的表达；国民对以成文刑法为依据的活生生的判决的解读，比单纯对成文刑法的解读更具有效性；经过司法判决确证后的法律，比没有经过司法确证的法律具有更高的权威性，法律经过司法判决的确证后，才会使国民更加确信法律，从而取得实质的预测可能性。但是，如果适用法律不平等，相同的行为有时被认定为有罪、有时被认定为无罪，国民就没有预测可能性，结局会导致行为的萎缩。

平等适用刑法是保护法益的要求。刑法的目的在于保护法益，如果适用刑法不平等，就表明一部分法益不能得到保护。只有平等适用刑法，才能有效地保护法益。

平等适用刑法是预防犯罪的要求。适用刑法大多表现为对犯罪人定罪量刑，而对犯罪人定罪量刑，使其承受一定的痛苦，既可以预防犯罪人再次犯罪，也可以警戒其他人不实施犯罪。如果对部分犯罪人不适用刑法，就意味着犯罪后也不承担法律后果，这些人便会再次实施犯罪行为。不仅如此，其他人目睹犯罪后不承担法律后果的事实，也会萌发犯罪意念，进而实施犯罪。因此，只有平等适用刑法，才能有效地预防犯罪。

平等适用刑法是刑法本身的要求。作为裁判规范，刑法对一切执法者都提出了平等适用刑法的要求；作为行为规范，刑法对一切人都提出平等遵守刑法的要求。刑法规范的普遍性意味着刑法所设想的适用对象不是特定的个人及有关事件，而是一般的人和事件。刑法规范的普遍性特征既使平等适用刑法成为可能，也使平等适用刑法成为其前提。易言之，如果适用刑法不平等，刑法规范也就没有普遍性，因而不成其为法律。只有平等适用刑法，刑法才得以维持其特征。

平等适用刑法是法治的基本要求。要使法治生效，应当有一个常常毫无例外地适用的规则，这一点比这个规则的内容更为重要。只要这样的规则能够普遍实施，至于这个规则的内容如何倒还是次要的……究竟我们大家沿着马路的左边还是右边开车是无所谓的，只要我们大家都做同样的事就行。重要的是，规则使我们能够正确地预测别人的行动，而这就需要它应当适用于一切情况——即使在某种特殊情况下，我们觉得它是没有道理的。法的效果在于执行，假如刑法条文十分完善却没有得到平等实施，而且一部分人可以不遵守刑法，那么，刑法的作用就会降低，最终它就不是法律了。①

我国《宪法》规定，任何组织或个人都必须遵守宪法和法律，都不得有超越宪法和法律的特权，中华人民共和国公民在法律面前一律平等。因此，即使刑法没有规定平等适用刑法原则，在刑法面前人人平等也是不言而喻的。但是，由于有法不依、执法不严、违法不究的现象还存在，甚至比较严重，应强调刑法面前人人平等，将平等适用刑法特别规定为刑法的基本原则。

据此可以看出，我国刑法适用平等原则的主要特点是：（1）刑法上的平等是机会平等，不存在统一固定的刑罚处罚，刑罚要与罪责相当。（2）强调人民主权的保护，由于我国是人民民主专政的社会主义国家，人民主权高于一切，刑法首先是巩固和保护人民主权的工具。这一特点与中国历史上的平等思想一脉相承，仅把刑法平等视为适用的平等，即维护一定权利的工具。（3）注重对人权的保护，行为人只有实施法律规定的犯罪时才受到处罚，且只能在刑法规定的范围内处罚，这一点和资产阶级刑法是相通的，但我国刑法更注重对集体人权的保护，这是由我国人民利益与个人利益本质上的一致性决定的。生产资料公有制的建立从根本上消除了个人利益和国家利益的尖锐对立，但两种利益的差别还将在一定时期内存在。我国是发展中国家，集体人权高于个人人权，这既是历史的传统又是客观的实际，只有集体人权得以保障，个人的生存、发展才是现实可能的，这是我国刑法适用平等原则的内在价值要求。②

---

① 参见张明楷著：《刑法学》（第三版），法律出版社 2007 年版，第 56~57 页。
② 参见薛瑞麟、陈吉双：《刑法上的人人平等原则》，载《政法论坛》1998 年第 5 期。

第三节 刑法适用平等原则在刑法中的体现

刑法适用平等原则，所追求的不只是多数人或绝大多数人在刑法面前的平等，而是一切人、任何人或百分之百的人在刑法面前的平等。古今中外，对绝大多数人适用刑法都是平等的，具有超越刑法特权的人总是极少数。但这种极少数的不平等，却极大地破坏了法治，冲击了社会心理平衡，妨害了经济发展，阻碍了社会进步。正因为如此，绝大多数人一直在为一切人在法律面前平等而奋斗。基于同样的理由，我们不能因为绝大多数人已在刑法面前平等而感到满足。

刑法适用平等原则在刑法中体现在以下三个方面：

一、定罪上的平等

定罪上的平等，是指任何人犯罪，无论其地位多高，功劳多大，都应当受到刑事追究而不得例外。定罪上的平等还要求，认定犯罪的唯一根据就是行为人实施的社会危害行为，不能考虑行为人的身份、地位等其他因素来决定犯罪成立与否。

二、量刑上的平等

量刑上的平等，是指犯相同的罪，除具有法定的从重、从轻或者减轻处罚的情节以外，应当处以相同的刑罚，做到"同罪同罚"。但是，量刑上的平等并非不考虑犯罪情节的绝对的同罪同罚。我国《刑法》第61条规定："对于犯罪分子决定刑罚的时候，应当根据犯罪的事实、犯罪的性质、情节和对于社会的危害程度，依照本法的有关规定判处。"这一量刑原则体现了以事实为根据，以法律为准绳的精神，同时也包含着对一切犯罪人都应当公正、平等地依法处刑的内容。

犯罪情节不同，如有的具有法定从重处罚的情节，有的具有法定从轻、减轻或者免除处罚的情节，从而同罪不同罚，这是合理的、正常的，并不违背量刑平等原则，因为对任何人犯罪来说，都有这样一个具体情况具体分析、针对不同情况实行区别对待的问题，但如考虑某人权势大、地位高或财大气粗而导致同罪异罚，则是违背量刑平等原则的，因为这等于承认某人享有超越法律的特权。

三、行刑上的平等

行刑上的平等，是指在刑罚执行上，应当受到相同的处遇，不因身份、地位而有所差别对待。例如，我国《刑法》对于刑罚执行过程中的减刑、假释制度都做了明确的规定，同时在第79条还规定："对于犯罪分子的减刑，由执行机关向中级以上人民法院提出减刑建议书。人民法院应当组成合议庭进行审理，对确有悔改或者立功事实的，裁定予以减刑，非经法定程序不得减刑。"这些规定保证了行刑上的平等的实现。

需要注意的是，平等并不意味着绝对的同罪同罚，因此，在司法活动中应当正确地协调平等与差别对待的关系。刑罚上的平等并不是指机械的、无差别的刑法适用。平等并不完全否认差别，而恰恰是建立在对不同情况的正确区别的基础之上的，没有差别也就不可能存在平等。平等的要旨在于公正，只要是有助于实现刑罚公正性的差别都是应当承认的，并不违背罪刑平等原则。例如，对于未成年人犯罪从轻处罚，对于某些国家工作人员犯罪从重处罚，这些都是为了追求正义的需要，并不违背这一原则。

刑法适用平等原则，并不因为有了宪法与刑法的规定，就自然而然地得以实现。与罪刑法定原则相比，刑法适用平等原则的实现更为艰难。刑法适用平等原则的真正实现，需要改革司法体制，保证司法工作人员具有较高素质并且能够独立依法审理刑事案件；需要改革刑事审判方式，保证审判程序有利于查清案件事实；需要改变执法观念，保证以平等的执法观指导刑法的适用；需要全社会各方面的配合，保证刑事案件能够顺利、迅速移送司法机关；需要杜绝地方保护主义，保证刑法能够适用于任何地方的任何人；需要国家机关及其工作人员率先增强法治观念，保证司法机关平等适用刑法；需要所有公民树立平等观念，保证平等适用刑法有牢固的思想基础。

尽管如此，刑法适用平等原则难以达到饱和点，或者说，追求平等的历程几乎没有终点，因为某一方面的平等会在其他方面产生明显的不平等。例如，甲、乙所犯罪行和二者的人身危险性相同，但两人的财产状况相差甚远：甲是百万富翁，乙却身无分文。针对犯罪本身而言，应当判处相同的罚金，否则不平等；针对财产状况而言，对甲应多判罚金，对乙应少判罚金，否则两人实际上承受的痛苦不平等。实现了一个平等，就会引起另一个不平等。但我们不能因此放弃对平等的追求。①

刑法适用平等原则是否包含立法上的平等？这是一个颇有争议的问题。一种观点认为，立法平等是司法平等的前提和基础，没有立法平等就不可能有司法平等。马克思曾经指出："如果认为在立法偏私的情况下，可以有公正的法官，那简直是愚蠢而不切实际的幻想，既然法律是自私自利的，那么大公无私的判决还有什么意义呢？"因此，在社会主义国家，法律应当反映全体公民的意志，公民在立法上也是平等的。另一种观点认为，法律面前人人平等只能是司法平等，在阶级社会如此，在剥削阶级已经消灭、但阶级斗争仍将长期存在的社会主义社会

---

① 参见张明楷著：《刑法学》（第三版），法律出版社 2007 年版，第 57～58 页。

也是如此，因为按照马列主义观点，法律只能反映统治阶级的意志和利益，不可能反映被统治阶级的意志和利益。

毛泽东同志在1952年指出，"我们在立法上要讲阶级不平等，在司法上要讲阶级平等"。这段话真实地反映了我国法律的性质。我们认为，在刑法上的平等是一种机会平等或形式平等，从体现阶级意志的内容来看，由于阶级社会各阶级地位的不同，他们体现在法律上的意志和利益就不可能一样。在立法上，统治阶级和被统治阶级很难做到平等，因而刑法平等原则是指适用上的平等，即刑法已经制定出来，在这部法律面前，所有人都是平等的。它不包括立法上的平等，但这也不是说刑法可以明确规定人们之间的不平等，主张一部分人享有特权，另一部分人只作特权的客体，那样就和封建社会的刑法无区别了，法制文明进步的重要体现就是平等的原则，在形式上消除社会成员之间的不平等，赋予每个成员同等的机会，即不平等的实质内容是以平等的形式表现出来，立法时应以保护统治阶级利益为标准，赋予公民形式上的平等权。由此可见，刑法适用平等原则虽是一个司法原则，但对立法也有重大影响。[①]

第四节　刑法适用平等原则的意义

一、王子犯法与庶民同罪——社会公众的强烈愿望

王子犯法与庶民同罪，这是最能体现中国传统刑法平等思想的古语和法谚。其虽未为法律条文明确规定，但影响深远，从古到今，无论是在州县府衙中、刑部、大理寺的公堂上，还是民间的戏剧舞台上，人们都可以听到、看到，从黎民百姓到王侯将相，无人不晓，是妇孺皆知的"法律原则"。这一刑法观念在中国人的思想中根深蒂固。在封建社会中，官僚贵族阶层也要受到法律的制约和束缚，有时官僚贵族受到的刑罚比庶民更严酷，如明太祖朱元璋时期，对贪官污吏的治理是十分严厉的。这种平等虽然是等级制度下的有限平等，但仍然是人民争取平等斗争成果的反映，具有毋庸置疑的进步性，它凝聚了中华法律文化的精神，融合了儒法两家思想的优秀成果，是封建统治经验的积累，又是对"王子犯法与庶民同罪"的强烈民意的一定程度的顺应。这种平等思想作为封建专制机器的润滑剂，在一定程度上使封建制度能够延续两千年之久。但是，封建专制和平等是根本对立的，因此尽管历史上出现过一些公正、清正廉明的官吏，但总是淹没在封建专制的无边黑幕之中，从"王子犯法与庶民同罪"的这一法谚中可以看出：

---

① 参见薛瑞麟、陈吉双：《刑法上的人人平等原则》，载《政法论坛》1998年第5期。

其一，刑法平等是社会公众的强烈愿望，它代表广大群众对未来的美好企盼和对现实的强烈不满。不平等的社会现实是这一法谚产生的根本原因，任何社会意识都是社会存在的反映，这种平等思想意识说明中国古代社会十分缺乏刑法上的平等。

其二，刑法上的平等在封建时期的中国根本无法实现，这是由其根本制度决定的。在封建社会中，土地等生产资料为地主阶级所有，经济的主要形态是封建的自给自足的自然经济，与这种分散、封闭的自然经济相适应，政治上是以专制统治为主要形式，社会分为若干等级，皇帝居于金字塔的顶端，这种政治、经济的特点决定了法律必然为等级制度服务。法律始终是皇帝御用工具，法权是王权的分支，法律只能屈从、服务于王权，皇帝可以肆无忌惮地践踏法律，同样，皇帝的宠臣也可以借助皇帝的权威作威作福，为所欲为而逍遥法外。

高度集权的政体决定了司法平等是根本无法实现的，即使最受民众推崇的法官包拯等执法如山、铁面无私的官吏也无法改变普遍的不平等现象。

新中国成立以后，进行了社会主义革命，没收官僚资本，对农业、手工业和资本主义工商业进行了改造，建立了社会主义经济基础，在政治上确立了人民民主专政的社会主义制度，人民成为社会的主人。

作为广大人民强烈愿望反映的刑法适用平等原则理所应当地为反映人民意志，这既是司法实践的需要，又是社会主义刑法比封建刑法优越的体现。

二、封建特权思想将长期存在，刑法适用平等原则是与特权作斗争的有力武器

我国古代刑法是不平等的，它公开维护等级特权，由于没有平等的历史传统，特权思想将长期影响我国法律建设。早在奴隶社会的西周时代，就对等级特权作出明确规定："礼不下庶人，刑不上大夫。"奴隶主贵族按照周礼享有特殊的待遇，刑罚的主要对象是广大奴隶和平民，这种不平等还表现在男女、父子、君臣关系中，如父亲在家庭中具有绝对的权威，对子女生杀予夺不为罪。

奴隶社会这种等级特权制度被儒家思想的创始人孔子极为推崇。生于春秋时期的孔子认为，周礼的崩坏是社会不安的因素，只有恢复周礼，重新确立"君君、臣臣、父父、子子"的等级关系，社会才能和谐发展。儒家的思想后来被封建统治阶级加以神圣化，奉为治国、平天下的经典。汉代董仲舒又提出"罢黜百家、独尊儒术"之思想，从此儒家思想一统天下，等级思想渗入社会生活的方方面面。这种等级制度首先维护皇帝的特权，尽管封建刑法是地主阶级整体意志的体现，但是却以皇帝的个人意志表现出来，刑法的适用和立、改、废由皇帝决断，皇帝的权威通过对触犯者规定严酷的刑罚得以保护。《法经》中规定"窥宫者膑"。法律规定违抗君主的"十恶"罪中，谋反、谋大逆和大不敬都是

直接触犯皇帝的犯罪，不仅不能赦免，还要处最严厉的刑罚，而且还要株连其亲属。大臣虽没有皇帝那样凌驾于法律之上的特权，但在司法上却享有不同于老百姓的特权，可以通过种种特权逃避刑罚处罚。从魏律开始一直沿用到明清的"八议"，公开规定各种封建贵族和为统治阶级效力的人除犯"十恶"罪之外享有合法的豁免权。为官的犯罪，可以用官职折抵刑罚。"五岁四岁刑，若有官，准当二年，余并居作。其三岁刑，若有官，准当二年，余一年赎，若公坐过误，罚金。其二岁刑，有官者，赎论。"通过官当，一些地主阶级人士犯罪得以逃避或减轻刑罚。在诉讼程序上，特权阶层犯罪不受普通司法机关裁决，如汉代的先请制度，在"请"之列的官僚贵族犯罪，须先得到皇帝的许可才能追究，由于皇帝可以随意违背法律生杀予夺，所以许多特权者通过皇帝之口，理所当然地逃避了处罚。

马克思曾深刻地指出，封建社会的法是特权法。对中国这样一个有着两千多年封建传统的国家，特权思想的影响十分深远。社会主义制度建立以后，虽然封建的生产关系已被消灭，但封建思想意识的残余不可能在短时间内清除干净。

同时，我国的社会主义脱胎于半殖民地半封建社会，资产阶级民主思想的启蒙阶段很短，民主的发展不充分，现在又处于社会主义初级阶段，这就决定了特权思想将会长期干扰刑法的适用，因而只有在刑法上明确规定人人平等原则，广大群众以法律为武器，坚决反对特权，才能推动刑法的公正适用，促进社会主义法制建设的全面发展。

三、新中国法制实践的教训表明，规定刑法适用平等原则十分必要

新中国成立后，废除了国民党的旧法，明确宣布国民党政府一切法律无效，禁止任何刑事、民事案件援引国民党的法律，在根据地法的基础上逐步建立了社会主义法。法律面前人人平等的原则也得到了重视，在继承人类优秀文明成果的基础上，立法时充分反映了广大人民的意志。1954 年《宪法》规定，中华人民共和国公民在法律上一律平等，在同年制定的《人民法院组织法》和《人民检察院组织法》也规定了平等原则。但是，1957 年情况发生了急剧变化："左倾"思想开始抬头，法律面前人人平等原则被作为资产阶级的邪恶思想加以批判，并从 1975 年《宪法》和 1978 年《宪法》中删除这一原则；一些主张平等原则的学者被打成右派分子，遭受迫害；平等原则成为令人望而生畏的禁区，谁主张适用法律平等，谁就是"没有阶级观点，和敌人讲平等"。由于对法律面前人人平等原则的轻视、蔑视态度，加之急风暴雨式的群众性政治运动，刑事司法中出现了混乱状况，如"文革"期间的冤假错案、把社会出身作为定罪的刑事根据等。

新中国成立以来，特别是否定法律面前人人平等原则的经验教训表明，强化

平等意识，确立平等原则是何等的重要，其主要的教训是：第一，法律面前人人平等不能代替刑法上的平等。1954 年《宪法》和《人民法院组织法》、《人民检察院组织法》虽然都规定了法律面前人人平等的原则，但由于没有落实到刑法等部门法中，结果变成一纸空文，没有起到阻止不平等适用刑法案件发生的作用。第二，刑法上明确规定人人平等原则，将有助于消除司法中的"扭曲"现象。在过去的司法实践中曾出现过在适用法律时唯成分论，官民不平等现象。当然，造成执法不公现象的原因是多方面的，这不是刑法上规定这一原则就可以解决的。只有消除执法不公的政治因素、思想因素、社会心理因素，才能公正解决适用法律中的问题，但实践表明，在立法上明确规定该原则，将有助于消除在适用法律中的"扭曲"现象。

四、社会主义市场经济的现实要求

社会主义市场经济，是指以市场为核心优化资源配置的经济体制，是建立在高度社会化的商品生产基础上的经济体制形式，社会主义市场经济的内在要求是：一是市场主体地位平等，只有主体的地位平等，才能在经济行为中自由竞争，优胜劣汰，充分发挥市场在经济中的中心作用。二是必须加强宏观管理，保证其竞争的有序性，克服市场调节自发性导致生产的盲目性等缺陷，保证其社会主义方向。与社会主义市场经济的内在要求相适应，刑法必须规定人人平等原则，保护市场经济的主体的平等地位和宏观管理的合法性，使之成为利剑加天平。

一方面，市场经济主体地位的变化必然反映在刑法适用上，规定人人平等原则才能防止由于经济地位的不平等导致适用刑法的不平等。市场经济的发展，让少数人先富起来的政策必然导致贫富差距的形成，这样在机会平等的条件下出现了实质的不平等，这种经济实力实质不平等使竞争中可能产生不平等，即实力强劲的主体利用自身的实力对行业实行垄断或者采用其他方法使平等竞争遭到破坏，与此相一致，在刑法适用上也公开地向平等原则提出挑战。这部分先富起来的公民利用金钱的力量，向司法部门或党政部门的工作人员施加影响，使其中的薄弱者成为他们金钱的奴隶，给他们的违法犯罪行为以庇护，一旦包庇不住也可以用钱赎刑、减轻处罚或把实刑改为缓刑。据某省初步统计，1986 年全省各级法院对经济犯罪分子判处缓刑的人数占缓刑总数的 15.2%，个别地区高过 30%，而判处缓刑错误的占 29.5%。这可以说明富人对刑法平等的强有力挑战，同时有些地方的主要领导视先富起来的这批人如财神，为追求地方经济利益，大搞地方保护主义，对生产伪劣产品等经济犯罪百般包庇纵容，使他们逃避刑罚。这种情况随着地方经济发展水平的差距扩大，其发展趋势将进一步扩大；对这些由于市场经济而产生的不平等现象，必须采取法律措施（包括将平等原则条文化）

加以遏制。

另一方面，市场经济宏观调控力度的加强，客观上拉大了官民地位的不平等，官员犯罪在传统思想影响下，追究查处难的趋势将进一步严重化。为了保证社会主义市场经济的顺利发展，必须加强宏观调控，随着调控权力的加强，官员犯罪日益严重，由于特权思想的长期存在，使很多官员始终认为法律是只管老百姓的，再加上以前的宣传片面强调刑法是阶级统治和镇压的工具，很多官员自以为代表党和国家利益，工具当然不能用来束缚自己。这样造成了对官员查处的难度远远大于平民百姓。实践中，以党纪政纪处分代替刑事处分的现象还存在，某些领导干部犯了罪，往往以工作失误为借口，而失误是难免的，交点"学费"而已。此处待不下去，调到别处继续升官，实在包不住了，再从轻发落。这种官民不平等的现象在适用刑法上的反映将不会瞬间而过。

从上述分析中可以看出，市场经济一方面按其内在要求确立刑法平等原则，另一方面又为刑法平等原则的实现造成新的困难，因此，只有不断地强化刑法平等原则才能有效地克服其中的矛盾，从而充分发挥刑法的经济保障功能，使之为社会主义经济建设服务。①

第五节　刑法适用平等原则的实现

刑法适用平等原则虽然早在 1997 年就写入了《刑法》，但如同《宪法》规定的平等原则的实现一样，在司法、守法的实践中得到正确的实施和遵守却需要一个不断完善、不断进步的历程。而且，刑法适用平等原则的实现，不仅必须依靠在立法、司法中体现这一原则，还需要其他法律制度、法律措施的配套完善。

一、严格执法理念的树立和培育

严格执法是刑法适用平等原则在刑法适用中得以实现的重要保证。彭真同志1979 年 6 月 26 日在第五届全国人大第二次会议上作的《关于七个法律草案的说明》中强调指出："……对于违法犯罪的人，不管他资格多老，地位多高，功劳多大，都不能加以纵容和包庇，都应依法制裁。在我们社会主义国家……不允许有任何超越法律之外或者凌驾于法律之上的特权"。这从立法上表明了刑法适用平等原则，同时也对严格执法提出了要求。对任何人犯罪都要严格依法定罪量刑，依法行刑，不允许有法外特权。从刑法适用角度而言，则要求刑法适用机关及其工作人员必须严格执行法律，不受任何团体、个人的干扰，司法人员应当敢于依法力排各种干扰。法律适用的过程中国家司法机关及其主办刑事案件的司法

---

① 参见薛瑞麟、陈吉双：《刑法上的人人平等原则》，载《政法论坛》1998 年第 5 期。

人员，依照法定的程序和方式，将刑法规范适用于具体刑事案件的活动。由国家法律赋予不同权力的司法机关，按照法定程序的分工各自承担，连续一体完成，公安机关、国家安全机关等和检察机关（分工自行管辖的那一部分）负责刑事案件的侦查终结，检察机关负责刑事案件的批捕和提起公诉，人民法院负责刑事案件的审判，监狱机关负责刑罚的执行。这是国家法律规定并赋予其追究犯罪，惩罚犯罪的主体机关，其他未经授权的组织和个人无权行使此项权力。特别是人民检察院依法独立行使检察权、人民法院依法独立行使审判权，不受任何法外的行政干预，更不允许任何人以言代法，以权压法的封建主义的遗毒侵蚀刑事执法机关的执法活动。任何法外干预行为都是非法的，是法律不能容忍的，要保证检察机关依法独立行使检察权，审判机关依法独立行使审判权，对任何犯罪都应在罪刑适用平等原则下得到追究，受到应有的刑罚制裁。

二、强化对刑事司法活动的监督

对刑事司法活动的监督包括人大的监督、检察机关的法律监督、新闻舆论的监督和社会的监督等。人大的监督，是宪法和法律赋予权力机关代表人民对检察机关和审判机关的刑事司法活动执行状况的监督，这是具有最高地位和最大法律权威的监督。但人大监督主要是对法律执行总体情况的监督，以及对司法官员个人的监督，一般不涉及个案的处理过程。检察机关的法律监督，是对纳入刑事司法活动程序的侦查、审判和监所执法状况的监督。检察机关是唯一参与刑事诉讼全过程的机关，检察机关的监督对于确保严格执法，落实法律规定，维护法律正确统一实施，具有非常重要的意义。近些年新闻舆论监督和社会监督，随着网络化时代的来临，有了新的更广阔的发展，司法民主化的需求更加强烈，司法透明化、公开化的要求也越来越高。但是，从监督机制、监督效果来看，对刑事执法活动的监督仍然比较薄弱，缺乏制度化、经常化、深入性和针对性的专门机关的监督和人民群众参与的监督。这种状况与法治国家建设要求，刑事司法工作的实际需要，以及对一些特殊犯罪主体的追究惩罚需要等极不相称。对刑事司法活动的监督仍然非常迫切，这也是刑法适用平等原则实现的现实要求。根据党的十五大提出的"加强对宪法和法律实施的监督，维护国家法制的统一"的要求，法律监督工作应作出系统的规划，形成经常的制度，有针对性地进行监督，特别要推进检察机关的法律监督，要改变现存的被动局面，以便刑法适用平等原则的实现。

三、提高刑事司法人员的素质

刑事司法人员的素质属于综合概念。其包含的内容是多方面的，其中，主要是指刑事司法机关的各级领导者和有资格承办刑事案件的司法工作者的政治素质、法律专业素质、科学文化素质和职业道德素质等。因为无论是警官、检察官、法官，他们在依法履行适用刑事司法职责时，都是从事实现国家职能活动的人，都是享有一定执法权力的人，都是要面对面与犯罪分子进行斗争的人，同时也是广大人民群众利益的保护人。对于这些勇于献身刑事司法工作人员的政治素质，职业道德素质的要求，国家法律和各自的最高领导机关已有必备的条件规定，应不折不扣地执行。在此仅就刑法适用平等原则的实现，急需强化提高的其他素质略抒己见。

1. 必须使刑事司法人员明知享有权力的来源。

一切刑事司法人员的权力都是法律赋予的。因此，他们在肩负惩罚犯罪，保护人民的刑事司法活动中，都必须坚定地站在法律的立场上，忠实于国家的法律，其言论和行为只对法律负责。江泽民总书记在十五大报告中指出："我们的权力是人民赋予的。一切干部都是人民的公仆，必须受到人民和法律的监督。"笔者认为，广大刑事司法人员只有牢记法律面前人人平等的宗旨，才能自觉正确地行使自己手中的权力，不滥用权力。在追究任何人犯罪时，根据犯罪事实对法律负责，不论来自何方的干扰，不论有多大的压力，才能在刑法适用时坚持人人平等。

2. 刑事司法人员必须时刻注意依法律授权履职。

与犯罪行为打交道，虽然是惩治犯罪分子，就朴素的正义情感而言，是正义的，是应然的。但是，作为刑事司法人员必须时刻提醒自己，打击犯罪、保障人权也必须在法律授权的范围内、法律限定的制度框架内进行，必须严格按照法律的规定履行职责。如果无视法律授权、无视权力边界，只要目的合理，不管手段如何，就很有可能走到废法存私的反面，与建设社会主义法治国家背道而驰。履行刑事司法职能，涉及公民的人身自由权利、隐私权乃至生命权利，权力很大，刑事司法人员必须怀有谨慎、谦抑之心，严守权力边界，理性、规范、文明、平和执法。

3. 刑事司法人员必须是廉政的典范。

国家的繁荣和社会的进步，更迫切要求执法的公正。而执法的公正有赖于执法者廉政自律；执法者只有廉政自律，才能使自己的刑事司法活动植根于人民，才能自身硬得起来，不怕邪，敢碰硬，才能真正地实现刑法适用平等的原则。就人民群众对官员阶层的评价和期待而言，一般认为，司法官员较之其他一般政府官员，应当有更高的道德水准和廉洁操守。司法官员承载维护社会公平正义的防线，理当成为道德的楷模和廉洁自律的模范。

4. 刑事司法人员必须具有相应较高的法律素质。

所谓相应较高的法律素质，是指从事刑事司法的各级人员应具有法制的思想、法学理论、法律原则、刑事法律的专业知识，并自觉运用于刑事司法实践能力的总和。国家的刑事法律建设日趋完备，覆盖的社会面越来越广，犯罪的情况不断变化，这都为刑事司法人员应具有的法律知识和能力提出了更现实、更高的要求。只有对刑事法律有深入了解，有理性的理解和掌握，将自己的司法实践建筑于科学的理性指导之下，才能使自己的司法行为方向准、行得正，才能强化对各种法外特权的抵抗力，才能无所畏惧地对任何犯罪的人平等地定罪科刑。

5. 提高刑事司法人员的复合型的科学文化素质。

现实的刑事司法人员的科学文化水平，较以前都有整体性的提高，但是，不论现实已有的哪一年龄段的干部，已具有的文化知识单一性居多，即仅属社会科学方面的法学类，对自然科学知识的了解甚微。这样知识结构的人员，却要面对现实的跨国、跨地区、跨行业、高智能犯罪，面对大量出现在经济、科技领域和市场活动中新的犯罪，面对犯罪分子实行犯罪的方法、手段、利用的工具的不断变换，急待继续学习，充实知识结构，提高复合型的科学文化素质，并与法律知识相结合，才能在与犯罪作斗争中立于取胜的地位。[1]

---

① 参见潘玉臣：《试论罪刑适用平等原则》，载《中国法学》1998 年第 2 期。

第三章　罪刑相适应原则

罪刑相适应原则，又称罪刑均衡原则、罪刑相称原则和罪刑相当原则，是指行为人所受的刑罚应当与其所犯罪行的程度相适应，即犯多大的罪就承担多大的刑事责任，司法机关应当依照犯罪行为的轻重判处相当的刑罚，做到重罪重判、轻罪轻判，罚当其罪。

第一节　罪刑相适应原则的理论基础和历史沿革

罪刑相适应原则的基本含义是：什么样的罪刑，就应当承担什么样的刑事责任，法院亦应判处其相应轻重的刑罚，做到重罪重罚、轻罪轻罚，罚当其罪、罪刑相称。对罪重、罪轻的评判，应当考虑犯罪行为本身的客观危害，以及其他各种影响罪犯个人责任大小的因素，使刑罚既与犯罪的客观危害相对应，也与行为人的个人情况相对应，实现刑罚与行为人所应承担的刑事责任相一致。我国《刑法》第5条规定，刑罚的轻重，应当与犯罪分子所犯罪行和承担的刑事责任相适应。这一规定就是顺应了罪刑相适应原则发展的趋势。

罪刑相适应原则的基本体现是：在刑事立法中通过罪状与法定刑的对应关系表现出来，在刑事司法中则表现为宣告与犯罪人的具体犯罪大致相当的刑罚并确保其执行。

一、理论基础

罪刑相适应原则来源于古老的报应观念，甚至可以追溯到人类社会的起源。法国社会学家埃米尔·德克海姆指出："没有哪一个社会不存在刑罚必须与犯罪相对称的规则。"[①] 人类社会血亲复仇到同态复仇等的演变，体现了人们对侵害与惩罚在形式上的对等报应的观念。古代法律中，无论东方还是西方，罪刑相适

[①] 转引自邱兴隆：《配刑原则统一论》，载《刑法论文选萃》，中国法制出版社2004年版。

应的观念也是一种法律的基本要求。受启蒙思想的影响，刑事古典学派进一步强调，刑罚必须和犯罪的客观危害相当，以此来维持罪刑相适应关系。刑事古典学派认为：犯罪使社会公共福利、公民的自由和安全、社会治安、私人财产以及统治者利益受到实际危害，因而刑罚应当与客观犯罪行为及其危害结果相均衡。凡属于主观范畴的因素（如犯罪人的动机、目的等）不应当影响刑罚的确定。从这一原则出发，国家必须在罪刑法定的基础上制定一部反映犯罪和刑罚关系的阶梯式刑法典，即贝卡利亚在《论犯罪和刑罚》中所设想的一个"由上到下排列着一切违反公共福利的犯罪行为——由最大的一直到最轻微的犯罪行为。如果几何学可以应用到人类行为的无数模糊不清的结合上面。那么就应当有一个相应的刑罚——由最重要的到最轻的阶梯式法典"；并且，法官应当严格地根据法律进行形式逻辑式的推理量刑，既不允许法官对刑法典擅作解释和类推，也不允许法官量刑时自由裁量，如此，才能真正实现罪刑的均衡，从而满足刑罚正义的要求。

对于罪刑相适应原则，边沁曾指出："让我们定个规则，多大的罪用多大的惩罚；应该用树枝纠正过程，不用可怕的鞭子抽打。孟德斯鸠意识到了罪刑相称的必要性，贝卡利亚则强调了它的重要性。然而，他们仅仅做了推荐，并未进行解释；他们未告诉我们相称性由什么构成。让我们努力弥补这一缺憾，提出计算这个道德原则的主要规则。"① 边沁由此提出了罪刑相适应的五个规则：（1）刑罚之苦必须超过犯罪之利。（2）刑罚的确定性越小，其严厉性就应该越大。（3）当两个罪行相联系时，严重之罪应适用严厉之刑，从而使罪犯有可能在较轻阶段停止犯罪。（4）罪行越重，适用严厉之刑以减少其发生的理由就越充足。（5）不应该对所有罪犯的相同之罪适用相同之刑，必须对可能影响感情的某些情节给予考虑。

但是，在垄断资本主义时期，随着刑法客观主义遭受广泛的批评，以行为人为出发点的刑法思想大行其道：强调犯罪人的主观恶性对于犯罪行为的重要影响作用，竭力主张刑罚应当以改造犯罪、保全社会为出发点；刑罚不是对犯罪行为而是对犯罪者实施。在量刑时，虽然要考虑犯罪人的客观犯罪行为和危害后果，但更主要的应当是考虑犯罪人的反社会性或人身危险性。对犯罪人应当按照其个体的社会危险性程度进行分类，并相应地适用不同的刑罚。从这一原则出发，刑事实证学派主张改造传统的罪刑相适应原则，以人身危险性概念充实罪刑相适应原则的内容，刑罚必须根据个人的人身危险性或者再犯可能性来确定。

由于刑法学上的学派之争在 20 世纪垄断资本主义高速发展的新背景下渐趋

---

① ［英］吉米·边沁著，李贵方等译：《立法理论》，中国人民公安大学出版社 2004 年版，第 375 页。

缓和，在量刑原则上两派也开始取长补短：既强调刑罚与犯罪行为相适应，又主张刑罚与犯罪人的人身危险性相适应。在这个意义上，可以说罪刑相适应原则是刑罚正义和刑罚个别化的统一：一方面，罪刑相适应要求刑罚应当与犯罪的客观危害之间建立对应关系，做到有罪必罚、无罪不罚，重罪重罚、轻罪轻罚，以满足分配正义的要求；另一方面，罪刑相适应要求刑罚适用不能一概而论，必须根据行为人的人身危险性的大小、心理类型等个别因素量刑，以实现刑罚个别化。①

二、历史沿革

罪刑相适应原则最早源于人类最为基础、原始的"以牙还牙、以眼还眼"的因果报应理念。作为刑法的一项主要原则，罪刑相适应是近代启蒙运动人权保障观念的产物。法国著名启蒙思想家孟德斯鸠就明确指出，"惩罚应有程度之分，按罪之大小，定惩罚轻重"。意大利刑法学家贝卡利亚在其名著《论犯罪与刑罚》中明确阐述了这一原则："犯罪对公共利益的危害越大，促使人们犯罪的力量越大，制止人们犯罪的手段就应该越强有力。这就需要刑罚与犯罪相对称。"② 书中第一次系统提出了罪刑相适应原则，阐明其正义性价值。此外，英国功利主义思想家边沁、德国古典唯心主义哲学家康德、辩证法的创始人黑格尔，也分别从理论上阐述了罪刑相适应的思想，表达了资产阶级对于罪刑相适应的基本要求。

最早在法律上规定罪刑相适应原则的是大革命胜利后的法国，1793 年《法国宪法》所附的《人权宣言》第 15 条规定，"刑罚应与犯法行为相适合，并有益于社会"。1791 年和 1810 年《法国刑法典》对于犯罪种类的划分以及罪刑关系的规定进一步体现了这一原则。从此，作为刑法的一项主要原则，罪刑相适应原则逐渐成为世界各国刑法典规定罪刑关系的基本准则，为许多国家的刑法所接受，并为国际条约所接受。

三、功   能

罪刑相适应原则是在反封建法制的罪刑不相当、罪刑擅断、议减议免等情形的基础上提出并不断完善的。但同时罪刑相适应原则也代表了人类的情感和心理

---

① 参见周光权著：《刑法总论》，中国人民大学出版社 2007 年版，第 64～65 页。
② ［意］贝卡利亚著，黄风译：《论犯罪与刑罚》，中国法制出版社 2002 年版，第 75 页。

需求，在现代法治中，其具有以下三个主要功能。①

　　1. 情感抚恤功能。

　　情感抚恤功能，即通过对一定的犯罪处以相应的刑罚，从而使被害人及社会善良的人的"一种天生的追求对等性（Recigocity）的本能"得到满足。现代国家独占刑罚权，禁止私人复仇，并且没有消灭人的复仇心，罪刑相适应原则就必须具有这种功能。

　　"一种天生的追求对等性（Recigocity）的本能"体现了人类对公正追求的朴素情感，追求对等性是人类追求公正性价值的最原始表现。按照 19 世纪英国著名刑法学家詹姆斯·斯蒂芬（James Stephen）的说法，报复情感之于刑法与性欲之于婚姻具有同样重要的关系，对犯罪处以刑罚是普遍冲动的合法发泄方式。对犯罪予以相应的刑罚，既是满足人类有关报应观念、公正追求的朴素情感，也是为了实现刑法的正义（公正）价值。正义，即公正、公平、公道。那么，何谓正义（公正）呢？柏拉图承继了古希腊人的观念，认为"各尽其职就是正义"。古罗马法学家乌尔比安说："正义就是给每个人以应有权利的稳定而永恒的意志。"② 罗尔斯认为，正义是社会的基本结构，是"社会主要制度分配基本权利和义务，决定由社会合作产生的利益之分配方式"③。对个人而言，正义是一种善，是道德的自我约束和评价，而对社会而言，正义就表现为人际关系中的公平、公道。公正意味着合适地分配利益和责任，这就产生了分配的标准和体现为一定的比例关系。

　　公正的这种比例关系具体表现则是：平等交换，包括等利交换和等害交换。等利交换指的是一定量的利换取另一定量的利，如合法的市场交易等便是；等害交换则指的是一定量的害换取另一定量的害。这种等害交换在各民族的历史中都可以发现，譬如血族、血亲、同态复仇等。《圣经》中所说的"以命偿命，以眼还眼，以牙还牙，以手还手，以脚还脚，以烙还烙，以伤还伤，以打还打"即为这种原始的、传统的观念的体现。罪刑相适应原则体现了这样一种等害交换的公正价值。等害交换不仅是公正价值的一种类型，而且是公正思想的起源。因为等害交换来源于人的本性，既包括社会性的一面，也有自然属性的一面。从自然属性而言，就是人的报复欲望，由这个欲望而经理性加工为报应观念，从而对加

---

① 参见刘守芬、汪明亮：《试论罪刑均衡的功能性蕴涵》，载《法制与社会发展》2001年第 5 期。

② ［意］桑德罗·斯奇巴尼选编，黄风译：《正义和法》，中国政法大学出版社 1992 年版，第 39 页。

③ ［美］约翰·罗尔斯著，何怀宏等译：《正义论》，中国社会科学出版社 1988 年版，第 5 页。

害行为必须采取相应的在手段或结果上的报应行为。这种欲望出于人的自然本性，实质上是不可改变的，因此也成为道德要求的渊源。另外从社会性的角度出发，等害交换代表了对安全利益的关切。安全是人的最基本的需求，是一切价值需求中的基础，故而人的社会性以安全的利益诉求认可了等害交换。

这种追求等害交换的公正性情感，反映在罪刑相适应原则观念的起源、发展和嬗变过程中。在同态复仇时代，崇尚"以牙还牙，以眼还眼"的朴素公正观念，损失一个部落成员要以犯罪者所在部落的相应损失作为复仇的手段，侵害行为与复仇行为之间具有对等性。这也成为报应主义刑罚观的起源。早在古希腊时期，早期柏拉图就认为刑罚的本质在于赎罪和报应，通过刑罚可以净化罪犯因犯罪而产生的污秽的心灵，恢复因犯罪而被破坏的和谐。这种朴素的公正观念在古代的法律中也多有记载，如《汉谟拉比法典》第 196 条规定："倘自由民毁损任何自由民之子之眼，则应毁其眼。"《十二铜表法》第 8 表第 2 条规定："如果故意伤人肢体，而又未与和解者，则他本人亦应遭受同样的伤害。"这些规定体现了罪刑相适应原则的原始形态。

报应刑论之所以在刑法思想中能够凸显，就是源于人类早期的同态复仇本能，源于人的本质性的情感和需求。或者说，这属于人性的基本的内容。这种报应的思想，为确定罪刑之间的均衡性提供了一定的标准。报应刑把人类的追求等害交换的公正性情感上升为理论高度，并以相应的理论为支撑，其主要表现在道义报应、法律报应和规范报应三方面。为发挥罪刑相适应的情感抚恤功能，体现等害交换公正观念，报应刑论在刑与罪的具体标准（如何给一定的罪配以相应的刑）认定上，又存有等量说和等价说。

等量说又称事实说，为康德所主张，其强调犯罪与刑罚之间外在形态上的同一性。康德认为，只有同害报复的原则，使体现正义报应的刑罚所施加于罪犯的痛苦与犯罪所施加于被害人的恶害保持数量的绝对等同，才能维持正义和天平的均衡。并进而认为，这是支配公共法庭的唯一准则，据此原则可以确定在质和量方面都公正的刑罚。在康德看来，只有这种与犯罪恶害同态的、等量的刑罚才是公正的报应。

等价说又称价值说，为黑格尔所主张，其强调犯罪与刑罚之间内在价值上的同一性。黑格尔认为，"犯罪的扬弃是报复，因为从概念上讲，报复是对侵害的侵害"①。即刑罚的实质是报复。但他同时指出，"这是基于概念同一性，不是侵害行为特种性状的等同，而是侵害行为自在地存在性状的等同，即价值的等同"②。犯罪与刑罚的价值上的等同，说明犯罪行为与刑罚之间需要建立一种内

---

① ［德］黑格尔著，张企泰译：《法哲学原理》，商务印书馆 1982 年版，第 104 页。
② ［德］黑格尔著，张企泰译：《法哲学原理》，商务印书馆 1982 年版，第 104 页。

在联系，这种联系一般而言是加害行为给人的肉体、精神上的痛苦的大致等同，或者说以能相适应为基本准则，同时，等价说将刑罚在质和量上都框定在范围内，说明刑罚不是随机的，更不是恣意的。

总之，对一定的犯罪配以一定的具有均衡性的刑罚，既是人类的动物性本能需求，也是朴素的公正观念体现。无论是在原始社会、奴隶社会，还是近现代哲学、刑法学勃兴以来，罪刑相适应的观念、思想所折射的都是人类追求"等害交换"的道德情感的不同形式的流露。在等害交换原则下，对一定的犯罪处以一定的刑罚（罪刑均衡），刑罚本身并不是目的，其首先蕴涵的应该是为了满足人类的一种与生俱有的追求"等害交换"的朴素情感，这就实现了罪刑相适应原则的情感抚恤功能。

2. 社会保护功能。

所谓罪刑相适应原则的社会保护功能，实际上是与刑罚的功能相联系的，指的是罪刑相适应原则通过在刑罚立法、裁量和执行的运用，而对社会所产生的积极作用，即通过预防犯罪达到防卫社会。这里的积极作用，单指有利的作用。因为毕竟刑罚本身亦是恶，也是有消极作用的。尽管如此，刑罚的积极作用是其他手段无法替代的。[1]

罪刑相适应的理论基础，就刑法学领域而言，可分为报应主义的、功利主义的和折中主义的。从功利主义的理论基础出发，罪刑相适应原则具有很强的预防论的目的，也就是具有社会保护功能（功利性功能）。按照功利主义的观点，犯罪行为是违背社会利益的行为，是对他人或整个社会追求最大利益、最大幸福的侵害，而刑罚作为维护社会秩序的工具，具有功利性，即具有防止犯罪、减少犯罪的功能。[2] 正如贝卡利亚所言，刑罚的目的是："阻止罪犯重新侵害公民，并规诫其他人不要重蹈覆辙。"在罪刑关系上，刑的配置以足够防止犯罪、减少犯罪为限。这样，才能实践功利主义的经典公式，便是"最大多数人的最大幸福"。

贝卡利亚通过罪刑阶梯的设计实践了功利主义的罪刑相适应原则。贝卡利亚提出了下列原则：（1）刑罚与犯罪在性质上相似原则，即刑罚应尽可能同犯罪的属性相类似。如侵犯公民安全和自由的犯罪，应受到身体刑的处罚。人身侮辱这种有损他人名誉的犯罪，应处以耻辱刑。对于不牵涉暴力的盗窃，应处以财产刑。（2）刑罚与犯罪在程度上相当原则。较轻的犯罪，应以较轻的刑罚加以防止；较重的犯罪，则应以较重的刑罚加以防止，从而形成犯罪与刑罚之间的实质上的对应关系。（3）刑罚与犯罪在执行上的相称性。这主要是从行刑方面来揭

---

① 参见马克昌主编：《刑罚通论》，武汉大学出版社1999年版，第41页。

② 参见钟安惠著：《西方刑罚功能论》，中国方正出版社2001年版，第31页。

示罪刑相适应的功利性功能，贝卡利亚认为刑罚不但应该从强度上与犯罪相对称，也应该从实施刑罚的方式上与犯罪相对称。总之，为了实现保护社会功能，预防犯罪，就必须做到罪刑相适应。

哲学史和刑法学史上，功利主义的集大成者，也是最具代表性的人物是边沁。他提出了计算罪刑相适应的五个规则：

第一个规则——刑罚之苦必须超过犯罪之利。一个不足的刑罚比严厉的刑罚更坏。第二个规则——刑罚的确定性越小，其严厉性就应该越大。刑罚应该尽可能紧随罪行而发生，因为它对人心理的效果将伴随时间间隔而减弱。第三个规则——当两个罪行相联系时，严重之罪应适用严厉之刑，从而使罪犯有可能在较轻阶段停止犯罪。第四个规则——罪行越重，适用严厉之刑可以减少其发生的理由就越充足。边沁认为，刑罚的痛苦性是获取不确定好处的确定代价。对小罪适用重刑恰恰是为防止小恶而大量支出。第五个规则——不应该对所有罪犯的相同之罪适用相同之刑，必须对可能影响感情的某些情节给予考虑。[①]

3. 人权保障功能。

人权保障功能，是刑法的一项基本功能，也是刑法的价值所在。所谓人权保障，其实是就刑法（包括刑罚）规定之于国家及其公权力机关而言的，明确的实定的法律规定，起到了限制国家权力、限制刑罚权、限制公权力机关的作用，从而保障了犯罪人的、公民的自由权利。李斯特所言"刑法是犯罪人的大宪章"，即是从此而出。罪刑相适应原则，也突出体现了人权保障的功能。刑罚是对个人自由的最为严厉的强制，国家以最为严厉的强制措施来恢复被犯罪所侵害的个人自由。可是用什么来保证国家的强制不是对个人自由的专断干预呢？通过罪刑相适应原则，要求防止来自政府的专横强制，防止司法者罪刑擅断，出入人罪，防止个人自由的保护者异化为个人自由的破坏者。罪刑相适应原则通过制约强权而实现保障人权。故贝卡利亚主张："刑罚应该是公开的、及时的、必需的，在即定条件下尽量轻微的、同犯罪相对称的并由法律规定的。"[②] 陈兴良教授亦指出："由于犯罪是个人的反社会行为，而刑罚是具有法定刑罚权的国家以社会名义对犯罪的反应，因而罪刑相适应就含有限制刑罚权的意蕴。就此而言，罪刑相适应与罪刑法定具有共同的价值内容。"[③] 罪刑相适应原则的人权保障功能直接体现为保障犯罪人的人权，防止他们被出入其罪，轻罪重罚等。犯罪人属

①　［英］吉米·边沁著，孙力等译：《立法原理——刑法典原理》，中国人民公安大学出版社1993年版，第69~70页。

②　［意］贝卡利亚著，黄风译：《论犯罪与刑罚》，中国大百科全书出版社1993年版，第109页。

③　陈兴良著：《刑法的价值构造》，中国人民大学出版社1998年版，第612页。

于社会少数人，少数人权利之保护，是现代民主社会的主要政治问题。

罪刑相适应原则对国家刑罚权的限制主要体现在：（1）在立法方面，罪刑相适应原则可以有效地把国家刑罚权限制在必要的范围内，从而避免过于严厉的，特别是残酷的刑罚，以实现刑罚的公正，保障公民不受专横的、无度的刑罚权的侵害。（2）在司法方面，法官断案时，应把握罪刑相适应原则的精神。需注意犯罪分子所犯罪行和其承担的刑事责任相适应。强调刑罚既要与已然犯罪的社会危害性相适应，又要与未然的犯罪的可能性大小相适应，不允许对并不严重的犯罪施加比严重的犯罪更为严厉的刑罚，反之也是如此。

第二节　罪刑相适应原则在刑法中的体现概述

我国《刑法》第 5 条规定："刑罚的轻重，应当与犯罪分子所犯罪行和承担的刑事责任相适应。"这就是我国《刑法》所规定的罪刑相适应原则。

罪刑相适应原则的基本要求是：（1）刑事立法对具体犯罪的法定刑设置、刑罚裁量制度等都应当根据不同犯罪的社会危害性以及行为人的人身危险性来制定。（2）在刑事司法中，应当依据《刑法》的规定，根据犯罪行为的轻重、行为人人身危险性的大小等来决定具体的刑罚处罚。

需要注意的是，早期的罪刑相适应原则只强调犯罪行为对于刑罚的决定功能而不考虑行为人本身的危险性。随着刑事社会学派的兴起，行为人的人身危险性越来越受到广泛的重视。当今的罪刑相适应原则既注重刑罚与犯罪行为的轻重相适应，同时也考虑行为人本身的主观恶性和人身危险性。我国《刑法》规定，刑罚的轻重应当与犯罪人承担的刑事责任相适应，而刑事责任的确定是主客观的相统一，既包含行为本身的社会危害性，也包含行为人的人身危险性。因此，罪刑相适应原则应当包含与行为人的人身危险性相适应的内容。

作为刑法的一项基本原则，罪刑相适应原则主要体现在刑事立法、刑事司法以及刑罚执行三个方面。

1. 在刑事立法中，立法者应当准确地评价不同行为的危害性，从宏观上确立与犯罪行为的性质相适应的法定刑。

（1）我国《刑法》总则根据罪刑的轻重确定了一个科学的刑罚体系，此一刑罚体系按照刑罚方法的轻重次序分别加以排列，各种刑罚方法相互区别又互相衔接，能够根据犯罪的各种情况灵活地运用，从而为刑事司法实现罪刑相适应奠定了基础。

（2）《刑法》还根据各种行为的社会危害性程度和人身危险性的大小，规定了轻重有别的处罚原则。例如，对于防卫过当、避险过当行为应当减轻或免除处罚；预备犯可以比照既遂犯从轻、减轻或者免除处罚；未遂犯可以比照既遂犯从轻或者减轻处罚，等等。

2. 在刑事司法中，司法者应当在准确认定犯罪性质的基础上，确立与之相适应的法定性，同时根据案件的具体情节和犯罪人的人身危险性程度的不同，实行区别对待的方针，确定适当的宣告刑。

（1）在司法实践中贯彻罪刑相适应原则，首先必须纠正重定罪轻量刑的错误倾向，把量刑与定罪置于同等重要的地位。长期以来在刑事审判活动中，对于量刑工作的重要性，存在着错误认识，认为只要定性准确即可，至于多判几年或少判几年则无关紧要。为了切实贯彻罪刑相适应原则，必须提高审判机关和法官对量刑工作重要性的认识，把定性准确和量刑适当作为衡量刑事审判工作质量好坏的不可分割的统一标准，以此来检验每一个具体刑事案件的处理结果。

（2）在司法实践中贯彻罪刑相适应原则，必须纠正司法中重刑主义的错误思想，强化量刑公正的执法观念。我国深受封建刑法观念的影响，至今在一部分法官头脑中根深蒂固。重刑主义是一种野蛮落后的刑法思想，是与罪刑相适应原则直接对立的刑法观念。因此，在司法中贯彻罪刑相适应原则，就要促使每一个法官都树立起量刑公正的思想，切实做到罚当其罪，不枉不纵。

（3）在司法中贯彻罪刑相适应原则还应当进一步加强司法解释工作，为正确适用刑罚提供明确具体的标准。同时加强刑事判例的编纂工作，重视判例对刑事审判工作的指导作用，解决具体司法中的不平衡问题。

3. 在刑罚执行过程中，应当根据犯罪人人身危险性的变化，包括悔罪、立功等表现，及时予以减刑、假释，以实现刑罚执行的公正、公平。

第三节　罪刑相适应原则在立法中的体现

在刑事立法中，需要合理衡量罪和刑之间的对应关系，在此基础上，才能准确设立罪名和配置对应幅度的法定刑。犯罪的社会危害性程度越重，罪行越重，反之则罪行越轻。而刑与罪的对应，实质上就是对犯罪人所适用的刑罚轻重与犯罪的客观危害性大小相适应。

罪刑相适应原则在我国刑法中得到了充分体现：

一、确立了科学严密的刑罚体系

我国《刑法》总则确定了一个科学的刑罚体系，这一体系由不同的刑罚方法构成。从性质上区分，包括生命刑、自由刑、财产刑、资格刑；从力度上划定，有重刑也有轻刑；从种类上分，有主刑和附加刑。各种刑罚方法相互区别又互相衔接，能够根据犯罪的各种情况灵活地运用，从而为刑事司法实现罪刑相适应奠定了基础。

二、确立了合理的刑罚方法

主刑、附加刑既相互区别又相互衔接，能够根据犯罪的不同情况灵活地加以运用，对极个别罪行极其严重的犯罪分子从肉体上消灭，对多数犯罪分子进行矫正和隔离，对客观危害不大、主观恶性较小的罪犯则在社会上进行监管；还为各种具体犯罪规定了可以分割、能够伸缩、幅度较大的法定刑，这就使得司法机关可以根据犯罪的性质、罪行的轻重、犯罪人主观恶性的大小，依法判处适当的刑罚，从而为刑事司法实现罪刑相适应原则奠定了基础。

三、规定了区别对待的刑罚裁量原则和执行方法

根据各种行为的社会危害性程度和犯罪人的人身危险性大小，规定了轻重有别的处罚原则。例如，对于不满 18 周岁的人犯罪，应当从轻或者减轻处罚。对于聋哑人或者盲人犯罪，可以从轻、减轻或者免除处罚；对于预备犯，可以比照既遂犯从轻、减轻或者免除处罚。对于未遂犯，可以比照既遂犯从轻或者减轻处罚。对于中止犯，没有造成损害的，应当免除处罚；造成损害的，应当减轻处罚。在共同犯罪中，对于组织、领导犯罪集团的首要分子，应当按照集团所犯的全部罪行处罚；对于其他主犯，应当按照其所参与的或者组织、指挥的全部犯罪处罚。对于从犯，应当从轻、减轻或者免除处罚。对于防卫过当、避险过当的，应当减轻或者免除处罚。对于累犯，应当从重处罚。对于自首和立功的人，《刑法》区别情况规定了从宽处罚措施。此外，《刑法》规定了缓刑、减刑、假释制度，可以根据犯罪人的主观恶性和改造程度确定处罚标准与矫正期限，有助于罪刑相适应原则的动态实现。

四、《刑法》分则根据行为的具体情况规定了对应的罪名

《刑法》分则根据各种犯罪侵害法益的不同，以及行为客观危害的大小规定了 400 多个犯罪，使得各种程度不同的危害行为都能够有对应的罪名加以规范。

五、《刑法》分则根据个罪的具体情况设立了轻重不同的法定刑幅度

对于大多数犯罪根据犯罪数额、数量和情节，规定了多个档次的或者跨度较大的法定刑，司法机关可以根据犯罪的法益侵害程度、犯罪手段及犯罪人主观恶性的大小等情节，对犯罪人判处适当的刑罚，以有效防止轻罪重判，也不至于放纵犯罪。

当然，我国《刑法》分则的有些规定，在与罪刑相适应原则相协调方面，还存在不足，突出表现在法定刑攀比上。法定刑攀比包括横向攀比和纵向攀比两

方面：所谓横向攀比，是指《刑法》分则个罪之间的法定刑存在着刑种和刑度的互相攀附与比对现象。下述两个立法现象的存在加剧了法定刑的横向攀比：其一，在《刑法》中规定了 60 个左右的死刑罪名，高比率死刑的存在使我国刑法呈现重刑刑罚结构，直接导致了《刑法》分则各罪的法定刑出现趋重攀升趋势，"使刑罚量在总体上处于较高水平"。其二，绝对确定的法定刑设置方式的出现。如《刑法》第 121 条（劫持航空器罪）、第 239 条（绑架罪）、第 240 条（拐卖妇女、儿童罪）等都规定，犯罪行为符合某一条件的，绝对适用死刑，而无任何回旋余地，更使得《刑法》分则个罪的法定刑竞相效仿和攀比。所谓纵向攀比，是指个罪刑种和刑度的搭配与具体犯罪的情节和社会危害程度不相对称，不能恰当衔接和交叉。无论是法定刑的横向攀比还是纵向攀比，都是刑罚制度设置不合理的表现，这一现象的存在会对罪刑相适应原则产生冲击。[①]

第四节　罪刑相适应原则在司法中的体现

罪刑相适应原则在司法中主要表现为罪质、罪量与刑质、刑量的对应关系。

一、罪质与刑质均衡

罪质，就是犯罪的本质，也即什么样的行为才能称其为犯罪？成立犯罪需要具备什么样的条件？刑质，就是刑罚的本质，也即什么样的惩罚才能用做刑罚？成为刑罚需要具备什么样的条件？罪质与刑质如何对应，是罪刑相适应原则立法与司法的前提。

罪质，就是犯罪构成主客观要件统一表现的犯罪性质（犯罪的质的规定性）。不同的罪质，标志着各该犯罪行为侵害、威胁法益的锋芒所向不同。这种不同，正是表明各种犯罪具有不同的罪行程度，从而决定法律后果轻重的根本所在。危害人身权利的犯罪建于侵犯财产的犯罪、故意杀人罪和故意伤害罪等，就是由各自的罪质决定的。刑事立法首先着眼于罪质的不同，制定与之相对应的轻重有别的法定刑。所以，法官在量刑时，也要首先确定与该犯罪的罪质相对应的法定刑是什么。[②] 当然，关于罪质，理论界一直存在不同见解。胡萨克曾言："令人吃惊的是，很少有法哲学家对行为被判定为犯罪以前所必须具备的条件提出过详细见解。评论家们对这一问题要么避而不谈，要么用陈词滥调来敷衍搪

---

① 参见周光权著：《刑法总论》，中国人民大学出版社 2007 年版，第 65～67 页。
② 参见张明楷著：《刑法学》（第三版），法律出版社 2007 年版，第 61 页。

塞，或者不得不承认问题难以回答。"① 亦有学者认为，从公正角度考虑，犯罪的本质在于行为的社会危害性；从功利角度考虑，犯罪的本质又体现在行为人的人身危险性。罪刑相适应系统中的罪质应该是社会危害性和人身危险性的统一。据此，行为只有在侵犯了一定的社会利益并且在应受刑罚惩罚的情况下，才能被认定为犯罪，才能成为罪刑相适应系统中的犯罪元素。行为达到犯罪程度必须同时具备两个条件：一是从实然看，存在社会危害；二是从应然看，存在惩罚的必要（人身危险性）。②

关于刑罚的本质，以及罪刑相适应原则的理论基础，折中主义是理论界的主流。报应主义与预防目的在刑法立法、司法以及刑罚执行中，应该说是均不偏废。因而，作为刑罚的手段必须同时具备：一是从报应看，存在惩罚性；二是从功利看，存在抑制性。

罪刑相适应原则所要求的罪质与刑质的对应需实现下列对应关系：

1. 刑质应体现罪质。刑罚给行为人带来的"害"与犯罪给社会带来的"害"，具有等价性；刑罚给行为人带来的"恶"应相似于行为人给社会带来"害"时所具有的"恶"。这是出于人类基本的关于公正的情感需求，也是功利追求——社会安定之追求的必然要求，更是罪刑相适应系统功能实现的前提条件。刑质体现罪质，从立法角度而言，必须进一步区分不同类型的罪质与刑质的关系。如边沁从受害人角度把犯罪分为私罪、反射罪、半公罪和公罪；龙勃罗梭从犯罪人角度将犯罪分为生而有犯罪性的人（所犯之罪）、疯狂的犯罪人（所犯之罪）、情欲的犯罪人（所犯之罪）和偶然的犯罪人（所犯之罪）。边沁强调的是罪质的"社会危害性"，龙勃罗梭则强调的是罪质的"人身危险性"。如我国《刑法》把犯罪分为危害国家安全罪、危害公共安全罪、破坏社会主义市场经济秩序罪等 10 类犯罪，强调的显然是罪质的社会危害性。从罪刑相适应原则出发，可以考虑将罪质类型做这样的区分，兼顾"社会危害性"和"人身危险性"。如将犯罪首先分为侵害私人法益的犯罪和侵害国家、社会法益的犯罪，再在此基础上区分故意和过失犯罪。

刑质的子分类系统基本包括在生命刑、自由刑、财产刑和资格刑四大类型，生命刑、自由刑、财产刑和资格刑具有剥夺行为人生命、自由、财产及资格的特性，因而具有惩罚性，同时此四种刑罚具有预防行为人重新犯罪的特性，因而又具有抑制性。相对而言，生命刑是最严重的刑罚，自由刑次之，财产刑和资格刑难说谁重谁轻，但各具特色。其中，生命刑的立法和司法适用都有式微之趋势。

---

① ［美］胡萨克著，谢望原等译：《刑法哲学》，中国人民公安大学出版社 1994 年版，第 219 页。

② 参见刘守芬、汪明亮：《试论罪刑均衡系统》，载《法商研究》2002 年第 1 期。

从司法角度而言，区分罪质的不同，当然可以寻找不同的刑质。罪质越重，刑质也越重，反之亦是如此。法官在量刑时，要首先确定与该犯罪的罪质相对应的法定刑（刑质）是什么。认准了这一点，就在总体上为正确量刑提供了根本保证，即使在具体选择刑种、刑度时略有偏颇，也不致刑罚畸轻畸重。反之，如果罪质认定错误，据以裁量刑罚的法定刑就必然不对缝，那么，由此而选定的宣告刑，其悖谬的必然性及其严重程度就不言而喻了。所以，坚持刑质与罪质相适应，是罪刑相适应原则的必然要求。

2. 刑质"害恶"应多于罪质"害恶"。这指的是施加于行为人的刑罚的"害恶"应多于犯罪给社会带来的"害恶"。这是从人性基础出发设计刑罚、宣告和实施刑罚所必须遵循的一个原则。因为如果刑质之害少于罪质之害，则犯罪行为成了一项有利可图的活动，那无论从报应要求，还是预防目的，均不能实现。人是感性的动物，具有追求快乐，逃避痛苦的本能，刑罚的设置，包括罪刑相适应原则的贯彻，其报应罪行、预防犯罪、保护社会的目的的实现是刑法功能的体现，而不能让罪犯因为刑罚而更美好，也不能让公众觉得刑罚过轻而鼓励他们喜欢罪行。这是立法、司法、执行中贯彻罪刑相适应原则都需要遵循的一个准则。

二、罪量与刑量均衡

罪量，是指个罪的"社会危害性"和"人身危险性"结合之下的社会否定评价的量的评估，刑量，是指由罪量的评估而由此决定的应当给予的等于或大于罪量的刑量的惩罚。

刑量一方面体现在同一类刑间不同个刑种在"轻重强弱"上的差别，另一方面又体现在每一个刑种在不同情况下在"轻重强弱"上的差别。

在司法中，罪量与刑量的对应均衡关系主要通过量刑情节表现出来。所谓量刑情节，是指不具有犯罪构成要件的意义，却同犯罪构成的主客观方面有密切联系，反映主客观方面的情状或深度，从而影响罪行轻重的各种事实情况。量刑情节是在行为已经构成犯罪的前提下，法院在裁量刑罚时应予考虑的决定量刑轻重或免除处罚的各种情况。由于罪质主要是在定性和确定法定刑（刑质）时进行了评价，因此在具体量刑时作为犯罪构成要件实施的罪质就不再进入评价，而是对除此而外的影响社会危害性和人身危险性的事实因素进行评价，进而决定处刑轻重强弱。

量刑情节的特征是：

1. 量刑情节是一系列客观存在的事实。这些事实既可以是有形的，如数额较大、伤害后果的轻重、手段的残暴与否等；也可以是无形的，如犯罪动机、悔罪态度等。无论是有形的，还是无形的事实，都是一种客观存在，都不以人们的意志为转移。而且这些客观事实是可以通过对全案的分析、考察来认定和评价的。量刑情节的客观性，要求法院在选择刑量时，要从实际出发去认识和把握一切对量刑有影响的情节，而不能主观臆断。

2. 量刑事实是定罪事实以外的具体事实。量刑情节必须是在某种行为已经构成犯罪，法院于量刑时应考虑的各种情况。因此，量刑情节不具有定罪事实的意义，不能说明犯罪构成的情况。比如，犯罪故意是一切故意犯罪成立的必要要件，因而不能视为量刑情节。又如，犯罪动机一般与定罪无关，不能反映犯罪构成要件，所以是量刑情节。对于一些以"情节严重"为犯罪成立条件的罪名，这里的"情节"是构成要件的要素，不是量刑情节。值得注意的是，理论上将犯罪情节分为定罪情节和量刑情节，意图在于揭示各种犯罪的情节与定罪、量刑的关系，并不意味着这两类情节是水火不容的。

3. 量刑情节是反映罪行轻重以及行为人的再犯可能性大小，从而影响刑罚轻重的各种情况。既然是量刑情节，当然是影响刑量的情节。但只有当某种事实情况反映行为的社会危害性或人身危险性程度时，才能影响量刑。因此，能成为量刑情节的事实必须是对行为的社会危害性或人身危险性程度有影响意义的事实；反之，如果某一事实对行为的社会危害性或人身危险性不发生任何影响，那么它对量刑就毫无意义。

量刑情节主要分为法定情节和酌定情节。它们对罪量与刑量对称均衡关系的影响是：

1. 下列法定情节表明了较轻的"罪量"，相应地要适用较轻的"刑量"：（1）应当免除的情节，如没有造成损害的中止犯；（2）应当减轻或免除的情节，如正当防卫明显超过必要限度，造成重大损害的；紧急避险超过必要限度造成不应有的损害的；被胁迫参加犯罪的；（3）应当减轻处罚的情节，如造成损害的中止犯；（4）应当从轻、减轻或者免除处罚的情节，如从犯；（5）应当从轻或者减轻处罚的情节：如已满75周岁的人过失犯罪的；已满14周岁不满18周岁的人犯罪的；（6）可以免除处罚的情节，如犯罪较轻且自首的；（7）可以免除或者减轻处罚的情节，如在外国已经受过刑事处罚的；（8）可以减轻或者免除处罚的情节，如有重大立功表现的；（9）可以从轻、减轻或者免除处罚的情节，如又聋又哑的人犯罪的，预备犯；（10）可以减轻处罚的情节，如如实供述罪行，避免特别严重后果发生的；（11）可以从轻或者减轻处罚的，如未遂犯、自首的、立功的，等等。

2. 下列法定情节表明了较重的"罪量"，相应地要适用较重的"刑量"。即《刑法》中规定的应当从重处罚的情节，主要有教唆不满18周岁的人犯罪的；累犯；奸淫幼女的；猥亵儿童的，等等。

3. 酌定情节对"罪量"和"刑量"的影响主要体现在：

一是影响行为人人身危险性程度（恶）的酌定情节：（1）犯罪人的一贯表现。犯罪人的一贯表现虽然不是与定罪与法定量刑情节相关因素，但它能反映行为人的人身危险性。因此是量刑时应当考虑的因素。这种因素往往反映了行为人的再犯可能性。比如，一个犯罪人在犯罪之前没有不良表现，另一个犯罪人不务正业，经常小偷小摸。如果他们盗窃了相同数额的财物构成犯罪的，前者"罪量"和"刑量"就应当轻于后者。（2）前科。前科，是指依法受过刑事处罚的事实。有前科说明其再犯可能性比较大。有前科的人犯了与无前科的人相同的罪，前者"罪量"和"刑量"就应当重于后者。（3）犯罪动机。犯罪动机不同，直接影响罪过（故意）程度，是量刑时应考虑的酌定情节。但如果对犯罪动机在行为责任的考量中比重过大，有可能导致责任刑上升，导致较重的刑罚。因此，有观点认为，将动机（包括不是构成要件要素的犯罪目的）作为预防刑的情节考虑比较合适。如奸情杀人与基于义愤杀人相比，其动机更为恶劣，其"罪量"和"刑量"相对较重。（4）犯罪后的态度。主要指是否有坦白或抗拒的情节及犯罪后为消除损害所作的努力。比如，有的人犯罪后坦白认罪，积极消除损害，有的人犯罪后则抗拒抓捕、隐匿赃物。这反映出行为人的人身危险性不同，改造的难易程度不同，前者"罪量"和"刑量"就应当相对较轻。（5）犯罪人因犯罪受到的损失。这主要是预防刑的情节，因为犯罪行为可能导致犯罪人的人身和财产损害。比如，对于人身严重受伤的，在裁量刑罚时就不宜判处较重刑罚或者不必要收监。

二是影响行为社会危害性程度（害）的酌定情节：（1）犯罪的手段。这里的手段不是属于构成要件内容的手段。犯罪的手段残忍、狡诈、隐蔽程度等，直接反映犯罪行为的危害程度，因而影响量刑。比如，用残忍的手段杀人，其危害性大于用一般的手段杀人。其"罪量"和"刑量"就应当相对较重。（2）犯罪的时空及环境条件。犯罪的时间、地点不同，也能说明行为的社会危害性程度不同。比如，在白天或公共场所实施的强奸妇女行为与在夜间或僻静的地方实施强奸妇女行为相比，前者的"罪量"和"刑量"就应当重于后者。（3）犯罪的对象。在刑法没有将特定对象规定为构成要件的情况下，犯罪对象的具体差别，反映行为的社会危害性程度，因而量刑的轻重应有差别。比如，侵犯救灾、抢险款物比侵犯一般的财产严重，乘人之危实施犯罪的比在正常情况下对人实施犯罪严重。其"罪量"和"刑量"就应当较重。（4）犯罪结果。在刑法没有将特定犯罪结果规定为构成要件的情况下，危害结果（包括直接结果、间接结果）的轻重对说明行为的社会危害性起重要作用，因而成为量刑时应酌情考虑的重要情节。（5）犯罪人的身体状况。有的人由于先天发育不良或者后天伤残生病，在意志方面有缺陷，因而控制能力减弱，其社会危害性也相对较小。比如，在痴愚状态下所实施的犯罪，其"罪量"和"刑量"就较轻。（6）社会形势。社会形势，是指社会发展的状况。社会危害性具有历史性，它随着社会形势的发展而变化。正常社会形势下的犯罪危害性小于严峻社会形势下的犯罪，因而其"罪量"和"刑量"就应当较轻。（7）民愤。民愤，是指犯罪行为在群众中造成的影响、震动，导致广大群众产生要求惩办犯罪分子的呼声。社会危害性具有社会性，社会主体（群众）对犯罪行为的感受程度影响该犯罪行为的社会危害性程度。比如，民愤极大的犯罪的危害性重于民愤不大的犯罪的危害性，其"罪量"和"刑量"就应当较重。①

---

① 参见刘守芬、汪明亮：《试论罪刑均衡系统》，载《法商研究》2002年第1期。

第四章　罪刑法定原则的司法适用

　　我国学者在论及罪刑法定原则时，往往着眼于价值和观念层面，似乎只要厘清了罪刑法定的理论内容和价值内涵，刑事司法就能在罪刑法定原则限定的形式框架中顺利运行。但罪刑法定原则的法定化，并不等同于罪刑法定原则的现实化。刑事司法并非天然地能够实现罪刑法定原则。从制度上的罪刑法定向司法运作中的罪刑法定转换，表现为一个复杂的法律适用过程。这一过程作为适用法律的独立的实践活动，蕴涵着实现罪刑法定原则、保障人权和违背罪刑法定原则、法外治罪的双重可能。可见，刑事司法是制约罪刑法定原则落实的关键。

　　刑法得到公正适用，从宏观层面看，有赖于司法制度的架构、司法程序的支撑以及司法人员素质的提高等诸多制度因素，有赖于司法独立得到保障的司法运作环境；从微观层面看，有赖于树立正确的司法理念、运用正确的司法技术，以及避免实践中的观念误区。宏观层面主要属于程序法学研究对象，本书则侧重从司法实践的微观层面展开探讨。

第一节　罪刑法定与司法理念

　　司法理念是司法精神层面的内容，司法人员秉持的司法理念直接制约了司法实际层面的运作。刑事司法理念集中体现了司法人员对刑法适用的理解，并指导着司法人员对刑法的适用。罪刑法定原则与现代法治精神一脉相承，要求以法律明文规定刑罚权的范围以及刑事司法权保持必要的克制，以实现对公民权利和自由的保障。因此，罪刑法定原则与人权保障理念、形式法治理念和司法克制理念关系尤为密切。

一、人权保障理念

　　刑法自其诞生之日起就发挥着社会保护机能，而对刑法人权保障机能的认识和重视则是晚近以来的事。罪刑法定原则与人权保障机能互为表里，"法无明文不为罪，法无明文不为罚"所彰显的正是人权保障机能，即国家为维护社会秩序，仅在当事人行为时有法律明文规定的情况下，方能动用刑罚权对行为人实施刑事制裁。由于实行罪刑法定原则，现代法治国家的刑法不仅约束公民，而且约束法官的定罪量刑活动，在规制公民行为的同时，也规制国家刑罚权的行使。在这种情况下，刑法不再是国家单方面镇压犯罪的工具，同时也是公民抵制国家权力滥用的法律手段。

刑法的社会保护与人权保障这两种机能并非总是能协调一致。由于每个人都可能犯罪，因此限制国家刑罚权及其运作方式对每个公民都有其必要性，但倘若过分强调刑法的人权保障机能，则刑法的社会保护机能势必萎缩。反之，如果着眼于严密法网、维护社会秩序而强化刑法社会保护机能，则刑法的人权保障机能势必被削弱。在不同时代、不同国家，对社会保护与人权保障这两者的偏重往往有所不同：采取国家本位的国家以维持社会秩序为优先，并将社会保护作为刑事司法的首要价值，极端情形下，甚至以保护国家、社会利益为名，不惜践踏公民个人的权利与自由，扩大刑法打击范围，以实现社会保护之目的。采取个人本位的国家，注重个人权利和自由的维护，将人权保障作为刑事司法的首要价值。

我国几千年封建法制传统以秩序为最高法律价值，而几乎无视个人存在。近代以来，传统法制受西方冲击，被迫改弦更张，建立在个人主义基础上的近代西方法治才被引入中国。1949 年后，我国秉承前苏联的政治经济体系，建立了高度集权的政治体系和高度集中的计划经济体系，并在传统价值观的影响下，强调国家的利益高于一切，当个人利益与国家利益发生冲突时，个人利益无条件服从国家利益，刑法被视为阶级专政的工具。在这种国家本位主义价值取向的指引下，我国很长时期内强调刑法打击犯罪和保护社会的机能，而忽视了刑法所具有的人权保障机能。随着我国政治经济体制的改革，确立了社会主义市场经济体制，传统的国家本位的价值观念受到了前所未有的挑战，民主与法治的呼声越来越高，在这种情况下，1997 年《刑法》修订时废除了类推适用制度，并在《刑法》第 3 条规定了罪刑法定原则，这标志着我国刑法价值观念由传统的国家本位开始向个人本位转变。之后，1999 年《宪法修正案》规定了依法治国，2004 年《宪法修正案》增加了"国家尊重和保障人权"的规定。2012 年修订的《刑事诉讼法》也规定了"尊重和保障人权"，明确要求在刑事司法中将保障人权与惩罚犯罪放在同等重要的位置。

与此相适应，司法理念也应从重打击犯罪的专政司法理念向注重保障人权的司法理念转变，认识到保障人权是建设社会主义法治国家的必然要求，在法治国家，打击犯罪必须受到罪刑法定原则的限制。就入罪而言，罪刑法定原则坚持"法无明文不为罪"，严格禁止法外入罪；就出罪而言，罪刑法定原则的人权保障功能表现为"法有明文也可能不为罪"，并酌情解释法内出罪，将单纯符合刑法文字但实质上不值得刑罚处罚的行为排除在犯罪之外。如果离开人权保障的价值目标，罪刑法定原则就失去了其存在价值。特别是当打击犯罪与保障人权发生冲突时，应当坚持人权保障的司法理念，绝不能以牺牲人权保障为代价，实现打击犯罪的目的。

二、形式法治理念

司法活动蕴涵着对实质理性和形式理性的双重追求，其理想状态是符合形式理性要求的同时，实现实质理性。但由于形式理性与实质理性之间存在紧张关系，也即马克斯·韦伯所说的"法逻辑的抽象的形式主义和通过法来满足实质要求的需要之间无法避免的矛盾"，[①] 因此，形式的法律规定与实质的社会正义要求之间有时难免不能兼容。而刑法后果的特殊性决定了保障刑法的安定性、可预测性是刑事法治的一个基本要求。就此而言，强调立法规定对于刑法司法适用的限制与制约有着极为重大的意义。因此，在我国刑法学界，不少学者从形式法治观出发，强调刑法形式规定的重要性，如陈兴良教授指出："在刑法中（主要是刑事司法中），我们经常面临着这种实质合理性与形式合理性的冲突，传统的以社会危害性为中心的刑法观念是以实质合理性为取舍标准的，但罪刑法定所确立的刑事法治原则却要求将形式合理性置于优先地位。因此，形式合理性是法治社会的公法文化的根本标志。"[②]

罪刑法定原则与近代欧洲实在法兴起及法典化运动相伴而生。实在法抛弃了与超然的伦理世界的传统联系，并在法律科学指导下建构起了法秩序，正义因此意味着服从法律规则。超越法律，就没有正义。在刑法领域，这意味着，犯罪首先是法律形式上存在的犯罪，即刑法分则条文明确规定应受刑罚处罚的行为。对法律没有明文规定为犯罪的行为，不得定罪处罚。换言之，行为人可以实施一切法律所不禁止的行为——即便该行为具有社会危害性也不例外——而不必担心受到刑罚处罚。例如，在法国，法律规定采用翻墙、掘洞、蒙混的方法脱逃的构成越狱罪。在一起案件中，某天在操场放风的时候，天空中飞来一架直升机停在了操场上空，并放下一条绳梯，被告人顺着绳梯成功脱逃，这显然是越狱行为。但该案被起诉到法院后，被告人的辩护律师主张刑法规定使用翻墙、掘洞、蒙混的方法脱逃的构成越狱罪，而被告人没有采取上述三种方法，所以被告人的行为不具有越狱罪的构成要件。法庭采纳律师意见并作出了无罪判决。[③] 这一案件为维护法律形式合理性而牺牲了实质合理性，但这被认为是维护形式法治必然的代

---

① ［德］马克斯·韦伯著，林荣远译：《经济与社会（下卷）》，商务印书馆 1997 年版，第 401 页。

② 陈兴良主编：《刑事法评论》（第 4 卷），中国政法大学出版社 1999 年版，第 3 页。

③ 陈兴良：《面向 21 世纪的刑事司法理念》，载《当代法学》2005 年第 3 期。

价。因为只有保证将对一行为罪与非罪的评价限制在刑法条文框架内进行，排斥超越法律形式规定进行的实质判断，才能避免过多法外因素的介入导致司法恣意，侵犯公民权利与自由。

我国传统的司法理念中社会危害性判断是第一性的判断，强调社会危害性是犯罪的本质特征，它的思想背景是对实质合理性的追求。受前苏联法律学说影响，我国模仿前苏联刑法制定的 1979 年《刑法》第 10 条规定："一切危害国家主权和领土完整，危害无产阶级专政制度，破坏社会主义革命和社会主义建设，破坏社会秩序，侵犯全民所有的财产或者劳动群众集体所有的财产，侵犯公民私人所有的合法财产，侵犯公民的人身权利、民主权利和其他权利，以及其他危害社会的行为，依照法律应当受刑罚处罚的，都是犯罪；但是情节显著轻微危害不大的，不认为是犯罪。"考虑到 1979 年《刑法》第 79 条规定了类推适用制度，犯罪的社会危害性具有优越于犯罪的形式特征的地位，有学者认为这一犯罪定义实际上规定的是犯罪的实质概念。[①] 1997 年修改后的《刑法》第 13 条规定了几乎同样的犯罪定义，但因为第 3 条明文规定了罪刑法定原则，在此基础上，显然犯罪的刑事违法性特征已经具有优于社会危害性特征的绝对地位，所以完全可以将其视为一个犯罪的形式定义。因此，刑法中有了罪刑法定的规定以后，判断罪与非罪的唯一标准是法律有无明文规定。一种行为即使具有再大的社会危害性，司法者也不能逾越立法语言可能的界限而进行类推解释，或基于法律以外的因素——如社会舆论、领导指示等——违反罪刑法定原则的刚性要求，将在刑法中没有明文规定的行为任意定罪，或者将刑法明文规定为此罪的行为任意认定为他罪。

形式理性的司法理念和我国长期以来以社会危害性理论为内容的实质理性的司法理念是相排斥的。特别是在刑法规定存在漏洞时，两种理念的对立表现极为明显。此时，司法中贯彻罪刑法定原则就要求对那些具有严重的社会危害性，但刑法没有明文规定的行为不能按照犯罪加以惩治。对这一法律漏洞只能通过修改刑法的方式来进行填补。而实践中部分司法人员受实质理性的司法理念影响，往往将"被告应该受到惩罚"和"被告根据法律能不能受到惩罚"相混淆。特别是在一些社会影响重大和社会舆论反响强烈的案件中，部分司法人员在行为具有处罚的必要性和合理性的认知下，超越了法律形式规定的界限而对法律条文作出超出可能意思的解释以将行为入罪，以致违背了罪刑法定原则的要求。在司法过程中坚持形式理性的理念，体现的是对罪刑法定原则刚性要求的遵从和对法律安定性的守护，这意味着，在承认成文法具有不能涵盖所有当罚行为的局限性的基础上，即使牺牲个案实质合理性，也要坚守法律形式合理性。

---

① 陈兴良：《社会危害性理论——一个反思性检讨》，载《法学研究》2000 年第 1 期。

当然，在罪刑法定司法化过程中强调形式理性，并不意味着对实质理性的否认，也不排斥对刑法条文可能包含的不值得科处刑罚的行为，通过实质解释予以出罪。其毋宁说是对我国过于偏重实质理性的传统司法理念的矫正，并藉此对刑事司法权施加限制。事实上，陈兴良教授也认为法治国家刑法文化的品格包含形式理性与实体正义，但主张形式理性的判断先于并优位于实质理性的判断。实质理性的判断对于形式理性的判断起补充作用，通过形式理性实现实质理性。① 通过形式理性实现实质合理性和实体正义的追求已经不再是价值偏一的形式理性，而是一种将实质融入形式之中的价值理性。

三、司法克制理念

封建刑法的一个重大特点是其干涉性，即刑法全面介入个人生活，以刑罚为后盾强制推行宗教、道德和风俗。例如，1762 年，法国牧师罗舍特因宗教信仰不同而被判处死刑。1764 年，信奉新教的西尔万被法院判处死刑，罪名是"阻止女儿信仰天主教"。② 国家权力的触角由此深入社会生活各个角落，并动辄通过酷刑展现其存在。与此相对，现代刑法的重要特征是其谦抑性，它意味着，刑法这一最为严厉的社会规制手段只能作为防卫社会的最后手段。只有其他调节社会关系的法律规范无法取得应有效果时，才有刑法介入的必要，并且刑法也不能涵盖所有不法行为。罪刑法定原则的产生本身就是对罪刑擅断的否定，并意味着对国家刑罚权行使的限制。罪刑法定原则不仅意味着形式上的法无明文规定不为罪，而且具有民主主义和尊重人权主义的实质内容，正因为如此，在司法实践中坚持罪刑法定原则，也就意味着保持司法克制，抑制不当刑罚。这与刑法谦抑性的内在精神也是一致的。

在刑事司法中，必须意识到罪刑法定原则对司法权的限制，避免刑罚权过多介入人民生活，妨碍其自主权利。因此，应持少用、慎用刑罚手段的立场，在面对社会价值的冲突时，保持价值中立，将自身局限于刑法规定设定的范围内。对于一些实践中出现的新情况、新问题，司法机关应基于自我克制的立场，从行为性质、法律规定和司法干预的成本等角度出发，审慎权衡刑罚权介入的正当性和必要性。在法无明文规定的情况下，当然不应有刑罚权的介入；即使行为具有可罚性，也要根据社会形势判断是否有适用刑罚处罚的必要。以曾经引起争议的一起网络裸聊案件为例：2005 年 9 月 15 日，36 岁的家庭主妇李某在家中登录名为"开心就好"的网络视频聊天室，用视频与多人一起进行裸聊时，被警方抓获。据李某交待，其进行裸聊主要是为寻求刺激。裸聊在我国制定刑法时尚未出现，

---

① 陈兴良：《面向 21 世纪的刑事司法理念》，载《当代法学》2005 年第 3 期。

② 郭华榕著：《法国政治制度史》，人民出版社 2005 年版，第 57 页。

因此这种行为能否定罪、如果定罪应定何罪均不明确，从而引发许多争议。

对该案如何处理有三种意见：第一种意见认为，裸聊行为应按照最高人民法院《关于办理利用互联网、移动通讯终端、声讯台制作、复制、出版、贩卖、传播淫秽电子信息刑事案件具体应用法律若干问题的解释》的规定构成传播淫秽物品罪；第二种意见认为，裸聊行为应当构成聚众淫乱罪；第三种意见认为，裸聊是纯个人行为，由于参与者之间不具有现实接触的可能，具有一定的隐私性，不会危害社会，不构成犯罪。就第一种意见而言，构成传播淫秽物品罪要求该行为必须有物品作为载体，包括有形载体和无形载体。虽然在互联网上传播的淫秽信息可以不具有有形载体，但是它仍然需要有视频文件、音频文件等电子文件形式作为必需的载体。本案中，随卷移送至检察机关的光盘中记录的视频信息仅仅是公安机关通过技术手段录制下来的视频文件，而并不代表其原始的存在形态，在信息传播的形式上不符合上述解释的规定，不构成传播淫秽物品罪。就第二种意见而言，由于"淫乱"的表述具有模糊性，为限制聚众淫乱罪名的适用范围，就有必要对"淫乱"加以限制解释，界定为自然性行为。因此，本案中，裸聊者之间虽然能达到生理与心理上的刺激，但因为空间的阻隔并没有实际的、直接的身体接触，其对于特定法益并没有构成现实的损害或危险，所以不应属于"淫乱"的范畴。检察机关起初以"聚众淫乱罪"对该案提起公诉，但最终撤诉。

价值多元化的现代社会中，不同社会群体对此类伤及风化行为有不同认识，如果以道德范畴作为刑事惩罚基础，难免将伦理规范与刑法规范相混淆。对于裸聊而言，在刑法之外，还有治安管理处罚以及道德谴责来规制。即便行政处罚和道德谴责不能遏制裸聊，是否就一定需要刑法介入也不无疑义。事实上，即使认为裸聊应该入罪的观点也承认，何种裸聊行为应该通过刑法规范，何种裸聊行为应作为一般违法行为处理，涉及一个量的问题，应视裸聊行为的具体表现形式而定，只有那些具有较为严重的淫秽性质的裸聊行为才能入罪，而对于淫秽性质并不严重的裸聊行为，通过道德或刑法之外的法律手段调整即可。[①] 在我国《刑法》没有条文可以规制这类非营利裸聊行为的情况下，检察机关最终撤回起诉，没有以刑法介入强制推行伦理道德，符合司法克制的要求，也体现了对罪刑法定原则的遵从。

第二节　罪刑法定与法律方法

司法意义上的法律方法，是在司法过程中适用法律的方法，包括法律发现、

---

① 王明辉、唐煜枫：《"裸聊行为"入罪之法理分析》，载《法学》2007 年第 8 期。

法律推理、法律解释、法律漏洞的填补等。只有借助必要的法律方法，才能正确界定罪刑法定之"法"，才能将抽象、一般的法律规范适用于具体案件事实，才能有效克服法官主观臆断、出入人罪。因此，法律方法对于罪刑法定在刑事司法中的实现具有重要价值。

司法适用中，罪刑法定原则与刑法解释关系最为密切。罪刑法定原则是贯穿于刑法始终的基本原则，刑法解释则属于应用规则范畴，是对刑法运作过程中具体适用问题的阐明。罪刑法定原则和刑法解释以刑法条文为形式联结点，从而发生联系。罪刑法定的价值目标是在形式公正中维护刑法的安定性，而刑法解释的价值目标则是尽力将规则适用于个案以实现实体公正。罪刑法定原则和刑法解释之间遂产生稳定与适应、形式与实质的对立统一关系。在司法实践中，刑法解释应持何种解释目标，刑法解释的限度何在，如何看待解释分歧乃至对立，采取不同解释方法得出的结论是否符合罪刑法定原则，等等，这些就成为关系到罪刑法定原则实现的重要问题。此外，适用刑法应采取何种判断方法，采取不利于被告的法律解释结论是否违背罪刑法定原则，在刑法存在漏洞时，罪刑法定原则是否允许司法人员自行进行漏洞填补，这些法律方法问题都值得重视和研究解决。

一、罪刑法定与刑法解释

刑法解释是指对刑法规定意义的说明。刑法之所以需要解释，主要是由成文法本身的局限性决定的。成文刑法局限性的根源在于人的有限理性，立法者不可能在立法时将所有具有可罚性的行为毫无遗漏地加以规定，而立法技术也不会完善到法律中所有用语都能达到绝对明确的程度，也不可能避免所有形式缺陷。同时，犯罪的实质内涵也并非一成不变，而是随着社会状况及价值观念而产生流变。成文刑法也难完全跟上社会发展变迁的步伐。成文刑法的局限性还与法律载体，即语言的局限性有关。学者奥登格和理查兹提出了"语义三角"说，主张词和所指事物之间没有直接的联系，而是用概念作为中介。瑞士语言学家索绪尔也提出能指和所指理论。"能指"是符号系统中的用以表示者，"所指"是符号系统中的被表示者。所指并不意味着一种实在，而是一种概念，如"人"这一语言符号乃是相对于人的抽象概念这一所指的能指。语言的局限性直接导致在刑法的执法操作中概念及事物性质的模糊性问题，即将法律的规定与实际生活中的行为相对照分析时，总会有一部分行为的性质无法获得清楚明确的结论，于是便产生所谓的"模糊性"问题。因此，刑法解释有其存在必要。只要有刑事司法，就一定有刑法解释。

现在世界各国所通行的相对罪刑法定原则，已经不再反对法官的解释，重要的是这种解释应当有一定限度。即使牺牲实质合理性也要坚守形式合理性，对于法无明文规定的行为，无论具有何种社会危害性都将其排除在犯罪的法定范围之外。在罪刑法定原则下，超越刑法文本的刑法解释，就违背了在使用刑罚力进行干涉时应当具有的国家自我约束。因此，刑法解释相对于其他法律解释最大的特点就在于，其因受到罪刑法定原则的制约而更为严格。

（一）罪刑法定与解释目标

刑法解释的目标是刑法解释理论的逻辑起点，也是解决其他刑法解释问题的关键。在解释目标上，历来存在主观解释论与客观解释论的区别。按照德国学者拉伦茨的表述，以探究历史上立法者的心理意愿为解释目的的是主观解释论，而以解析法律内存的意义为目标的是客观解释论。[①]

主观解释论又称"立法原意说"，是 19 世纪占统治地位的学说。其认为，刑法是由立法者制定的，表达了立法者对行为的规范意向和价值取向。因此，司法者适用法律时，必须严格忠于蕴涵在法律文本中的立法者原意，刑法解释就是解释者对法律文本中存在的立法原意的认识。该说意在通过重现立法原意这一预设标准保证法的安定性和可预测性，从而限制刑事司法权，保障公民自由。但主观解释论存在诸多问题：首先，最大的问题在于"立法原意"的模糊性。法律条文在制定过程中的原来含义，即便在立法者眼中也并非人们想象的那样简单明了。试图发现统一的立法意图的努力，往往在很大程度上都是徒劳的。"立法机关的众多成员甚至一个立法委员会的成员，对于某一法规的有效范围或目的往往也是众说纷纭和意见分歧的，而且他们还会就某条成文条款或规定的适用范围问题发生实质性的分歧。"[②] 其次，即便通过对立法资料的解读发现了立法者在立法当时的意向，该立法原意也可能由于社会发展而滞后，以致不适应现有社会关系。因此温和的主观解释论者主张当下的立法原意，认为"较古老的法规范之意愿内容"在现代只能以"此时立法者所意愿者"主张其效力，[③] 亦即以当代立法者可能的立法原意取代历史上立法者的实际意志。但当代立法者的立法原意究竟如何，是否就是解释者所揭示的那样，不无疑问。最后，从实践层面来看，对法律的完全的主观解释也是不可能的。因为立法意图并不是独立于解释者而自在地存在于法律文字中的，解释也不完全是一个客观地发现立法意图的过程。要求解释者抛开个人对法律的理解去获得文本中的立法原意，难免成为一种不切实际的空想。

---

① ［德］卡尔·拉伦茨著，陈爱娥译：《法学方法论》，商务印书馆 2003 年版，第 197 页。

② ［美］博登海默著，邓正来译：《法理学、法哲学和法律方法》，中国政法大学出版社 1999 年版，第 534 页。

③ ［德］卡尔·拉伦茨著，陈爱娥译：《法学方法论》，商务印书馆 2003 年版，第 198 页。

客观解释论兴起于 19 世纪末并逐渐成为迄今为止最具影响力的学说。该论认为刑法解释的目标不在于阐明立法者制定刑法时主观上赋予刑法条文的意图，而在于探求和阐明刑法条文客观上所表现出来的意思。法国当代哲学家保罗·利科尔的文本理论认为文本具有间距化特征，文本一旦完成，就脱离作者而独立存在。同样，刑法一经立法者制定并颁布，刑法文本的意义就自主存在。刑法在适用中也会逾越立法者当初的预期，介入立法者当初不能够全部预见的社会关系中去，从而发展出自己独立的存在意义。因此，对刑法的解释就是对刑法文本文字所包含的客观意思的探讨。解释者应该通过立法者使用词语的客观意义探寻法律精神，并以满足现实需要为目的，对刑法作出解释。对客观解释论的主要批评是，它容易在克服主观解释的缺陷的同时，又产生新的弊端，即把刑法解释扩大到严重违反罪刑法定原则的地步。并且，激进的客观解释论主张所谓立法原意只是一个纯属虚构的概念，其完全无视历史上立法者的规范意向及其价值取向，不仅混淆了司法与立法的界限，也违背了立法权优位的现代民主政治预设。

主观解释论注重法律的实在性，客观解释论注重法律的正当性，二者各自包含了部分真理，又各自有局限。在当代，主观解释论与客观解释论之间存在调和的趋势，"如果人们注意倾听这两个解释理论的最近代表者的论证，就可以发现，事实上没有人再主张纯粹的客观理论或纯粹的主观理论"[1]。我国刑法学者对刑法解释目标也存在争议，观点存在主观说、客观说和折中说的区分。[2] 但近年来，客观说成为主流。例如，张明楷教授由原先持有的以客观解释论为主，以主观解释论为补充的折中说，转向较为彻底的客观说。[3] 陈兴良教授也表明自己采取客观解释论，并认为："主观解释论与客观解释论的问题，在我国基本上已经得到解决，即客观解释论几成通说。"[4]

我们认为，在刑法解释中应当坚持客观解释。这是因为无论立法者在立法当时有无可考证的立法原意，无可否认的是，刑法文本一旦形成，就获得了独立的生命并会随着社会发展而演进出新的标准含义。刑法解释应该探求刑法文本随时

---

① ［德］考夫曼著，刘幸义等译：《法律哲学》（第二版），法律出版社 2011 年版，第110 页。

② 对我国学者关于解释目标的不同观点的归纳，参见李国如著：《罪刑法定原则视野中的刑法解释》，中国方正出版社 2001 年版，第 70 页。

③ 张明楷教授早先主张刑法解释应以客观解释为基础，只有在客观解释的结论荒谬时，才应采取主观解释，近年则明确提倡刑法解释应采取客观解释。其观点变化，可比较其所著《刑法学》（第二版）和《刑法学》（第四版）表述上的区别，参见张明楷著：《刑法学》（第二版），法律出版社 2003 年版，第 41 页；《刑法学》（第四版），法律出版社 2011 年版，第34 页。另参见张明楷著：《罪刑法定与刑法解释》，北京大学出版社 2009 年版，第 85 页。

④ 陈兴良：《形式解释论的再宣示》，载《中国法学》2010 年第 4 期。

代发展而具有的客观意义，而非历史上立法者的主观意图。为此，当然可以借助关于草案的说明、审议报告、立法过程中各方面的意见等立法资料，参考法律演进过程以及当时司法状况等，以对刑法规定作出解读。正如德国学者所言："法律解释的最终目标只能是：探求法律在今日法秩序的标准意义（其今日的规范性意义），而只有同时考虑历史上的立法者的规定意向及其具体的规范想法，而不是完全忽视它，才能确定法律在法秩序上的标准意义。这个意义是一种思考过程的结果，过程中，所有因素不论是'主观的'或是'客观的'，均应列入考量。"① 但对立法资料的利用应服务于探求客观的立法意图，因此，对某个概念的解释不必永远采用该概念在刑法史上的意图与含义，相反，重要的是寻找相关概念与规则在当下的真实含义，以适应时代发展。

【研讨问题】刑法的主观解释与客观解释

【案例 4－1】李某组织卖淫案

李某系南京某公关礼仪服务中心、南京某演艺吧业主，其为营利组织男青年向同性提供性服务。2003 年 8 月 18 日，李某因涉嫌组织卖淫罪被刑事拘留。本案涉及的刑法条款主要是《刑法》第 358 条。该条只是概括规定了组织他人卖淫，而并没有对其中的"他人"、"卖淫"等字眼作出具体界定。由于没有相关的司法解释与相对统一的学理解释可供援引，在本案办理过程中，对组织同性卖淫是否构成犯罪争议很大。公安机关以组织卖淫罪提请批捕后，检察机关经再三研究，认为《刑法》对组织同性恋卖淫行为没有明确界定，按照罪刑法定原则，李某的行为不构成组织卖淫罪，因此作出了不批捕决定。2003 年 9 月 25 日，李某被取保候审。10 月 24 日，李某被逮捕。2004 年 1 月 2 日，江苏省南京市秦淮区人民检察院以李某犯组织卖淫罪向南京市秦淮区人民法院提起公诉。

南京市秦淮区人民法院依法经不公开审理查明：2003 年 1 月至 8 月，被告人李某为营利，先后与刘某、冷某等人预谋后，采取张贴广告、登报的方式招聘男青年做"公关人员"，并制定了《公关人员管理制度》。该管理制度规定："公关人员"台费每次 80 元，包间费每人 50 元（由客人付），包房过夜费每人 100 元；最低出场费每人 200 元，客人将"公关人员"带离工作场所超过 30 分钟，"公关人员"可索要出场费并交纳 80 元；客人投诉某一"公关人员"超过 3 次，除对该人员罚款外，还要立即除名，等等。李某指使刘某、冷某对"公关先生"进行管理，并在其经营的酒吧内将多名"公关先生"介绍给男性顾客，由男性顾客将"公关人员"带至南京市某大酒店等处从事同性卖淫活动。

对于检察机关的指控，李某辩称，其行为不构成犯罪。其辩护人提出，刑法

---

① ［德］卡尔·拉伦茨著，陈爱娥译：《法学方法论》，商务印书馆 2003 年版，第 198 页。

及相关司法解释对同性之间的性交易是否构成卖淫未作明文规定，而根据有关辞典的解释，卖淫是指"妇女出卖肉体"的行为。因此，组织男性从事同性卖淫活动的，不属于组织"卖淫"，不危害社会公共秩序和良好风尚，依照罪刑法定原则，李某的行为不构成犯罪。

南京市秦淮区人民法院认为：李某以营利为目的，招募、控制多人从事卖淫活动，其行为已构成组织卖淫罪。李某的辩解与其辩护人的辩护意见不能成立。根据我国《刑法》规定，组织卖淫罪，是指以招募、雇佣、引诱、容留等手段，控制、管理多人从事卖淫的行为；组织他人卖淫中的"他人"，主要是指女性，也包括男性。被告人李某以营利为目的，组织"公关人员"从事金钱与性的交易活动，虽然该交易在同性之间进行，但该行为亦为卖淫行为，同样妨害社会治安管理秩序，破坏良好的社会风尚，故李某的行为符合组织卖淫罪的构成要件。据此，该院依照《刑法》第358条、第64条之规定，于2004年2月17日判决李某犯组织卖淫罪，判处有期徒刑8年，罚金人民币6万元。

一审判决后，被告人李某不服，以组织同性卖淫不构成犯罪和量刑过重为由，向南京市中级人民法院提出上诉。南京市中级人民法院经审理认为，原审判决认定上诉人李某的犯罪事实清楚，证据确实、充分，适用法律正确，审判程序合法，上诉人李某所提上诉理由不能成立，裁定驳回上诉，维持原判。

卖淫多表现为女性向男性出卖肉体，同性之间的性交易则是近年来出现的新现象。本案中，同性之间的性交易是否属于刑法上规定的"卖淫"，成为决定被告人李某有罪与否的关键问题。本案因此涉及刑法解释应当采取主观解释抑或客观解释，换言之，刑法解释应当以立法者原意为目标还是以客观需要为目标。

持无罪论的观点认为，组织卖淫罪的"卖淫"一词，在我国刑法理论和实务中，通常是指以出卖肉体为代价换取各种物质利益或非物质利益的行为，通常表现为妇女向男子卖淫，有时也可以是男子向妇女卖淫。大众对"卖淫"一词的通常理解是妇女向男性出卖肉体。《现代汉语词典》、《汉语大词典》与《新华词典》等辞书也都将卖淫解释为妇女出卖肉体。持该论者还求诸刑事立法与司法的发展历史，断定刑法意义上的"卖淫"并不包含一切性行为，而单指性交，依据是：在1979年《刑法》中，同性之间的性行为乃由流氓罪来处罚，在1997年《刑法》取消流氓罪后，处罚此类行为便缺乏法律依据。因此，现行《刑法》并未将同性间的性行为纳入其中，或者说现行《刑法》对男男性行为无明文规定。持此观点的学者因此认为将同性之间性交易认定为卖淫是类推制度死灰复燃，违背了罪刑法定原则。

无罪论观点认为自己对组织卖淫罪中"卖淫"一词的理解是符合立法原意的，但这只是其对《刑法》规定的一种解读。不无疑问，同性之间的性行为与同性之间的性交易不能等同，现行《刑法》没有将所有同性性行为纳入其中，但并不意味着对同性性交易也没有纳入其中。无罪论者主张的"立法原意"并不能由相关资料得到支持。从立法史上看，制定1979年《刑法》时，由于卖淫在我国较为罕见，因此有关罪名使用的都是"妇女"卖淫的用语，如第140条规定："强迫妇女卖淫的……"、第169条规定："以营利为目的，引诱、容留妇女卖淫的……"，其针对的就是传统意义上的妇女卖淫行为。1991年，全国人大常委会颁布《关于严禁卖淫嫖娼的决定》时，考虑到了现实中出现的卖淫既包括妇女向男性出卖肉体，也包括男性向妇女出卖肉体，因此在规定卖淫的对象时，将用语由"妇女"改为"他人"，既包括了男性，也包括了女性。1992年12月11日最高人民法院、最高人民检察院《关于执行〈关于严禁卖淫嫖娼的决定〉的若干问题的解答》规定，组织、协助组织、强迫、引诱、容留、介绍他人卖淫中的"他人"，主要是指女人，也包括男人。在1997年修订后的《刑法》中，第358条规定："组织他人卖淫或者强迫他人卖淫的……"，在规定卖淫的对象时，也相应使用了"他人"，而非"妇女"的用语。从这一立法演进过程可以看出，立法者对出卖肉体换取金钱的行为表达了否定的态度，起初，由于实践中仅有妇女卖淫，立法禁止的就是组织、强迫妇女卖淫。当实践中出现了男性向女性卖淫后，立法随即对用语作了修改。尽管并无资料表明制定现行《刑法》时，草案起草者已经意识到了同性之间卖淫现象的出现，但也没有资料表明立法者认为"卖淫"仅限于异性之间的性交易行为。

无罪论观点基于辞典中有关词条对"卖淫"的通常理解，主张男性向同性出卖肉体换取金钱不属于刑法上的"卖淫"，也不能成立。辞典，尤其是非专业性辞典对某一刑法用语的解释，往往与对该刑法用语所作的规范解释不尽一致，有的甚至与刑法本身规定相冲突。辞典对刑法用语的解释不能成为办理具体案件的"法律依据"，不能以辞典的解释取代对刑法用语的规范解释。否则，刑法解释学就失去了意义。在刑法解释的过程中，出现对某一用语的解释不同于该词的日常意义的情况，并不就能由此得出违背罪刑法定原则的结论，相反，在有些场合，这恰恰是坚持罪刑法定原则的要求。

如果现行《刑法》延续了1979年《刑法》中的表述，规定"组织妇女卖淫"，由于"妇女"一词的字面含义无论如何都不可能包含男性，则不能将男性卖淫的行为解释为被法律规定包含在内。但现行《刑法》采取的是"组织他人卖淫"的表述，因此，"他人"既包括女性，也包括男性。问题在于，"卖淫"是否可能包括同性之间性交易，抑或仅限于异性之间？在解释刑法时，必须正视刑法文本的开放性，适应社会生活事实的发展变化，科学界定法律用语的准确含义。《刑法》规定的"卖淫"的本质特征在于以营利为目的，向不特定的人出卖肉体的行为，至于行为人的性别是男是女，以及其对象是异性还是同性，均不应成为判断、决定行为人的行为是否构成"卖淫"所要考察的因素。因为无论是女性卖淫还是男性卖淫，无论是异性卖淫还是同性卖淫，均违反了基本伦理道德规范，毒害了社会风气，败坏了社会良好风尚。从此角度看，将同性卖淫归入"卖淫"范畴，以组织卖淫罪追究组织同性卖淫的行为人的刑事责任，不违背且完全符合刑法有关卖淫嫖娼犯罪规定的立法精神。并且，社会生活中已经出现了同性卖淫现象，现代的一般社会观念也自然而然地以同性"卖淫"来指称这类现象。2001 年 1 月 28 日公安部《关于对同性之间以钱财为媒介的性行为定性处理问题的批复》也规定："不特定的异性之间或者同性之间以金钱、财物为媒介发生不正当性关系的行为，包括口淫、手淫、鸡奸等行为，都属于卖淫嫖娼行为，对行为人应当依法处理。"虽然公安部的这一批复对法官没有拘束力，不能作为法官定案的根据，但其关于同性之间以钱财为媒介的性行为的定性完全可以作为法官在解释组织卖淫罪时的参考依据。

因此，通过对刑法的解释将同性之间性交易包含在有关卖淫嫖娼犯罪规定中，不仅适应了时代发展和社会生活变化需要，而且符合一般社会观念和《刑法》有关规定的立法精神。判决采取的客观解释立场，是值得赞同的。

（二）罪刑法定与解释限度

对刑法解释的限度，刑法学界主要有形式解释论和实质解释论两种立场。[1]"形式解释论主张忠诚于罪状的核心意义，有时候甚至仅仅是自己熟悉的法条的含义。实质解释论主张以犯罪本质为指导，来解释刑法规定的构成要件。对于实质上值得科处刑罚但又缺乏形式规定的行为，实质解释论主张在不违反民主主义与预测可能性的前提下，对刑法作扩张解释。当刑法条文可能包含了不值得科处的刑罚的时候，通过实质解释论，将单纯符合刑法文字但实质上不值得刑罚处罚的行为排除在犯罪之外。"[2]对于单纯符合刑法文字但实质上不值得刑罚处罚的行为，应通过处罚必要性的实质判断予以出罪，形式解释论和实质解释论在这点上并无分歧。因此，形式解释论与实质解释论的分歧焦点实际上在于能否通过实质判断将实质上值得科处刑罚但又缺乏形式规定的行为入罪。正是对刑法解释边界的理解不同，而形成了两种立场对立的核心问题。

---

① 一些学者将形式解释等同于主观解释，实质解释等同于客观解释。但实际上，主观解释论与客观解释论和形式解释论与实质解释论之间，虽然存在某种重合，但还是两个不同的范畴。主观解释论和客观解释论解决的是刑法解释的目标问题，而形式解释论与实质解释论之争主要解决的则是解释的限度问题。参见梁根林：《罪刑法定视域中的刑法适用解释》，载《中国法学》2004 年第 3 期；陈兴良：《形式与实质的关系：刑法学的反思性检讨》，载《法学研究》2008 年第 6 期。

② 李立众、吴学斌主编：《刑法新思潮——张明楷教授学术观点探究》，北京大学出版社 2008 年版，第 67 页。

国外一些学者主张刑法解释可以超越原文文字界限,[①] 但我国无论主张形式解释论,还是主张实质解释论的学者,至少在形式上都认为刑法解释的限度应是刑法规定可能的文义。如形式解释论强调可能的文义为刑法解释划定了边界,"如果允许超出可能文义范围,根据事物本质进行实质判断,将使罪刑法定原则的形式理性丧失殆尽"[②]。实质解释论同样认为,"刑法解释的对象是刑法规定,刑法又是以文字作出规定的,故刑法解释不能超出刑法用语可能具有的含义,否则便有违反罪刑法定原则之嫌"[③]。因此,我国形式解释论与实质解释论关于刑法解释限度的分歧表面上看来并不大,但实际上,两种解释方法对如何获得"可能文义"存在深刻区别。

形式解释论主张,在寻找可能文义时,必须从语义解释开始,如果某一行为并未被通常语义所包含,则须进一步辨别是否在语义的"射程"之内。只有当它被可能的语义所包含,且存在多重含义时,才需要采取其他各种方法最终确定其含义。[④] 据此,首先应看某一行为是否能被刑法规定的可能的文义所包含,如果不能,则无须进一步作实质判断。所以,只要缺乏形式规定,形式解释论根本无须对实质上是否具有可罚性进行评价。实质解释论则认为,绝大多数用语都有核心含义和边缘含义,确定刑法用语的外延,不能从用语本身找到答案,而需要作实质判断。解释的实质的容许范围,与实质的正当性(处罚的必要性)成正比,与通常语义的距离成反比。所以,不能只考虑行为与刑法用语核心含义的距离远近,也要考虑行为的违法性与有责性程度:处罚的必要性越高,与刑法用语核心距离的要求就越缓和,作出扩大解释的可能性就越大。[⑤] 据此,在解释时,应将构成要件符合性的形式判断与违法性的实质判断结合起来,一并判断。处罚的必要性越高,允许解释的范围就越大。问题在于,由于实质判断过于前置,处罚必要性而非可能的语义决定了解释的容许范围,难免消解了形式要件的限制机能,刑法规定的可能文义随处罚必要性而不断扩大,容易导致超出可能文义界限的结论。这就与罪刑法定原则产生冲突,造成法治风险。

一个典型的例子是能否将真的军警人员抢劫解释为《刑法》第263条规定的"冒充军警人员抢劫"。并非所有用语都有核心含义与边缘含义或通常含义与可能含义的区分,"冒充"的含义就是"假冒",并无歧义。形式解释因此排除

---

① ［德］克劳斯·罗克辛著,王世洲译:《德国刑法学总论(第1卷)》,法律出版社2005年版,第84~89页。

② 陈兴良:《教义刑法学方法论》,载《法学研究》2005年第2期。

③ 张明楷著:《刑法学》(第四版),法律出版社2011年版,第34页。

④ 陈兴良:《形式解释论的再宣示》,载《中国法学》2010年第4期。

⑤ 张明楷:《实质解释论的再提倡》,载《中国法学》2010年第4期。

了真军警人员抢劫构成"冒充军警人员抢劫"。有人主张真军警人员抢劫比冒充军警人员抢劫社会危害性更大，因此应当适用"冒充军警人员抢劫"的规定，从重处罚。但有学者将"冒充"解释为包括假冒与充当，以使刑法条文能够涵摄真军警抢劫行为。这显然是对这一用语的曲解。《刑法》没有将军警抢劫的情形规定为加重情节，这本身就是一种规定。逾越法律明文规定而根据处罚必要性解释规定文字，实质上是将解释者设想的刑法规定应该包含的内容置入实际刑法规定，这已经不是解释，而是造法了。① 这恰恰是罪刑法定原则所不取。正如日本学者指出的："从刑法实质解释的角度出发，有见解认为，在解释的时候，必须在语言可能具有的意义的范围、国民的预测可能性的范围和保护法益、处罚的必要性之间进行比较衡量。按照这种见解，'解释的实质处罚范围和实质的正当性（处罚的必要性）成正比，和条文通常意义之间的距离成反比。'但是，罪刑法定原则是即便具有处罚的必要性，也不得予以处罚的原则，因此，在确定处罚范围的时候，不应当加入处罚的必要性考虑。罪刑法定原则是即使牺牲处罚的必要性，也要保障国民基于预测可能性进行行动的自由的原则。"②

在罪刑法定原则语境中，基于人权保障要求，当形式理性与实质理性发生冲突时，应以形式理性为先。因此，形式解释论与罪刑法定原则的人权保障机能更具兼容性。并且，形式解释论并非如一些持实质解释论的学者所认为的，只采取字面解释。形式解释论同样会运用多种解释方法，只是坚持以文义作为探寻意义的出发点，同时以文义划定解释活动的界限。例如，采取文义说的德国主流理论认为：立法者通过法律条文的文本，规定了一个法官加以具体填补的规则性框架。在这里，这个规则性框架的范围是由法律文本可能的口语化词义加以标定的。在此框架范围内，法官可以考虑最相近的文义、立法资料，根据法律目的进行解释，这种解释可以是限制解释，也可以是扩张解释。与此相对的是在法律的规则范围之外进行的找法活动，也就是说，那是一种不能再被刑法条文可能的文字意思所包含的解释，是一种为刑罚提供依据的类推，因此是不能允许的。解释与原文界限的关系绝不是任意的，在立法者的文字中没有给出的，就是没有规定

---

① 其他主张实质解释论的学者虽然同意真军警抢劫比冒充军警抢劫的社会危害性更大，但也认为，现行《刑法》没有将其规定为抢劫罪加重情节造成的罪刑不相适应问题，只能通过立法加以完善。参见刘艳红：《冒充军警人员实施抢劫罪之法定刑设置疏漏》，载《法学》2000 年第 6 期。此外还有学者认为，真军警抢劫并不比冒充军警抢劫的社会危害性更大，现行立法并无不足，量刑身份加重处罚不应当被泛化。参见白利勇：《军警人员抢劫的法定刑适用问题新论》，载《福建警察学院学报》2010 年第 5 期。

② ［日］曾根威彦著，黎宏译：《刑法学基础》，法律出版社 2005 年版，第 12 页。

的和不能"适用"的。① 刑法条文有其弹性，这就为解释留下了空间。但罪刑法定原则为刑法解释设定了界限，体现的正是即使牺牲实质合理性也要坚守形式合理性的价值选择。一旦逾越这一界限，就不再是解释，而是法官造法，但这在刑法中是不被允许的。因此，司法实践中必须恪守刑法明文设定的框架，从具有通常判断力的一般人是否能够得出该种结论的角度出发，首先进行形式判断，在此基础上，才有进一步进行处罚必要性的实质判断的余地。

【研讨问题】形式解释与实质解释

【案例4-2】方某重婚案

方某原系新疆维吾尔自治区某县人民武装部独立连副连长，曾与同村女青年王某举办婚礼并育有一女，后又与驻地附近女青年李某登记结婚。1997年4月10日，自诉人王某以被告人方某犯有重婚罪，向解放军南疆军事法院起诉。

解放军南疆军事法院经公开审理查明：1989年11月，被告人方某参军入伍后与原籍同村女青年王某恋爱。1993年7月27日，方某与王某在原籍按当地风俗举行了结婚典礼。当时，因被告人方某未到结婚年龄（距法定的结婚年龄差4个半月），故未到结婚登记机关办理结婚登记手续。此后，二人以夫妻名义同居生活，次年，王某生一女孩。1995年8月，被告人方某结识了部队驻地附近的小学教师李某。1996年2月10日，被告人方某与李某登记结婚，并于1996年年底生一女孩。后王某向部队告发方某重婚。

解放军南疆军事法院认为：被告人方某与王某之间构成事实婚姻关系，其在与王某的事实婚姻关系存续期间，又与李某登记结婚，其行为已构成重婚罪，依法判处方某有期徒刑1年。

一审宣判后，被告人方某不服，以其与王某之间不是事实婚姻，而是非法同居为由，向解放军兰州军区军事法院提出上诉。

解放军兰州军区军事法院经审理认为：上诉人方某与王某同居时，因方某未到结婚年龄，不符合法定结婚条件，因此，方某与王某属于非法同居，不能认定为事实婚姻，对方某不能以重婚罪论处。依照《刑事诉讼法》第189条第2项的规定，于1998年1月15日撤销一审判决，改判被告人方某无罪。

【案例4-3】陈某、叶某、戴某同居案

1994年，陈某在广东省湛江市某玩具厂打工时认识了在同一工厂打工的海南姑娘叶某，两人很快恋爱并同居。1998年1月，叶某回海南探亲。在叶某回海南的4个月里，陈某与该工厂的另一女孩戴某恋爱并同居。后来，陈某一直在

---

① ［德］克劳斯·罗克辛著，王世洲译：《德国刑法学总论（第1卷）》，法律出版社2005年版，第85页。

叶某和戴某之间周旋，直至 2000 年 7 月叶某、戴某明白真相为止。明白真相后的叶某、戴某为了最后能够嫁给陈某，竟答应三人同居。2001 年，叶某、戴某同时怀孕。陈某提出了一个同娶二女入门的想法。这个想法遭到叶某和戴某的极力反对。但陈某威胁说："谁不愿意要夫妻名分的，可以离开。"

2001 年 5 月上旬，陈某按当地婚俗向亲友们发出了陈某、叶某、戴某三人联名的结婚请柬，并不顾市、镇两级妇联、司法办和村委干部的劝阻，于 2001 年 5 月 16 日在陈某家举办了婚宴。鉴于本案在司法实践中缺乏先例，在法律上未见明确界定，当地司法机关没有对三人进行追诉。

事实婚姻，是指男女双方未按法律规定进行结婚登记，即以夫妻关系同居生活形成婚姻。长期以来，由于传统习俗影响以及法制观念淡泊等原因，事实婚姻在我国，特别是边远地区、农村地区大量存在。1994 年 2 月 1 日民政部颁布的《婚姻登记管理条例》第 24 条规定，"符合结婚条件的当事人未经结婚登记以夫妻名义同居的，其婚姻关系无效，不受法律保护"。从而彻底否定了事实婚姻。

但在此前司法实践中，长期承认事实婚姻存在，对只欠缺结婚形式要件的事实婚姻承认其效力，与法律婚姻同等对待。在认定重婚罪时，也一直把事实婚姻作为重婚罪的构成要件，即两次婚姻中，只要有一次事实婚姻，一次登记结婚，就构成重婚罪。因此，案例 4-2 的关键就在于认定方某与王某之间是否构成事实婚姻。

1989 年 12 月 13 日最高人民法院《关于人民法院审理未办结婚登记而以夫妻名义同居生活案件的若干意见》第 2 条规定："1986 年 3 月 15 日《婚姻登记办法》施行之后，未办结婚登记手续即以夫妻名义同居生活，群众也认为是夫妻关系的，一方向人民法院起诉'离婚'，如同居时双方均符合结婚的法定条件，可认定为事实婚姻关系；如同居时一方或双方不符合结婚的法定条件，应认定为非法同居关系。"方某与王某在 1993 年 7 月开始同居，而此时方某尚未到法定婚龄。据此，解放军兰州军区军事法院认定方某与王某之间在同居开始时，其中一方不符合结婚的法定条件，不构成事实婚姻关系，对方某不能以重婚罪论处，故宣告方某无罪。解放军兰州军区军事法院的这一裁决是正确的。

值得探讨的是，1994 年 2 月 1 日之后，如果行为人与他人未办结婚登记手续即以夫妻名义同居生活，又登记结婚的，如何处理？

《刑法》第 258 条规定："有配偶而重婚的，或者明知他人有配偶而与之结婚的，处二年以下有期徒刑或者拘役。"1994 年 12 月 14 日，最高人民法院在给四川省高级人民法院的批复中指出，新的《婚姻登记管理条例》发布施行后，有配偶的人与他人以夫妻名义同居生活的，或者明知他人有配偶而与之以夫妻名义同居生活的，仍应按重婚罪定罪处罚。可见，一定条件下，事实婚姻仍可作为重婚罪的构成要件。依据形式解释，对最高人民法院批复中的所谓"有配偶的人"，应理解为已经依法登记结婚的人。对未经依法登记而以夫妻名义共同生活的人，不能称之为"有配偶的人"。对此，方某案的裁判理由指出：重婚罪保护的是依法登记的合法婚姻关系，而非事实婚姻。因此，已经登记结婚的人又与他人以夫妻名义同居生活的，或者明知他人已经登记结婚，还与之以夫妻名义同居生活的，构成重婚罪。对于先有事实婚姻，又与他人登记结婚和两次及两次以上均是事实婚姻的，则依法不构成重婚罪。① 因此，案例4-3中，虽然陈某、叶某、戴某的行为有碍文明，但陈某与叶某之间、陈某与戴某之间均无合法婚姻关系，也就无合法配偶，三人的行为不构成重婚罪。

可见，对于没有既存合法婚姻的前事实婚、后法律婚（案例4-2）或两个事实婚姻（案例4-3）的情形，形式上不符合重婚罪的构成要件，也就谈不上保护一夫一妻制的婚姻制度。依照形式解释论，也就没有必要进一步讨论行为的社会危害性。

但基于实质解释论，对案例4-2中的裁判理由，即"先有事实婚姻，又与他人登记结婚和两次及两次以上均是事实婚姻的，则依法不构成重婚罪"和案例4-3的处理结果，有人主张是法律形式主义思维，忽略了《刑法》第258条背后的规范意义与目的，并论证说：一夫一妻制的婚姻制度是文明社会的进步标志，为现代社会所积极接受和坚决维护。重婚罪的规范意义在于禁止任何人以任何方式危害这种婚姻制度。如果认为无效婚姻、事实婚姻并非婚姻，而是非法同居关系或同居关系，一男二女未办结婚登记但同时举行婚礼，以夫妻名义同居生活的不构成重婚罪，那么，我国《婚姻法》规定的"一夫一妻制"原则和《刑法》第258条关于重婚罪的规定，就只能形同虚设了；保护妇女、儿童的合法权益也就只能是一句空谈。事实上，重婚者，无论前后是两个事实婚姻，还是其中之一是事实婚姻，在实质上都是对这种婚姻制度的一种挑衅和违反，同时也与社会公认的正义与公平价值相冲突。《刑法》第258条的"有配偶"，当然包括事实婚姻上的配偶。因此，从规范的目的以及社会公认的正义与公平价值的角度而言，陈某、叶某、戴某的行为应该属于刑法的调控范围。② 这一解释从重婚罪的本质是危害一夫一妻制出发，得出事实重婚违反了一夫一妻制，符合重婚罪的结论。但这一解释无视"配偶"一词特定的法律含义，实际上将重婚罪对婚姻家庭制度的保护扩大到了对男女同居关系的保护，扩大了打击范围，导致对罪刑

---

① 《方某重婚案——"事实婚姻"能否成为重婚罪的构成要件》，载《刑事审判参考》1999年第2辑。

② 吴学斌著：《刑法适用方法的基本准则——构成要件符合性判断研究》，中国人民公安大学出版社2008年版，第22页。转引自陈兴良：《形式解释论与实质解释论：事实与理念之展开》，载《法制与社会发展》2011年第2期。

法定原则的重大偏离。

(三) 罪刑法定与解释分歧

罪刑法定原则要求以法律明文规定犯罪与刑罚,但由于成文的刑法必须使用文字作为表达构成要件的载体,语言文字本身所具有的不确定性和模糊性,决定了刑法规定必然具有不确定性。人类理性的有限性也决定了立法者不可能穷尽所有社会事实,因而难以在立法时预想到每种犯罪成立的各种要素并毫无遗漏地加以规定。这些因素决定了在司法实践中,特别是在疑难案件中,对刑法规定解释的分歧在所难免。一方面,刑法解释并非万能,刑法规定及其适用中的疑问绝非仅凭解释就能完全消除。另一方面,不同学者和司法人员可能秉持不同的价值理念和解释立场,各自作出的解释结论难免存在分歧,甚至对立。即便持同一解释标准的解释者,在具体问题上也可能产生认识差异,并得出不同结论。为此,一些学者主张,不仅程序法上应实行存疑有利于被告人,对刑法适用上存有疑问的,也应该作出有利于被告人的选择。[①] 还有学者将存疑有利于被告原则视为与刑事诉讼法中"无罪推定"相匹配的"实体法上的法保留",认为"在司法活动中,存疑时应当作出有利于被告人的处理。这就是有利于被告人原则。这里的有利于被告人,具体是指对刑法条文的理解产生疑问或面临多种选择之时,应作出对被告人有利的决定。"[②] 刑法司法实践中也存在这样的做法:面对争议案件,无论案件存在的疑问是来自法律还是事实,一律作出对被告人有利的决定。特别是在对有罪还是无罪存在争议时,主张无罪显得时髦,主张有罪被认为执法理念落后。

存疑有利于被告原则早在 19 世纪的德国就已经被接受为刑事诉讼法上的一项原则,其主要关乎证据的采信和运用,基本含义是:在对案件事实存在合理疑问时,应当作出有利于被告人的判决。该原则在具体适用时可能表现为:当事实在有罪与无罪之间存在疑问时,应该按照无罪来处理;当事实在重罪与轻罪之间存在疑问时,应当认定轻罪;当从重处罚情节存在疑问时,应当否认从重处罚情节,等等。存疑有利于被告原则使得在案件事实不清时,以人权保障为先,限制国家刑罚权的行使,因此其基本精神与罪刑法定原则相契合。

但国外刑法理论并不支持将存疑有利于被告原则适用于对法律有疑问的场合。大陆法系中,法国学者认为,在法律有疑问的情况下,"法院并不能因此而免于适用法律,法院也无义务一定要采取'最利于犯罪人的限制性解释'。如同在法律的规定不甚明确的情况下一样,法官应当首先借助于一般的解释方法,从

---

① 邱兴隆:《有利被告论探究——以实体刑法为视角》,载《中国法学》2004 年第 6 期。

② 陈兴良著:《罪刑法定主义》,中国法制出版社 2010 年版,第 222 页。

中找到法律的真正意义"。① 德国学者认为："罪疑唯轻原则并不适用于对法律疑问之澄清，认为'罪疑唯轻原则只与事实之认定有关，而不适用于法律之解释'。因此，当法律问题有争议时，依一般的法律解释之原则应对被告为不利之决定时，法院亦应从此见解。"② 我国台湾地区学者也认为，罪疑唯轻原则只适用于事实不明的情形，而不适用于所谓"纯粹的法律择一性"，即不包括单纯的法律适用不明的情形。换句话说，如果当案件事实已被清楚地确切证明，只是因为所涉及的构成要件间适用界限不清，而不知道这一个已经被确认的事实应该适用哪一个构成要件时，罪疑唯轻原则便无适用的余地。③ 普通法系中，为应对 18世纪英格兰"广泛而不理性"的重罪数量的增加，英国法院创造了严格解释规则，又称宽大规则（Rule of Lenity），即当对刑事法律有两种矛盾的理解但都属于合理解释时，法律（包括相应的量刑条款）的解释应倾向有利于被告人。但在当代，美国一些联邦法院，包括联邦最高法院，严格解释了宽大规则本身，只有在法律内容不明确导致对法律的多个合理解释势均力敌时，才有其适用余地。由于对刑法常有不同解释，宽大解释的过分使用可能导致法律适用违背立法本意，因此，很多州彻底废除了这一规则。《美国模范刑法典》也没有确认这一规则，而是要求刑事法律根据它们"公平的含义"作出解释。④ 可见，大陆法系理论普遍认为存疑有利于被告原则适用领域限于对事实存疑时，而不适用于解决对刑事实体法理解的争议。普通法上也不再将存疑有利于被告原则作为刑法适用原则。因此，将存疑有利于被告原则作为刑法解释原则是一种误解。

　　将存疑有利于被告原则适用于实体刑法的主张以及实践中对法律存在解释分歧时一律采取有利于被告决定的做法，似乎与罪刑法定原则限制国家刑罚权和保障公民权利的价值取向一致，但其实并非如此。罪刑法定要限制的是司法权的恣意行使，保证司法权在成文刑法框架内运行。这意味着刑事司法活动不能离开刑法规定去追求正义。在法律存在疑问时，必须遵循一般的解释方法，作出合理解释。如果在疑难案件中不顾刑法用语可能的含义，搁置发现刑法含义的一般解释方法，而将法律疑问转化为有利于被告的解释和不利于被告的解释之间的竞争，并一律适用前者，则势必导致法律解释的混乱，危及法律的安定性。事实上，罪刑法定原则的要求是对刑罚权的行使进行合理限制，是否"合理"的界限就是

---

①　[法] 卡斯东·斯特法尼著，罗结珍译：《法国刑法总论精义》，中国政法大学出版社1998 年版，第 140 页。

②　[德] 克劳斯·罗克辛著，吴丽琪译：《刑事诉讼法》，法律出版社 2005 年版，第 128页。

③　胡云腾、段启俊：《疑罪问题研究》，载《中国法学》2006 年第 3 期。

④　[美] 约书亚·德雷斯勒著，王秀梅等译：《美国刑法精解》（第四版），北京大学出版社 2009 年版，第 42～43 页。

刑法条文文字可能的含义，而非要求在任何场合都尽量限制刑罚权行使。如果违背刑法文义，对刑罚权行使作出不合理限制，同样违背罪刑法定原则。例如，在行为人的行为是构成一重罪抑或一轻罪存在争议的场合，当然不能仅因轻罪有利于被告人而得出构成轻罪的解释结论，否则刑法关于犯罪构成要件的规定就成为了虚文，罪刑法定原则也就失去了存在的根本基础。

因此，司法实践中应区分案件事实存在疑问的案件和法律适用存在争议的案件，前者应按刑事诉讼法的规定，适用存疑时有利于被告人的原则；后者不应简单适用存疑时有利于被告人的原则，而是应该依照刑法目的，对法律作出合理解释，从而促进刑法的正义。当出于法益保护目的，需要对刑法条文作出必要的扩张解释时，即使不利于被告人，也应适用这种解释结论。总之，只要遵循了法律解释的一般原则，避免不合理的解释方法，就应该承认由此得出的结论不违背罪刑法定原则。

【研讨问题】对解释分歧应展开具体层面讨论，而非一概斥为违背罪刑法定

【案例4-4】许霆盗窃案

2006年4月21日晚21时许，许霆到广州市天河区黄埔大道西平云路163号的广州市商业银行自动柜员机取款。许霆持自己不具备透支功能、余额为176.97元的银行卡准备取款100元。当晚21时56分，许霆在自动柜员机上无意中输入取款1000元的指令，柜员机随即出钞1000元。许霆经查询，发现其银行卡中仍有170余元，意识到银行自动柜员机出现异常，能够超出账面余额取款且不能如实扣账。许霆于是在21时57分至22时19分、23时13分至19分、次日0时26分至1时06分三个时间段内，持银行卡在该自动柜员机指令取款170次，共计取款174000元。4月24日下午，许霆携款逃匿。

4月24日（星期一）上午，广州市商业银行对全行离行式自动柜员机进行例行检查时，发现该机出现异常，即通知运营商一起到现场开机查验。经核查，发现该自动柜员机在系统升级后出现异常，1000元以下（不含1000元）取款交易正常；1000元以上的取款交易，每取款1000元按1元形成交易报文向银行主机报送，即持卡人输入取款1000元的指令，自动柜员机出钞1000元，但持卡人账上实际扣款1元。广州市商业银行发现许霆账户交易异常后，经多方联系许霆及其亲属，要求退还款项未果，于2006年4月30日向公安机关报案。2007年5月22日，许霆在陕西省宝鸡市被抓获归案，此时赃款已被挥霍一空。案发后，许霆及其亲属曾多次与银行及公安机关联系，表示愿意退赔银行损失，但同时要求不追究许霆的刑事责任。

广州市人民检察院于2007年10月15日以穗检公二诉［2007］176号起诉书指控被告人许霆以非法占有为目的，盗窃金融机构，数额特别巨大，构成盗窃罪，向广州市中级人民法院提起公诉。2007年11月20日，广州市中级人民法

院作出一审判决，认定许霆盗窃金融机构，数额特别巨大，判处无期徒刑，剥夺政治权利终身，并处没收个人全部财产，追缴许霆违法所得 175000 元返还广州市商业银行。判决宣告后，许霆以其是善意取款，不构成犯罪；取款机有故障，银行有过失等理由提起上诉。广东省高级人民法院于 2008 年 1 月 9 日以原审判决事实不清、证据不足为由，裁定发回重审。

2008 年 3 月 31 日，广州市中级人民法院作出重审判决，仍认定许霆盗窃金融机构，数额特别巨大，但鉴于许霆是在发现银行自动柜员机出现异常后产生犯意，采用持卡窃取金融机构经营资金的手段，其行为与预谋或者采取破坏手段盗窃金融机构的犯罪有所不同；从案发具有一定偶然性看，许霆犯罪的主观恶性尚不是很大。根据本案具体犯罪事实、犯罪情节和对于社会的危害程度，对许霆可在法定刑以下判处刑罚。判决许霆有期徒刑 5 年，并处罚金 2 万元，追缴许霆犯罪所得 173826 元发还受害单位。

重审判决宣判后，许霆仍不服，以自己的行为只是民事关系上的过失，而非刑事犯罪，重审判决定性错误为由，再次提起上诉。广东省高级人民法院于 2008 年 5 月 22 日作出终审判决，认定许霆以非法占有为目的，利用银行自动柜员机故障，恶意取款，恶意窃取金融机构的经营资金，数额特别巨大，其行为触犯了《刑法》第 264 条第 1 项的规定，许霆的行为已经构成盗窃罪，且属盗窃金融机构，数额特别巨大。但考虑到许霆并无犯罪预谋，在发现自动柜员机的异常情况后临时产生盗窃犯意；其犯罪手段在形式上合乎柜员机取款的要求，与采取破坏柜员机或进入金融机构营业场所内部盗窃等手段相比社会危害性较小；其犯罪行为具有一定偶然性，是在柜员机出现故障的罕见和特殊情形下诱发的犯罪，类似情况难以复制和模仿，对其处以适当刑罚就能达到刑罚预防目的，没有必要判处无期徒刑以上刑罚。依照《刑法》第 63 条第 2 款规定，可以在法定刑以下量刑。故原判在法定刑以下判处 5 年有期徒刑量刑适当，裁定驳回上诉，维持原判。

许霆案曾引发众多关注，甚至在法院作出终审判决后，对许霆是否构成犯罪、构成何罪及量刑轻重的争议仍未平息。典型观点有：

1. 构成不当得利。该观点认为，许霆使用自己合法有效的银行借记卡，输入正确密码后取款，其获得的超额款项是银行疏忽造成溢付的结果。这一取款行为对银行而言是公开的而非秘密的，因此不能构成盗窃罪。但许霆没有合法依据造成他人损失，构成民法上的不当得利。考虑到刑法谦抑性，一个案子如果能用民法解决就不要动用刑法解决。① 对此观点，陈兴良教授进行了详细分析，主张许霆利用取款机故障恶意取款的行为并非不当得利。② 事实上，即便认可许霆的行为构成民法上的不当得利，由于民事责任和刑事责任属于两类不同的法律责任，承担民事责任并不排斥追究刑事责任。许多犯罪行为，如杀人、诈骗、盗窃、交通肇事等都同时构成民事侵权，因此，无论许霆的行为是否构成民法上的不当得利，均不能据此否定对其追究刑事责任的合理性。换而言之，判断许霆的行为是否构成犯罪的标准是其是否符合刑法上相关财产犯罪的构成要件，而无关其是否属于民法上的不当得利。

2. 构成侵占罪。该观点认为，许霆使用自己的银行卡取款，其取得超额款项是接受银行"错给"的结果，行为性质属于不当得利。取得不当得利在法律上负有返还责任，受益人在返还财物前，负有善良保管的义务。因此，不当得利是侵占罪的犯罪对象。许霆在本案中先是接受银行的"错给"而取得和持有额外款项，其后进行非法占有，逃匿拒不退还，因此符合侵占罪的构成要件。③ 我国《刑法》规定的侵占罪是指以非法占有为目的，将代为保管的他人财物，或者合法持有的他人遗忘物、埋藏物非法据为己有，数额较大，拒不退还的行为。广州市中级人民法院有关负责人在就许霆案一审重审后的定罪量刑问题接受新闻媒体采访时指出，许霆所非法占有的是银行放在自动柜员机内用于经营的资金，该资金既不是他人的遗忘物、埋藏物，也不是银行委托许霆代为保管的财物，故许霆的行为不符合侵占罪的犯罪构成要件④。这一解释符合我国刑法规定。正如有学者指出的，我国刑法上的盗窃与侵占是对立关系。盗窃意味着将他人占有的财物转移为自己或者第三者占有，对于自己占有的他人财物不可能成立盗窃罪。而侵占罪包括两种类型：一是将自己占有的他人财物据为己有，二是将脱离他人占有的他人财物（遗忘物、埋藏物）据为己有。一方面，对于《刑法》第270条第1款规定的"代为保管"必须理解为受委托而占有他人财物。另一方面，对于第2款规定的遗忘物、埋藏物必须理解为不是基于他人本意、脱离了他人占有的物⑤。认为许霆构成侵占罪的观点不能成立。

3. 构成诈骗罪。该观点认为，许霆利用 ATM 机信息识别系统错误——行为

---

① 杨兴培：《"许霆案"的技术分析及其法理思考》，载《法学》2008 年第 3 期；《许霆案三焦点引争论，专家指银行滥用公众权力》，载新华网。

② 陈兴良：《对于柜员机故障恶意取款行为之定性分析》，载《中外法学》2009 年第 1 期。

③ 李飞：《评许霆案最新动态，盗窃罪!?》，载法制网。

④ 何靖、杨晓梅：《广州市中级人民法院有关负责人详解许霆盗窃案定罪量刑》，载《人民法院报》2008 年 4 月 1 日。

⑤ 张明楷：《许霆案的刑法学分析》，载《中外法学》2009 年第 1 期。

人从 ATM 机提取 1000 元却只在行为人的银行账户中扣除 1 元，这本质上等于行为人用 1 元冒充 1000 元来和银行进行交易，而银行（工作人员）却错误地相信行为人支付的 1 元就是 1000 元，从而支付给行为人 1000 元。许霆对柜员机进行欺诈性操作，从而骗取他人钱财，因此构成诈骗罪。① 但是，诈骗是行为人通过虚构事实或者隐瞒真相而使他人陷于认识错误，进而处分财物的行为，许霆取款时输入的资料和指令是真实的，既没有虚构事实，也没有隐瞒真相。而柜员机超额支付款项，是机器故障所造成的，也并非被骗的结果。大陆法系刑法理论和司法实践也公认机器不能被骗。因此，认为许霆构成诈骗罪的观点不能成立。

4. 构成盗窃罪。这是法院所持的观点。也得到大多数刑法学者的支持。

我们认为，许霆的行为依照我国刑法理论应当认定为盗窃罪。

我国《刑法》规定的盗窃罪，是指以非法占有为目的，违反被害人的意志，将他人占有的财物转移给自己或者第三者占有的行为。许霆客观上实施了秘密窃取行为，主观上具有非法占有故意，完全符合盗窃罪的构成要件：

（1）从客体来看，许霆侵犯了银行对财物的占有和管理。盗窃的对象，只能是他人事实上占有的财物，行为人不可能盗窃自己事实上占有的财物。但是，只要行为人事实上没有占有某财物，即使其法律上占有了该财物，该财物也能成为行为人盗窃的对象。ATM 机内的现金由银行占有。一方面，存款人将现金存入了银行后，该现金就由银行事实上占有，而不是继续由存款人占有，超出存款人存款额的现金，更是由银行占有。另一方面，银行占有 ATM 机内的现金这一事实，并不因 ATM 机出现故障或者 ATM 机本身受毁损而改变。

（2）从客观方面来看，许霆实施了秘密窃取行为。许霆的行为符合盗窃罪的"秘密窃取"的特征。盗窃罪所要求的行为"秘密"性具有主观性和相对性。主观性是指行为人主观上自以为财产所有人或占有人不知晓，即使客观上为财产所有人或占有人所知晓，也符合盗窃罪的秘密特征。据许霆供认，其认为 ATM 机出了故障，交易记录和录像监控也会出错，银行应该不会知道是他获得了银行财产。可见，许霆的行为是在自认为银行没有发现的情况下实施的。相对性是指秘密窃取是相对于财物所有人或占有人而言，表现为盗窃行为发生时财产所有人或占有人不知晓，即使财产所有人或占有人事后知晓也应当认为符合盗窃罪的秘密特征。即使许霆使用本人实名的银行卡取款，事后银行能够追查到许霆，只要许霆在取款当时银行不知晓，就应当认为是秘密窃取。许霆取款时，虽然受到摄像头监控，且有相关交易记录，但事发当时，银行并不能即刻发觉其超额取款。事实上，银行方面是在事隔两天后，即 2006 年 4 月 24 日上午，在对全行离行式自动柜员机交易情况进行电脑监控时，才发现涉案 ATM 机在 4 月 21 日晚出现取

---

① 谢望原：《无情的法律与理性的诠释》，载《法制日报》2008 年 1 月 20 日。

款交易异常的。可见，许霆取款当时，银行并不知情。

许霆实施了"窃取"行为。盗窃行为的特征是违背财物所有人或占有人的意思，和平地排除他人对财物的支配关系，并转移财物的占有。对盗窃罪中"窃取"的手段与方法没有特别限制。许霆案中，虽然其行为手段具有一定特殊性，表面上符合正常取款的程序和形式，但并不能因此否定其与一般盗窃行为并无本质上的区别。根据基本的金融规则和生活常识，银行管理者仅同意存款人取出与其存款额相应的现金，不会同意取款额超出存款额的情形。许霆的超额取款行为不可能得到银行管理者的同意，相反必然违反银行管理者的意志。因此，许霆的行为仍然是侵犯了银行对其经营资金的占有和管理的窃取行为。

（3）从主观方面来看，许霆具有非法占有目的。就盗窃罪而言，非法占有目的这一主观要素的机能，在于使盗窃罪与故意毁坏财物罪以及不值得科处刑罚的盗用行为相区别，故非法占有目的，是指利用财物和排除他人权利的意思。许霆明知自己的借记卡所记载的现金只有170余元，在发现了ATM机的故障后取走17万余元的行为，明显具有利用意思与排除意思，即具有非法占有目的。许霆所提出的为保护银行财产而取款，并准备将款项交给单位领导的辩解，缺乏事实根据，不可能得到认同。

就本案的量刑，还涉及许霆的行为是否构成"盗窃金融机构"。对此同样有许多争议。

1998年3月17日起施行的最高人民法院《关于审理盗窃案件具体应用法律若干问题的解释》指出："刑法第二百六十四条规定的'盗窃金融机构'，是指盗窃金融机构的经营资金、有价证券和客户的资金等，如储户的存款、债券、其他款物，企业的结算资金、股票，不包括盗窃金融机构的办公用品、交通工具等财物的行为。"很多刑法学者赞同这一解释，认为盗窃金融机构就是指盗窃金融机构的资金。自动取款机是银行对外提供自助金融服务的专有设备，其中储存的现金是银行的经营资金，因此，许霆的行为构成盗窃金融机构。[①] 反对的观点认为，"盗窃金融机构"应是指侵入金融机构的物理空间实施盗窃，如邓子滨博士认为："立法的用语显然是谬误的：'金融机构'怎么能被盗窃呢？法律不明确或者有争议，应当作有利被告人的解释。'金融机构'原本是不能被盗窃的，但司法解释为了弥补这个漏洞，将盗窃金融机构解释为盗窃金融机构的资金，这就导致一个结论：金融机构的钱放在哪里，哪里就成了金融机构，所以，ATM机是不是金融机构已经不再重要，重要的是它里面装了金融机构的钱。这样的司法

---

① 陈兴良：《许霆案的法理分析》，载《人民法院报》2008年4月1日；张明楷：《许霆案的定罪与量刑》，载《人民法院报》2008年4月1日；王作富：《许霆构成盗窃罪》，载《人民法院报》2008年4月2日。

解释显然扩大了追究的范围，并且是挟以重刑的追究。如果一定要解释，应当把'盗窃金融机构'解释为'以金融机构为盗窃目标'，这才是有利于被告人的解释。因为金融机构这个封闭空间是设防严密的地方，以之为攻击目标，说明犯罪人恶性甚重、犯意坚决、手法高妙，所以才须科以重刑。"① 还有观点认为，《刑法》第264条之所以规定"盗窃金融机构，数额特别巨大的"作为可以适用死刑的加重情形之一，其立法原意主要是为了严格限制死刑的适用，因此应当对"盗窃金融机构"作出合理、严格的限制解释。"盗窃金融机构"通常指破门而入盗窃金融机构的资金或者通过篡改金融机构的系统程序或破坏其设备等进入金融机构内部（包括物理空间和虚拟空间）进行盗窃的情形，因为只有这些有预谋或者破坏性地进入金融机构内部盗窃金融机构资金的行为，才有着特别严重的社会危害性，犯罪性质和情节才比较恶劣，故而也才需要运用较高的刑罚甚至不惜动用死刑进行抗制。而许霆并未采取破坏性或技术性手段进入银行内部或通过篡改程序等进入其系统，也没有撬开或砸破 ATM 机来获取款项，其取款行为与一般客户取款操作并无二致。因此不宜将许霆的行为认定为"盗窃金融机构"。②

传统上理解的"盗窃金融机构"的确主要是指撬开金融机构大门这一类方式进去盗窃。但这并不意味着新出现的盗窃自动取款机中现金的行为就不属于盗窃金融机构。尽管一般而言，盗窃金融机构采取的是撬开金融机构大门等方式，但必然还有其他方式，如挖地道进入金融机构、买通内部人员进入金融机构，等等。但无论采取何种方式，其行为目标当然指向的是金融机构所容纳的经营资金、有价证券和客户的资金等，而非金融机构本身拥有的其他财物。《关于审理盗窃案件具体应用法律若干问题的解释》正是这样界定的，并将盗窃金融机构经营资金、有价证券和客户的资金等与盗窃金融机构办公用品、交通工具等财物作了区分。因此，窃取金融机构经营资金、有价证券和客户的资金等，就构成盗窃金融机构。至于行为人是采取破坏性手段突破金融机构设防后取得金融机构经营资金，抑或平和地取得金融机构经营资金，仅是手段区分，并不妨碍对行为侵害财产本质的认定。如果行为人不以盗窃金融机构经营资金、有价证券和客户的资金等为目标，即便突破了金融机构的严密设防，也只能认定为普通盗窃罪。

许霆案中存在大量法律解释分歧：既有认为许霆无罪的观点，又有认为许霆有罪的观点；认为有罪观点对许霆构成何罪又有多种分歧；即便同样认为许霆构成盗窃罪的观点中，对其是否构成盗窃金融机构也存在不同意见。

就主张许霆无罪的观点而言，除上述认为许霆的行为属于不当得利的观点

---

① 邓子滨：《许霆案重审的几个关键》，载南方网。

② 赵秉志：《关于许霆案件的法理问题思考》，载赵秉志主编：《刑法论丛》（第14卷）。

外，还有基于刑法谦抑性、缺乏期待可能性、银行存在过错等诸多观点。但这些观点大多没有以刑法规定的犯罪构成要件为标准展开具体分析，而是基于抽象的法律理论进行呼吁；或是基于许霆行为与通常的盗窃行为方式存在差异，不对可能适用的刑法条文深入分析，就得出认定盗窃罪违反罪刑法定的结论。实际上，许霆是否构成盗窃罪，正如前面所分析的，涉及银行自动取款机中的现金由谁占有、许霆的行为是否符合盗窃罪"秘密窃取"的行为特征、银行过错是否影响许霆行为定性等问题，必须经由对具体构成要件的解释才能得出结论。其中的争议很大程度上体现的是不同学者和司法人员所持法律学说的差异，以及个人生活经历、工作经验、价值取向等造成的视角不同，而非一个抽象的坚持还是忽视罪刑法定的问题。对此，应着眼于在具体法律适用层面进行探讨，而不宜动辄指责不同观点违背罪刑法定原则。

而主张许霆构成侵占罪、诈骗罪的观点，大多是认为对许霆适用无期徒刑过重，而从使许霆受到较为均衡的刑罚处罚立场出发，寻求找到一个量刑较轻的罪名。同样，否定许霆的行为构成盗窃金融机构的意见也是认为如此量刑过重，并不适当。这些学者很多都在表述中提到按自己的观点定性，更有利于被告人。如谢望原教授认为："对此类行为按照诈骗定性更有利于被告人，符合有利被告原则。许霆所实施的行为无疑构成了犯罪，现在的问题在于，不能无争议确定罪名因而影响其刑罚重轻之时，原则上应当按照有利被告原则处理。"赵秉志教授和邓子滨博士也均主张应从有利于被告人出发，解释"盗窃金融机构"的含义。但这种为实现个案公正，在某个案件事实符合法定刑较重的犯罪构成要件时，为判处较轻刑罚而认定为法定刑较轻的犯罪的做法，导致刑法规定的构成要件被虚化，这恰恰蕴藏着违背罪刑法定原则的风险。再则，在个案中以有利于被告人解释来解释法律，势必造成对法律解释的不统一和刑法理论的混乱。例如，主张把"盗窃金融机构"解释为"以金融机构为盗窃目标"的观点，试图否定"盗窃金融机构"指盗窃金融机构经营资金，而认为应解释为进入金融机构封闭空间，以此限缩处罚范围，从而减轻许霆刑事责任。但这却导致把进入金融机构盗窃经营资金以外的其他财产的行为也认定为"盗窃金融机构"，显然不当。可见，持该论者在本案中试图以有利于被告人来对刑法上"盗窃金融机构"的规定作出解释，得出的结论却恰恰可能在其他案件中导致不利于被告人的后果。

对于法律适用疑问，应通过一般解释方法加以消除。判断解释结论是否合理，要看是否在法益保护与自由保障两方面求得均衡与协调，而不可能在任何场合都作出有利于被告的解释。当各种解释方法得出不同的解释结论时，最终起决定性作用的是目的论解释，而不是有利于被告人的解释。

（四）罪刑法定与解释方法

1. 刑法解释方法概述。

我国刑法理论上对刑法解释方法的分类主要有以下几种：第一，两分法。两分法在我国居于主流地位，其将刑法解释方法分为文理解释和论理解释。至于论理解释包含哪些具体的解释方法，学者之间又存在分歧，主要观点有：（1）包括当然解释、历史解释、扩张解释、缩小解释；[①]（2）包括扩张解释和限制解释；[②]（3）包括当然解释、扩张解释、限制解释；[③]（4）包括扩大解释、缩小解释、当然解释、反对解释、补正解释、体系解释、历史解释、比较解释、目的解释。[④]第二，三分法。三分法将刑法解释方法分为文义解释、体系解释、目的解释。[⑤]第三，五分法。五分法将刑法解释方法分为文意解释、系统解释、历史解释、目的解释和其他解释方法，[⑥]还有学者认为刑法解释方法应包括文义解释、体系解释、历史解释、目的解释和合宪性解释。[⑦]

综观以上观点，共涉及文义解释（文意解释、文理解释）、体系解释（系统解释）、历史解释、目的解释、扩大解释（扩张解释）、缩小解释（限缩解释）、当然解释、反对解释、补正解释、比较解释、合宪性解释等11种刑法解释方法。其中，扩大解释和缩小解释实际上是基于解释结果的分类，严格来说并非独立的刑法解释方法；当然解释、反对解释和补正解释可以归入体系解释之中；比较解释虽然在民商法上较为常见，但刑法由于存在罪刑法定原则，因此采取比较解释较为少见；刑法的合宪性解释是公法学的后起之秀，但在我国，对其研究尚不充分。因此，我国常用的刑法解释方法主要包括：文义解释、体系解释、历史解释、目的解释。

2. 罪刑法定与具体解释方法。

（1）罪刑法定与文义解释。

文义解释，又称文意解释、文理解释，是指按照刑法用语的文义及其通常使用方法进行的解释。文义解释的合理性在于，作为民意代表的立法机关制定的法

---

① 王作富著：《刑法》，中国人民大学出版社1999年版，第12页。

② 赵秉志主编：《刑法新教程》，中国人民公安大学出版社2001年版，第28页。

③ 高铭暄、马克昌主编：《刑法学》，北京大学出版社2007年版，第27页。

④ 张明楷著：《刑法学》（第二版），法律出版社2003年版，第43页。

⑤ 李国如著：《罪刑法定视野中的刑法解释》，北京大学出版社2002年版，第201页。

⑥ 姜伟、卢宇蓉：《论刑法解释的若干问题》，载《中国刑事法杂志》2003年第6期。

⑦ 梁根林：《罪刑法定视域中的刑法适用解释》，载《中国法学》2004年第3期。台湾学者也多持这一分类方法，参见林山田著：《刑法通论》（上册），北京大学出版社2012年版，第85页；林钰雄著：《新刑法总则》，中国人民大学出版社2009年版，第36页。

律是至上的，司法机关的天职是严格而忠实地执行由立法机关制定的法律，司法机关只能通过法律条文的字面含义运用法律，即便有时出现不合理的结果，补救的办法也只能是由立法机关修改法律。文义解释遵照法律用语通常的含义，有利于维护法律的尊严和法律适用的安定性，符合法治精神。罪刑法定原则的通常表达为"法无明文不为罪，法无明文不为罚"，其基本要求就是严格依据现行刑法之规定，衡量一个人的行为是罪或非罪，如果无视法的明文规定，将现行刑法的文义抛开，那将无所谓罪刑法定。这一点在各国法律解释实践中大体一致。

但仅凭文义解释，有时并不能清楚阐明法律条文的含义。例如，故意杀人罪的"人"是否包括胎儿？携带凶器抢夺中的"凶器"是否包括砖块、带有病菌的注射器、硫酸？并且，如果拘泥于法律条文所用文字，有时会曲解法律条文含义，因此，尚需借助其他解释方法以确定刑法"明文"的内涵。

（2）罪刑法定与体系解释。

体系解释，又称系统解释，是指根据刑法条文在整个刑法中的地位，通过刑法条文之间相互联系、相互对照，阐明其意义的方法。一般而言，立法者尽量使法律用语含义前后一致，以使法律解释过程中保持这种一致。因此，在对刑法作出解释时，应注意保持刑法的整体协调。运用体系解释，可以使法条之间相互补充其含义，或消除其矛盾，从而维护法律用语的统一。例如，通过强制猥亵妇女罪与强奸罪的对照，就可以明了强制猥亵是指强行性交以外的猥亵行为；通过故意毁坏财物罪与盗窃罪的比较，就可以明了盗窃罪应具有"非法占有"的主观意图。

但体系解释并不意味着对刑法中任何用语都必须作出完全一致的解释，更不意味着刑法用语必须与其他法律用语的含义完全一致。同一用语在刑法不同条文中完全可能具有不同含义。以我国《刑法》中的"暴力"一词为例。"暴力"一词既存在于总则条文之中，如《刑法》第 20 条规定："对正在进行行凶……以及其他严重危及人身安全的暴力犯罪，采取防卫行为……"；第 81 条规定："对累犯以及因故意杀人……的暴力性犯罪……不得假释"，等等；同时，更多地存在于分则条文之中，如《刑法》第 121 条规定："以暴力、胁迫或者其他方法劫持……"，第 123 条规定："对飞行中的航空器上的人员使用暴力，危及飞行安全……"，等等。此外，"暴力"也可能是《刑法》分则中其他许多相关罪状的犯罪客观行为要件的隐含的手段或方式。准确理解"暴力"术语的内涵，关系到分则中罪状的具体构成要件的准确理解，特别是关系到相似罪名界限的准确划分。某种行为是否为犯罪构成要件的"暴力"，应就整个构成要件来判断。而每个罪的构成要件不同，伴随的法定刑不同，由此也就决定了具体罪状中的"暴力"应具体解释。如抢劫罪的"暴力"，跨越的轻重程度较大，从构成对财物所有人的人身强制直到将对方杀死，均可视为该条文中的"暴力"；而类似于侮辱罪、暴力干涉婚姻自由罪的"暴力"显然在程度上不论是底限还是上限均要受到限制，其底限需考虑危害程度是否构成犯罪问题，其上限受制于各罪法定刑的限制，不能包含故意致人重伤、死亡程度的暴力。

（3）罪刑法定与历史解释。

历史解释，又称为沿革解释或法意解释，它是指以立法过程相关资料及法律条文沿革情况探求立法者的意思，在此基础上得出法律规范的含义。这一解释方法以立法和修法的资料作为确定法律条文含义最重要的参考。如德国学者指出："历史解释力图从法律规定产生时的上下文中确定法律规范要求的内容和规范目的，它涉及在规范产生时发挥共同作用的各种情况和影响因素：①历史和社会的上下文：导致立法的社会利益、冲突状况和目的观。②思想史和信条史的上下文：必须注意酝酿和表达立法时所处的、概念史和信条史的初始状态。同样的概念在产生时可能有完全不同的含义。要理解规范的语言，就必须了解立法者的语言。只有它才能介绍最初的要求内容。③立法的调整意志：这就是要查明立法的法政策上的意图和调控目标，它们决定性地影响着立法过程的表达以及法政策的贯彻。这是历史解释的核心目标"，"这三方面的研究（如果研究是成功的）使法律适用者能够了解被适用的规范的最初含义"。① 例如，现行《刑法》规定的无限防卫是否意味着排除防卫过当问题。1979 年《刑法》第 17 条规定："为了使公共利益、本人或者他人的人身和其他权利免受正在进行的不法侵害，而采取的正当防卫行为，不负刑事责任。正当防卫超过必要限度造成不应有的危害的，应当负刑事责任；但是应当酌情减轻或者免除处罚。"由于对正当防卫超过必要限度的规定太笼统，在实际执行中随意性较大，出现了不少问题。比如，受害人在受到不法侵害时把歹徒打伤了，不仅得不到保护，反而被以防卫过当追究刑事责任。为了保护受害人的利益，鼓励见义勇为，全国人大常委会办公厅秘书局1996 年 1 月 20 日印发的《中华人民共和国刑法（修订草案）》作出规定："受害人受到暴力侵害而采取制止暴力侵害的行为，造成不法侵害人伤亡后果的，属于正当防卫，不属于防卫过当。"时任全国人大常委会副委员长的王汉斌在 1996年 12 月 24 日所作的《关于〈中华人民共和国刑法（修订草案）〉的说明》中指出："经过研究决定，受害人和其他公民对于暴力侵害所采取的制止不法侵害行为都应当属于正当防卫，不存在防卫过当。"② 但有些委员提出，正当防卫的规定既要有利于同犯罪作斗争，保护公民的合法权益不受侵犯，同时，又要尽可能

---

① ［德］伯恩·魏德士著，丁小春等译：《法理学》，法律出版社 2003 年版，第 140 ~141 页。

② 高铭暄、赵秉志主编：《刑法立法文献资料精选》，法律出版社 2007 年版，第 683页。

地规定明确、具体，以利于实际执行，因此，最终通过的刑法文本规定："对正在进行行凶、杀人、抢劫、强奸、绑架以及其他严重危及人身安全的暴力犯罪，采取防卫行为，造成不法侵害人伤亡的，不属于防卫过当，不负刑事责任。"[①]通过立法过程可以得出结论：无限防卫不存在防卫过当的问题。

（4）罪刑法定与目的解释。

目的解释，是指依照法律的规范目的，阐明刑法条文真实含义的解释方法。20世纪以来，目的解释方法逐渐超越传统的文义解释、历史解释、体系解释，"解释方法的桂冠当属于目的论之解释方法，因为只有目的论的解释方法直接追求所有解释之本来目的，寻找出目的观点和价值观点，从而最终得出有约束力的重要的法律意思。从根本上讲，其他的解释方法只不过是人们接近法律意思的特殊途径"。[②]

我国台湾学者杨仁寿指出，解释法律应以贯彻法律目的为主要任务，法律目的的发现有三种情形：一是法律明定其目的；二是法律虽未明定其目的，但可从法律名称觅得其目的；三是在法律既未明定目的，也不能从法律名称觅得其目的时，必须采取逆推法，先发现个别规定或多数规定所欲实现的基本价值判断，进而分析、整合，探求法律目的。这是从探求法律整体目的角度而言。王泽鉴则认为，所谓目的，除法律整体目的外，似应包括个别法条、个别制度之规范目的。[③] 本书认为，目的论解释不仅包括对法律整体目的的探求，也应包括法条具体目的，这样才能得出适当解释。例如，《刑法》第240条规定的拐卖妇女罪，行为人只要以出卖为目的，实施了拐骗、绑架、收买、贩卖、接送、中转妇女的行为之一，即成立该罪。但问题是：行为人出卖妇女，是否以违背妇女意志为前提？这就涉及如何看待该罪的规范保护目的。如果认为该罪保护的是社会风尚，则就算妇女同意也仍然成立该罪；如果认为该罪保护的是妇女的人身自由安全，则在妇女同意的前提下就没有侵害到这种人身自由安全，便不成立该罪。

但目的解释也有其弱点，因为有些法条所保护的法益并不明确或有争论，运用这种尚待探求的法益，难以解释。并且，就法条的目的而为的解释，往往会趋向于扩张解释的后果，而有抵触类推禁止原则的危险。[④] 因此，由于罪刑法定原则的存在，目的解释方法在刑法解释中的运用应较在民法中更为谨慎，不能为求

---

① 高铭暄、赵秉志主编：《刑法立法文献资料精选》，法律出版社2007年版，第772页。

② ［德］汉斯·海因希里·耶塞克，托马斯·魏根特，徐久生译：《德国刑法教科书》，中国法制出版社2001年版，第193页。

③ 梁慧星著：《民法解释学》，中国政法大学出版社1995年版，第227页。

④ 林山田著：《刑法通论》（上册），北京大学出版社2012年版，第86页。

得实质正当性而突破刑法规范形式的限制，法官无权依据自己对法律目的的理解而将刑法扩张适用于立法者并未指明的情况。

3. 罪刑法定与解释方法的位阶。

解释方法的位阶，解决的是不同解释方法之间的关系、适用顺序及不同解释方法得出的解释结论相互冲突时，如何确定其效力的问题。对此，理论上并无定论。我国台湾学者王泽鉴主张：各种解释方法没有固定不变的位阶关系，但解释者也不能任意选择一种解释方法，以支持其论点。法律解释是一个以法律意旨为主导的思维过程，每一种解释方法各具功能，但亦受有限制，并非绝对。各种解释方法具有协力的关系，乃属一种互相支持、补充，彼此质疑，阐明的论辩过程。① 梁慧星教授认为：虽然不能说各种解释方法之间存在着固定不变的位阶关系，但也不应认为各种解释方法杂然无序，可由解释者随意选择使用，解释方法应遵循一定规则。②

本书认为，刑法解释方法的选择并非任意的，而是应当遵循一定顺序；对解释方法效力的判断也不是随意的，而是存在一定效力等级。在刑法中，承认解释方法的位阶关系对于解决刑法解释的争端，保证刑法解释的客观性具有重要意义。如前所述，罪刑法定的价值目标是在形式公正中维护刑法的安定性，而刑法解释的价值目标则是尽力将规则适用于个案以实现实体公正。在二者冲突时，应以保障刑法安定性为优先。而如果认为解释方法的选择是任意的，在不同解释方法可能得出不同结果的情况下，解释者很可能依据自身偏好，采取能得出自己所欲得出的结论的解释方法，进而影响刑法的安定性。坚持解释方法的位阶，一定程度上就对刑法的司法适用起到了约束，并关系到解释的妥当性和法的安定性。

解释刑法时，应遵循文义解释、体系解释、历史解释、目的解释的先后顺序，其解释自由度逐渐增大：第一，由罪刑法定原则决定，刑法规范以法律条文形式表现出来。语言传达了规范的含义，同时语言保障了国民预测可能性。要确定刑法规范含义，应以文字含义为其起点。因此，文义解释应成为解读刑法文本的首选，能够根据文义解释确定刑法用语含义的，就不必采取其他解释方法。第二，文义解释并非在所有情况下都能逻辑自足地解释法律文本，而必须将其置于有关条文整体中才能显出其真实含义。如果文义解释不足以阐明刑法条文涵义，则应当超越被解释的特定用语，在刑法文本范围内，运用体系解释，把对特定用语的解释与其所在上下文联系，并与相关条文对照，在保持刑法整体协调的基础上，在刑法文本本身范围内确定该用语的真实涵义。体系解释的目标就是通过解

① 王泽鉴著：《法律方法与民法实例》，中国政法大学出版社 2001 年版，第 240～242 页。

② 梁慧星著：《民法解释学》，中国政法大学出版社 1995 年版，第 244～245 页。

释使刑法体系协调，逻辑一致，从而满足安定性对刑法外在形式的要求，造成体系冲突的解释结论不应该采纳。体系解释虽然不再局限于某一具体条文，但仍是依据刑法条文本身对特定刑法用语含义进行解释，其通过刑法体系的协调性、形式性来拘束解释者。因此，体系解释应该是紧随文义解释之后运用的解释方法。如果通过体系解释能够确定刑法用语含义，就不必采取其他超越刑法文本本身的解释方法。第三，在体系解释仍不能确定刑法相关用语含义时，则必须超越文本本身，对刑法文本赖以形成的立法和修法过程中形成的历史资料进行研究，参照立法背景、当时的社会状况和司法状况，曾发生的重要判决、立法理由等，以发现通过法律文本表现的立法意图。其旨在通过揭示立法目的与立法者价值取向来限制法官的刑法解释与适用，保障刑法的安定性。第四，如果前述解释方法仍不足以阐明刑法条文的含义，则须采取目的解释，依据法的一般原则、追求的价值目标等，作出解释。与文义解释、体系解释、历史解释侧重于安定性不同，目的解释注重的是法的正当性，其解释自由度最高，具有相当的不确定性。因此，目的解释是作为最后顺序适用的解释方法。

当不同顺序的解释方法得出的结论不一致时，还涉及如何确定解释方法的效力等级。对此，一般而言应遵循以下规则：第一，其他解释方法应以可能的语义范围为界。文义解释既是刑法解释的开端，也是刑法解释的界限。无论基于体系考虑还是刑法目的，均不能得出超出可能语义范围的结论。第二，在概念用语具有多义性，仅凭文义解释难以定夺时，在不超过可能的语义范围内，文义解释与其他解释得出结论不同时，其他解释方法具有优先性。如文义解释与历史解释得出结论不同，应以历史解释优先。第三，在语义可能范围内，目的解释是解释方法之冠。文义解释、体系解释、历史解释的结论存在冲突或不能得出妥当结论时，目的解释起最终决定作用。

【研讨问题】 解释方法的位阶

【案例4-5】 王某等遗弃案

1996年至1999年8月，刘某、田某、沙某、于某在乌鲁木齐市精神病福利院院长王某的指派下，安排该院工作人员将精神病福利院的28名"三无"（无家可归、无依可靠、无生活来源）公费病人遗弃在甘肃省及新疆昌吉附近。被遗弃的"三无"公费病人中，只有杜某安全回家，其余27人均下落不明。

乌鲁木齐新市区法院认为：被告人王某、刘某、田某、沙某、于某身为福利院的工作人员，对依赖于福利院生存、求助的"无家可归、无依可靠、无生活来源"的公费病人，负有特定扶养义务，应当依据其各自的职责，积极履行监管、扶养义务，而不应将被扶养的28名病人遗弃，拒绝监管和扶养。上述被告人的行为均已触犯我国刑法中关于对于年老、年幼、患病或者其他没有独立生活能力的人，负有扶养义务而拒绝扶养，情节恶劣的处五年以下有期徒刑的规定，构成了遗弃罪，应予惩处。因此，对王某等被告人分别判处刑罚。

本案在审理过程中，存在较大的争议，尤其是控辩双方之间分歧明显。控方认为，被告人王某等人遗弃病人的行为已触犯《刑法》第 261 条的规定，构成遗弃罪。而辩方则认为，被告人王某等人不具有遗弃罪的主体资格，其行为不构成犯罪。关键分歧在于王某等人是否负有抚养义务。法院在裁判理由中指出：

扶养义务，主要来自法律的规定，有时也来自道德、职责和业务上的要求。这里的"扶养义务"应从广义上理解，它不仅包括平辈即夫妻和兄姐对弟妹间的扶养义务，也包括长辈即父母、祖父母、外祖父母对子女、孙子女、外孙子女的抚养义务，还包括晚辈即子女、孙子女、外孙子女对父母、祖父母、外祖父母的赡养义务。这些人的扶养、抚养、赡养义务是我国婚姻法所明确规定的，因此这些义务来自法律的规定，如果他们拒不履行扶养义务，遗弃被扶养人，情节恶劣的，无疑就要被追究刑事责任。除此之外，有的扶养义务还因道德、职责而产生。比如，实行全托制的幼儿园、精神病医院以及人民政府为给社会上那些年老、年幼或身有残疾的"三无"人员提供生活、治疗等救助而专门设立的诸如福利院等机构，他们虽然在法律上对这些对象没有扶养义务，但特定的职业道德和职责要求他们必须履行救助职责；如果他们有条件和能力履行这种救助职责而拒绝履行，应认为是遗弃行为，情节恶劣的，其负责人或其直接责任人员就构成了遗弃罪主体，应依法追究其遗弃罪的刑事责任。

实际上，从我国《刑法》第 261 条规定的精神看，该条中所指的"扶养义务"是广义的，不仅包括亲属间的法定扶养义务，也包括职业道德、职责所要求必须履行的扶养义务。因为刑法在这里只是明确了对于年老、年幼、患病或者其他没有独立生活能力的人有扶养义务而拒绝扶养，情节恶劣的，即构成遗弃罪，而并没有明确必须是有法律上扶养义务的人实施遗弃行为才构成遗弃罪。因此，从《刑法》第 261 条的立法精神来看，依特定的职业道德和职责应当对特定的对象履行救助职责而拒不履行的行为人，也可以成立遗弃罪的主体。本案 5 名行为人所在的精神病福利院是当地人民政府为给"三无"病人提供救助所设立的专门机构，其开支费用由国家负担。5 名行为人作为该精神病福利院的领导和部门负责人，对收留在该精神病福利院的所有"三无"病人，无论是在职业道德上还是职责上，都直接负有给他们提供食宿和治疗疾病等救助的义务。但他们在有能力和条件的情况下，拒不履行这种救助义务，将 28 名"三无"病人送到异地予以遗弃，情节甚为恶劣，人民法院认为他们分别构成了遗弃罪主体并以遗弃罪追究他们的刑事责任，符合刑法的规定。

本案审理中之所以遇到对主体的争议，是因为我国刑法对遗弃罪主体范围的规定不够明确、具体，以致司法人员在理论上一般认为只是具有法定扶养义务的亲属遗弃被扶养人的，才能成为遗弃罪的特殊主体，将遗弃罪主体范围仅限于具有法定扶养义务的亲属间。从外国立法例看，遗弃罪主体的范围比较宽。如法国、德国、日本、奥地利等一些国家根据行为人对他人是否负有法律上、职责上、业务上或契约关系引起的扶助义务，而将遗弃犯罪分为无义务遗弃罪、有义务遗弃罪。本案中5名行为人与被遗弃的28名"三无"病人无亲属关系，对他们没有法定的扶养义务，他们遗弃这28人的行为，如果按外国刑法的规定，他们无疑构成了无义务遗弃犯罪的主体，同样要受到审判，被处以刑罚。这类无义务遗弃犯罪绝非仅此一例，在其他地区可能也曾发生过，只是因为刑法对此规定不明确、不具体，往往被认为无明文规定不认为是犯罪而放纵过去了。应该承认，这种无义务遗弃犯罪的社会危害性，往往要比有义务的遗弃犯罪的社会危害性更严重，同样应当予以打击。因此，立法机关在修订刑法时，应当就无义务遗弃罪作出明确、具体的规定。

我国刑法中的遗弃罪见于《刑法》第261条，该条规定："对于年老、年幼、患病或者其他没有独立生活能力的人，负有扶养义务而拒绝扶养，情节恶劣的，处五年以下有期徒刑、拘役或者管制。"遗弃罪作为不作为的犯罪，是以具有扶养义务为前提的。在刑法理论上，对扶养义务都是从婚姻法上理解的。根据我国婚姻法以及其他法律的规定，我国法律上的扶养包括以下四种情形：（1）夫妻间的扶养。《婚姻法》第20条规定："夫妻有互相扶养的义务。"（2）父母子女间的扶养。《婚姻法》第21条规定："父母对子女有抚养教育的义务；子女对父母有赡养扶助的义务。"（3）祖孙间的扶养。《婚姻法》第28条规定："有负担能力的祖父母、外祖父母，对于父母已经死亡或父母无力抚养的未成年的孙子女、外孙子女，有扶养的义务。有负担能力的孙子女、外孙子女，对于子女已经死亡或子女无力赡养的祖父母、外祖父母，有赡养的义务。"（4）兄弟姐妹间的扶养。《婚姻法》第29条规定："有负担能力的兄、姐，对于父母已经死亡或父母无力抚养的未成年弟、妹，有抚养的义务。由兄、姐抚养长大的有负担能力的弟、妹，对于缺乏劳动能力又缺乏生活来源的兄、姐，有扶养的义务。"婚姻法确定的上述家庭成员间的扶养义务，就成为认定我国刑法中遗弃罪的扶养义务的法律根据。

随着社会的发展，扶养也呈现出社会化的趋势，如各种养老院和福利院就成为专门的社会扶养机构。这种社会扶养又分为有偿和无偿两种情形：有偿扶养是指由扶养义务人出资而由营利性的社会扶养机构具体承担扶养工作，无偿扶养是指由国家出资或社会赞助、集资而由非营利性的社会扶养机构具体承担扶养工作。在这种情况下，社会扶养机构就负有某种扶养义务，尽管这种扶养义务并非基于身份关系，因此不同于家庭成员之间的扶养义务。我国法律对这类社会扶养机构也缺乏必要的法律规范。因此，问题在于非家庭成员之间的扶养是否能被遗弃罪中的"扶养"概念所涵摄。这点不无疑问。婚姻法上家庭成员间的扶养义务具有鲜明的身份性，是一种带强制性的法定义务，不能由当事人意志进行选择和放弃。因此，亲属扶养关系不仅具有身份和财产的双重性，而且具有私法与公法的双重性。① 而社会机构的扶养义务是基于契约关系，是一种合同义务，可以中止、解除。因此，不能简单得出《刑法》第 261 条中"扶养"在语义上包括了社会扶养的结论，并有必要对该条关于遗弃罪的规定的立法历史进行分析，以判断此处的"扶养"能否包括社会扶养。

从立法沿革来看，我国刑法关于遗弃罪的规定存在一个演变过程，其中比较重要的有：②

在 1950 年 7 月 25 日的《中华人民共和国刑法大纲草案》中，第 134 条规定："对于有养育或特别照顾义务而无自救力之人，有履行义务之可能而遗弃之者，处三年以下监禁。犯前项之罪致人于死者，处四年以上十五年以下监禁。"该条被规定在第十章侵害生命健康与自由人格罪中，而不是规定在第十二章妨害婚姻与家庭罪中，而且遗弃罪的义务包括特别照顾义务，因而并不限于家庭成员间之遗弃。

在 1954 年 9 月 30 日的《中华人民共和国刑法指导原则草案》中，妨害婚姻与家庭罪并入侵犯人身权利的犯罪，遗弃罪被取消。

在 1956 年 11 月 12 日的《中华人民共和国刑法草案》（第 13 次稿）中，又在侵犯公民人身权利罪之外另设妨害婚姻、家庭罪专章，在第 260 条对遗弃罪作出以下规定："对于年老、年幼、疾病或者其他没有自救能力的人，负有扶养义务而遗弃的，处三年以下有期徒刑、拘役或者管制。犯前款罪，因而致被害人死亡的，处三年以上十年以下有期徒刑。"显然，这一遗弃罪是指家庭成员间的遗弃。

1957 年 6 月 27 日的《中华人民共和国刑法草案》（第 21 次稿）第 182 条对遗弃罪作了以下规定："对于年老、年幼、疾病或者其他没有独立生活能力的人，负有抚养义务而拒付赡养费、扶养费的，处三年以下有期徒刑或者拘役。犯前款罪，致被害人死亡的，处三年以上十年以下有期徒刑。"这一规定，与第 13 次稿的规定大体上相同，只是在法条表述上作了个别改动，尤其是把遗弃行为描述为"拒付赡养费、扶养费"，更表明这是一种家庭成员间的遗弃。

1962 年 12 月的第 27 次稿第 167 条将遗弃罪修改为："对于年老、年幼、疾

----

① 杨大文主编：《婚姻家庭法》（第二版），中国人民大学出版社 2001 年版，第 246 ~ 249 页。

② 参见高铭暄、赵秉志主编：《新中国刑法立法资料文献总览》（上），中国人民公安大学出版社 1998 年版，转引自陈兴良著：《判例刑法学》，中国人民大学出版社 1999 年版，第 54 页。

病或者其他没有独立生活能力的人，负有扶养义务而拒绝扶养的，处三年以下有期徒刑或者拘役。犯前款罪，致被害人死亡的，处三年以上十年以下有期徒刑。"在此，又把"拒付赡养费、扶养费"修改为"拒绝扶养"，但该罪仍然属于妨害婚姻、家庭罪，其家庭成员间遗弃的性质并未改变。

1979 年 3 月 31 日第 36 次稿第 190 条将遗弃罪修改为："对于年老、年幼、疾病或者其他没有独立生活能力的人，负有扶养义务而拒养扶养，致被害人重伤、死亡的，处七年以下有期徒刑。"这一规定，将历次刑法草案对遗弃罪的 2 款规定改为 1 款，且以致被害人重伤、死亡作为构成犯罪的条件，法定最高刑也有所降低。

1979 年 5 月 12 日的第 37 次稿第 181 条又将遗弃罪修改为："对于年老、年幼、患病或者其他没有独立生活能力的人，负有扶养义务而拒绝扶养，情节恶劣的，处五年以下有期徒刑或者拘役。"这一规定，将历次草案中的"疾病"改为"患病"，表述更为准确；并将构成犯罪的条件改为"情节恶劣"。这里的"情节恶劣"包含了因遗弃引起严重后果（如被害人走投无路被迫自杀，因生活无着落流离失所）；遗弃的动机十分卑劣；在遗弃的同时夹杂打骂、虐待行为；以及屡教不改，激起公愤，等等。

1979 年 7 月 1 日通过，1980 年 1 月 1 日生效的《中华人民共和国刑法》第 183 条对遗弃罪的规定最终定稿为："对于年老、年幼、患病或者其他没有独立生活能力的人，负有扶养义务而拒绝扶养，情节恶劣的，处五年以下有期徒刑、拘役或者管制。"

1979 年《刑法》颁行以后，在刑法理论上都认为我国刑法中的遗弃罪是指家庭成员间的遗弃，即遗弃罪的主体是负有扶养义务的家庭成员，遗弃罪的对象是缺乏独立生活能力，在家庭经济上处于从属地位的人。例如，高铭暄教授对条文中所规定的"扶养"一词作了界定，认为实际上包括婚姻法所规定的"扶养"（夫妻之间）、"抚养"（父母对子女）、"赡养"（子女对父母）三个含义在内。扶养不仅指经济上的供养，也包括生活上必要的照料和帮助。对于没有独立生活能力的家庭成员，负有扶养义务而拒绝扶养，情节恶劣的，就构成遗弃罪。由此可见，我国刑法中的遗弃罪是指家庭成员间的遗弃，这是一种妨害婚姻、家庭的犯罪。在司法实践中，也是把遗弃限于家庭间，其犯罪主体是负有扶养义务的家庭成员。

1997 年《刑法》修订时，涉及刑法分则章节的重新安排，其中对妨害婚姻家庭的犯罪究竟是继续单设一章规定还是归并到侵犯公民人身权利、民主权利罪一章中，争议较大，主要存在以下两种观点：第一种观点认为，家庭是社会的细胞，婚姻家庭是否正常和稳定，直接影响到社会的安定。同时，在刑法中设立的妨害婚姻家庭的犯罪与侵犯公民人身权利、民主权利罪相比，有它的特殊性和单独设章规定的必要。此外，自 1979 年制定的《刑法》生效以来，这一章罪的规定是基本上适当的，故无须将其归并到其他章节中去。第二种观点认为，从实质上讲，妨害婚姻家庭的行为也是一种侵犯公民人身权利、民主权利的行为，二者之间应当是包容的关系。同时，在 1979 年制定的《刑法》所规定的八章罪中，唯有妨害婚姻、家庭罪只有 6 个条文，显得十分单薄，与其他章的犯罪相比极不协调。因此主张将原来单设一章的妨害婚姻、家庭罪归并到《刑法》第四章"侵犯公民人身权利、民主权利罪"中。立法部门采纳了第二种意见，将修订前《刑法》原第七章的内容归并到第四章中。

在 1997 年《刑法》修订以后，妨害婚姻、家庭罪一章虽然归并到侵犯公民人身权利、民主权利罪中，但由于《刑法》关于遗弃罪的规定未作任何修改，因而在我国刑法学界一般认为遗弃罪的含义并无变化。因此，有学者认为，基于沿革解释，我国刑法中的遗弃罪从来都是家庭成员间的遗弃，而并不包括非家庭成员间的遗弃。1997 年《刑法》虽然将遗弃罪归并到侵犯公民人身权利、民主权利罪中，但从立法资料看，其原因是技术性的，即刑法修订以后增加了大量罪名，1979 年《刑法》中的妨害婚姻、家庭罪只有 6 条 6 个罪名，单设一章显得单薄，而且与其他章不协调。这种由纯技术性原因导致的罪名归类变动，不能成为对遗弃罪进行重新解释的理由，因此不能认为遗弃罪的法益已经由家庭成员间的权利义务关系变更为生命、身体的安全。遗弃罪虽然确实具有侵犯人身权利的性质，但这是指具有扶养义务的人对于受扶养人之人身权利的侵害，而不能宽泛地解释为对社会一般人的人身权利侵犯。一个法律规定含义的变动，直接修改当然是主要原因，间接修改也同样是原因之一。在间接修改的情况下，某一法律规定本身虽未修改，但与之相关的其他法律规定被修改，从而导致该法律规定含义的变化。罪名归类的变动，既非直接修改也非间接修改，因而对法律规定的含义不能进行重新解释。[①] 按照这种理解，社会机构的遗弃行为属于法无明文规定的行为，不能以遗弃罪追究有关人员责任。

有学者则认为，1997 年《刑法》将 1979 年《刑法》中的妨害婚姻、家庭罪全部转移至侵犯公民人身权利、民主权利罪，将遗弃罪的法益解释为生命、身体的安全，并不存在太大的障碍。如果这一观点得以成立，那么，对遗弃罪的构成要件就必须重新解释。这种重新解释包括对遗弃罪的主体要件与对象的解释，即遗弃罪的主体与对象不需要是同一家庭成员。扶养义务不能仅根据婚姻法确定，而应根据不作为义务来源的理论与实践（如法律规定的义务、职务或业务要求履行的义务、法律行为导致的义务、先前行为导致的义务等）确定。基于同样

---

① 陈兴良著：《判例刑法学》，中国人民大学出版社 1999 年版，第 64 页。

的埋由,遗弃罪的对象也不限于家庭成员。① 赞同这一观点的学者认为,以往的中国刑法理论将扶养义务限定为被害人在家庭中的平等权利或者家庭成员之间互相扶养的权利义务关系。这种解释在 1979 年《刑法》将遗弃罪列入妨害婚姻、家庭罪一章时还有合理之处。但在修订后的《刑法》将该罪纳入侵犯公民人身权利、民主权利罪一章之后,仍然坚持原来的说法,显然并未得其要领,因为遗弃行为将使被害人的生命、身体陷于危险状态,有时还会造成被害人死亡的结果,所以其是危及生命、身体法益的危险行为,而不是单纯侵犯扶养权利义务关系。如果只将遗弃罪的保护法益确定为扶养权利义务关系,那么,行为对象就可能被人为地缩小解释。但是,在实践中被遗弃的对象并不只是这些人。近代以来,生产力发达,事故频发,个人陷于危难境地、无法自救的可能性增强,因此,遗弃罪的适用范围往往不再局限于具有扶养义务的亲属之间,遗弃罪的本质也不再仅仅是对义务之违反,也是对于生命法益构成威胁的危险犯。这样,遗弃罪的行为对象就应当扩大解释,如在长期雇用的保姆发生严重疾病时,行为人拒不将其送到医院治疗,导致其错过救治的最佳时期而死亡的,就可能构成遗弃罪。这里的关键就是要对《刑法》第 261 条中其他没有独立生活能力的人给予合理说明,将其外延拓展为家庭成员以外无生命自救能力的人,换言之,遗弃对象除年老、年幼、患病者外还包括以下之人:负伤、精神陷入恍惚状态者、烂醉如泥者等。② 上述观点不仅将遗弃罪中的"扶养"由家庭成员之间的扶养扩大到包括非家庭成员之间的社会扶养,实际上还将救助义务也纳入了"扶养"的范畴。

在解释方法的选择上,主张刑法上的遗弃罪限于家庭成员间遗弃行为的观点采取的主要是历史解释,论者在分析历史解释和语义解释以何者优先时指出:一般而言,语义解释当然是应当优先考虑的,在语义是单一的、确定的情况下,不能进行超出语义可能范围的解释。但在语义是非单一的、不明确的情况下,则应根据立法沿革进行历史解释以符合立法精神。在这种情况下,历史解释具有优于语义解释的效力。在对扶养进行解释时,根据语义解释,扶养包括家庭成员间的扶养和非家庭成员间的扶养。那么,非家庭成员间的扶养是否包括在遗弃罪的"扶养"概念中呢?根据历史解释,遗弃罪属于妨害婚姻、家庭罪,自不应包括非家庭成员间的扶养。如此解释,才是合乎法律规定的。③ 而主张刑法上的遗弃罪应扩大到非家庭成员间遗弃行为的观点主张,在语义解释与历史解释存在矛盾

---

① 张明楷著:《刑法学》(第四版),法律出版社 2011 年版,第 774 页。
② 周光权著:《刑法各论讲义》,清华大学出版社 2003 年版,第 81 页。
③ 陈兴良:《非家庭成员间遗弃行为之定性研究——王某等遗弃案之分析》,载《法学评论》2005 年第 4 期。

时，不应一概以历史解释优先，"如果语义解释得出符合刑法目的的结论，就应当采取这一解释。换言之，既然'根据语义解释，抚养人包括家庭成员间的扶养与非家庭成员间的扶养'，而且这样解释完全符合刑法保护被害人生命安全的目的，就应当认为遗弃罪可以发生在非家庭成员之间"。① 可见，这一观点实际上是基于目的解释将遗弃罪的内涵作了扩大。

按照语义解释，《刑法》第 261 条的语义的确可能解释为既包括家庭成员间的扶养，也包括社会扶养机构的扶养。进一步考察刑法体系，第 261 条遗弃罪规定在侵犯公民人身权利、民主权利罪一章，似乎可以将遗弃罪的法益解释为是生命健康权。但进一步考察可以发现，刑法中侵犯生命健康权的犯罪主要规定在第 232 条到第 235 条，而第 257 条到第 262 条规定的主要是侵犯婚姻家庭权利的犯罪。如果我国刑法上的遗弃罪如同德国、奥地利、日本等国刑法上的遗弃罪一样，其法益是生命权或生命健康权，则从刑法体系上，应将第 261 条置于侵犯生命健康权的规定中，而非现行刑法上的排列格局。仅仅由于遗弃罪规定在《刑法》侵犯公民人身权利、民主权利罪一章，而不进一步分析该章罪名排列结构，就认为遗弃罪的法益是生命健康权，只能得出似是而非的结论。再进一步采取历史解释，如前所述，1997 年《刑法》将 1979 年《刑法》中的妨害婚姻、家庭罪全部转移至侵犯公民人身权利、民主权利罪，但法条规定本身并无变化，刑法学说上长期延续了 1979 年《刑法》对该条的解释，认为遗弃罪限于家庭成员之间，因此，不能认为遗弃罪的法益已变更为生命健康权。

将遗弃罪的内涵扩大，的确填补了我国刑法规定的不足，使得实施遗弃行为的行为人受到处罚，从而保护了社会扶养机构中被扶养人的利益。但这一基于行为实质可罚性出发得出的解释结论与罪刑法定原则之间存在矛盾。更重要的是，这一对法条的扩大化解释反而使立法不能迅速对法律漏洞作出应有反应。在实践中，不能为达到所欲得出的结论而随意选择解释方法，而应该坚持解释方法的适用顺序，这才有利于罪刑法定原则的实现。

二、罪刑法定与判断方法

基于罪刑法定原则，司法人员必须受到制定法的约束，其重要表现就是合理的法律论证过程。大体而言，定罪是一个三段论演绎推理的过程，也即司法三段论：刑法规定的犯罪构成是大前提，现实中发生的具体犯罪是小前提。司法人员必须首先考虑刑法规定，然后判断现实中的具体行为是否构成犯罪。只有司法人员准确将刑法规定适用于具体行为，按照三段论的规则得出结论，才能正确定罪。例如，法官先根据《刑法》得出一个大前提：故意杀人应根据《刑法》第

---

① 张明楷著：《罪刑法定与刑法解释》，北京大学出版社 2009 年版，第 155 页。

232 条规定构成故意杀人罪。再形成小前提：某人故意杀人。进而得出结论．该人应该依据《刑法》第 232 条规定构成故意杀人罪。司法三段论的优点在于：只要一个具体事实满足法律所规定的所有事实要件，即可运用逻辑推理得出相应的结果。因而其突出优势在于，在刑法规定和法律事实二分格局下，法律适用过程清晰明了。并且由于法律推理直接自既定规则出发，无须触及那些具有不确定性的价值判断如正义等问题，因此一定程度上可以消除法官的恣意，从而保障判决的客观性和确定性。正因为如此，尽管 20 世纪以来司法三段论受到诸多挑战，但迄今依然占据着主导地位。

正确定罪的第一步是找到适用的法律规定，也即大前提。在罪刑法定原则下，法律是否有明文规定，成为区分罪与非罪的标准。正确理解法律规定因此成为正确定罪的前提。如果法律没有明文规定，而由于对构成要件的错误理解而误认为有规定，因而认定为犯罪，就会导致错误入罪；反之，如果法律有明文规定，而由于对构成要件的错误理解而误认为没有规定，因而不予处罚，就会导致错误出罪。有时还必须要对法律规定进行解释，以确定其是否为可用之法。例如，1999 年 2 月，刘某在香港以 84 万元港币购买了 12 公斤金条。次日上午，刘某携带经过伪装的金条从某海关入境，入境时未向海关申报，将黄金偷运回内地后意图销售，后因有人举报而案发。经鉴定，该批黄金价值人民币 100 万元，应缴纳关税 8 万元。根据《刑法》第 151 条第 2 款走私贵重金属罪的规定，走私贵重金属罪，是指走私国家禁止出口的黄金、白银和其他贵重金属的行为，因此，刘某的行为不构成走私贵重金属罪。但进一步分析可以发现，刘某的行为完全符合《刑法》第 153 条规定的走私普通货物、物品罪的特征。《刑法》第 153 条规定，走私普通货物、物品罪，是指走私《刑法》第 151 条、第 152 条、第 347 条规定以外的货物、物品的行为。那么，黄金是否属于《刑法》第 151 条规定以外的物品。也许有人会认为，黄金已在《刑法》第 151 条有规定，因而不属于《刑法》第 151 条规定以外的物品。这种理解是不能成立的。这里的"规定以外"，应当理解为"规定为犯罪以外"。走私黄金出口的行为已经被《刑法》第 151 条规定为犯罪，当然不可能再构成走私普通货物、物品罪。但走私黄金进口的行为并没有被《刑法》第 151 条规定为犯罪，因而在逻辑上不能将该行为排除在走私普通货物、物品罪之外。黄金的特点是国家禁止出口但允许进口。由于禁止出口，因而走私黄金出口的构成走私贵重金属罪。但允许进口，只不过进口黄金必须缴纳关税，而走私黄金进口的行为正是偷逃了关税，因而完全符合《刑法》第 153 条规定的走私普通货物、物品罪的特征。本案被告人刘某走私黄金进口，偷逃关税 8 万元。按照《刑法》第 153 条之规定，走私货物、物品偷逃应缴税额在 5 万元以上即可构成犯罪，因而被告人刘某的行为构成走私普通货物、物品罪。

正确定罪的第二步是对案件事实的识别，也即得出小前提。对案件事实的识别并非单纯是或者否的简单事实判断，而是同时要考虑法的规范性目的的一个过程，即必须在相关条文所规定的构成要件指导下，对具体案件中涉及的诸多事实进行归纳，整理出具有刑法意义的事实，作为进行法律推理的依据。例如，《刑法》第 263 条规定，入户抢劫、在公共交通工具上抢劫属于抢劫罪的加重情节。如果行为人以抢劫为目的入户后，使用暴力使被害人离开"户"之后，强行取得财物的，是否属于入户抢劫？同样，如果行为人以抢劫为目的，迫使公共交通工具停下，并用暴力、胁迫方式将乘客赶下车，随后强行取得财物的，是否属于在公共交通工具上抢劫？这些事实的认定都不能离开对可能适用的刑法条文的解释。对于具有多重侧面的案件事实，必须从案件到规范，从规范到案件，对二者进行比较、分析，通过妥当归纳，准确描述案件中影响定罪的具有法律意义的事实，从而将其纳入法律规范的抽象事实所标明的案件类型中。例如，《刑法》第 360 条规定了传播性病罪，行为人明知自己患有淋病、梅毒等严重性病而实施卖淫、嫖娼行为的，构成该罪。如果行为人明知自己患有淋病、梅毒等严重性病，仍故意与通过正常途径结识的他人发生性行为，意图使他人染上性病，并造成实害后果的，应如何认定？如果认为该人传播性病并非通过卖淫或嫖娼，因此将其归纳为一般传播性病，认为其不符合《刑法》第 360 条规定的行为特征，认定为无罪，显然不当。此时，应将该人行为识别为：在伤害他人身体健康的故意支配下，以通过性行为传播性病为手段，在客观上造成了他人传染性病，健康受到伤害的后果，从而归纳为故意伤害的行为。据此，应适用《刑法》第 234 条的规定，认定为故意伤害罪。

正确定罪的第三步是在找法与识别案件事实的基础上，在法律规定和案件事实之间寻求同一性。法官必须把具体案件事实与刑法规定联系起来，对于案件事实，要以可能适用的刑法规定为指导进行分析。反之，对于刑法规定，要通过特定个案或者案件类型进行解释。在此过程中，应将法律规定作为大前提，将案件事实作为小前提，才能得出适当结论。如果将事实作为大前提，将法律作为小前提，则难免产生错误判断。

从上述分析可以看出，法律推理过程并非纯粹逻辑上的三段论，对大前提、小前提的探求和结论的得出并非截然分开的三个独立阶段。这里难免涉及"先前理解"或谓"前见"的问题。

事实上，在日常生活中，人的思维方式并非依据三段论的推理形式展开，而是依据经验，寻找所要处理的问题与其经历过的事物的相似或不同之处，从而得出认为合适的处理方案。这是个体心理活动的必然方式。个体感觉的高级形式就是直觉，而经验丰富和经常进行理性思维训练的人往往较一般人具有更为发达的直觉。司法人员的法律推理同样遵循上述一般模式。司法实务中对案件的判断，往往采取的是先初步认定主客观合一的犯罪事实甚至罪责，然后再考虑排除犯罪事由的方式。因此，司法人员在刑事案件中，完全可能在了解案件基本事实后即凭借自己经过训练的直觉得出行为可能有罪或无罪的判断，然后再对相关法条规定的犯罪构成进行分析，判断具体案件事实与特定构成是否吻合，从而得出结论。强调直觉在法律推理中的重要作用的观点指出："法官首先凭直觉找到结果，然后形成这一结果的逻辑理由。这本身就是一种心理现象，并不奇怪。法律秩序意在促进的法官经由其职业活动十分熟悉的所有目标，可能已成为其本身天性的一部分。他成功地找到了一个理性结果，而没有事先向自己表明所有的论点，这些论点可以通过演绎推理，就结果给出理由或使结果合法化。"① "法律者，尤其是法官，虽然向外从制定法那里证立他的具体的应然决定，并因此显得满足了执法的合制定法性原则，但是经常发现，实际上是在大多数情况下，他的决定所依据的完全是另一种方式，即直觉地、本能地求助于是非感，实践理性，健全的人类理智。从抽象规范中证立决定仅是有次要的意义，这种证立事后理性化了其中的非理性决定，并在一定意义上也许发挥着控制的功能。"② 依此理解，法官的前见是法律论证过程的开始，而且本身就预设了结论。

无可否认，法官往往受益于得自自身长期经验的对法律的直觉。但直觉仅仅是法律推理的发端，法律思维由此起步，可能前行，可能迂回，可能发散，甚至可能推翻直觉。过分夸大直觉作用，而认为法律论证仅仅起到事后理性化和次要控制功能的观点显然具有主观主义危险，并有悖于罪刑法定原则。事实上，法律推理这一思维工具恰恰就是要排除前见等主观因素影响，以保障司法活动正当性，从而维护法治。特别是在我国司法实践中形式法律推理尚且不完备、裁判文书说理不充分的现状下，当务之急是完善司法人员对司法三段论的应用，限制司法人员前见、价值倾向等主观因素随意介入司法过程，使司法人员能在正确应用三段论进行推理的条件下，得出更加理性、客观、公正的裁判结果。

因此，尽管必须承认司法人员开始判断时不可避免地受到自身前见的影响，但司法人员仍必须通过司法三段论的逻辑推理，得出符合形式逻辑的结论。在此过程中，罪刑法定原则的要求必须得到遵守，否则法治即沦为虚文。司法人员应对自身前见保持开放和反思的态度，如果前见能得到法律推理支持，则一般能够证明前见的妥当。但如果先得出有罪结论，后来没有找到可能适用的刑法条文，却依然定罪处刑，则违反了罪刑法定原则。同样，如果为了维护有罪结论，而任

---

① ［挪威］斯塔因·U. 拉尔森主编，任晓等译：《社会科学理论与方法》，上海人民出版社 2002 年版，第 304 页。

② ［德］卡尔·恩吉施著，郑永流译：《法律思维导论》，法律出版社 2004 年版，第 51～52页。这里的"合制定法性原则"即德国刑法第 103 条第 2 款的罪刑法定原则。

意解释法律规定或者歪曲事实，也是违反罪刑法定原则的。

【研讨问题】如何正确运用法律推理

【案例4－6】刘某故意杀人案

被告人刘某（15周岁）伙同陈某（19周岁）将蔡某的儿子蔡甲绑架。当晚被告人刘某、陈某打电话给蔡某，索要赎金人民币10万元，并限于2007年10月5日中午12时前交清，否则就撕票杀害蔡甲。后蔡某未能满足两被告人的要求，两被告人于2007年10月7日将蔡甲殴打致死后外逃。后因群众发现蔡甲尸体而案发。

本案在审理过程中，对刘某应否负刑事责任存在两种不同意见：

一种意见认为，应按故意杀人罪定罪处罚。未成年人绑架并撕票的，社会危害性较之故意杀人犯罪有过之而无不及。《刑法》第17条第2款规定中的"罪"，是指犯罪行为而非特定罪名，绑架撕票可以解释到"故意杀人"中去，因此本案中被告人刘某虽未满16周岁，但仍应负刑事责任。

另一种意见认为，应宣告无罪。因为绑架罪与故意杀人罪是完全不同的两个罪名，《刑法》第17条第2款规定中的"罪"就是指具体罪名，如果追究已满14周岁未满16周岁的未成年人绑架撕票的刑事责任，明显违反罪刑法定原则。

认为《刑法》第17条未规定绑架罪是立法漏洞的观点认为，已满14周岁不满16周岁的人在绑架过程中故意杀人不能认定为故意杀人罪，应通过完善立法解决这一问题。但这一观点存在问题。

判断一行为能否定罪，应当按照司法三段论，先确定可能适用的法律规定（大前提）、识别具体案件事实（小前提），然后得出结论。具体来说，在判断已满14周岁不满16周岁的人在绑架过程中故意杀人是否应负刑事责任时，首先应将《刑法》第17条规定的8种犯罪的构成要件作为大前提，然后将具体案件事实作为小前提，再得出是否构成犯罪的结论。当已满14周岁不满16周岁的人在绑架过程中故意杀人时，应将故意杀人罪的构成要件作为大前提，然后将刘某在杀害他人故意支配下实施杀人行为这一事实作为小前提，通过三段论的逻辑分析显然可以得出刘某构成故意杀人罪的结论。

其分析过程是：

已满14周岁不满16周岁的人故意杀人的，根据《刑法》第232条规定构成故意杀人罪（大前提）。

刘某（15周岁）故意杀害了被绑架人蔡甲（小前提）。

刘某根据《刑法》第232条规定构成故意杀人罪（结论）。

如果颠倒了这一过程，以具体案件事实为大前提，以法律规定为小前提，就违反了形式逻辑要求，容易得出不适当的结论。如先将刘某的行为归纳为绑架中致被绑架人死亡，并以此作为大前提，将《刑法》第17条规定的8种犯罪的构成要件作为小前提，由于绑架罪不在这 8 种犯罪之列，其加重情节自然也就不在这 8 种犯罪之列，这样就会得出刘某不负刑事责任的不当结论。

其分析过程是：

刘某（15 周岁）实施了具有加重情节（致被绑架人蔡甲死亡）的绑架行为（大前提）。

已满 14 周岁不满 16 周岁的人实施绑架行为根据《刑法》第 17 条规定不负刑事责任（小前提）。

刘某实施具有加重情节的绑架行为不负刑事责任（结论）。

可见，必须严格遵循司法三段论的形式逻辑要求，以刑法规定为大前提，以具体案件事实为小前提，根据具体事实是否符合刑法规定的构成要件而得出有罪或无罪结论。如果颠倒大小前提，任意裁剪事实，随意确定各种行为的性质，再与刑法规定对照，则司法权可以随意出入人罪，势必违背罪刑法定原则。

三、罪刑法定与法律漏洞

"法律规范对于应规定之事项，由于立法者之疏忽未预见，或情况变更，致就某一法律事实未设规定时"，就出现了法律漏洞。① 理论上，法律漏洞有真漏洞和假漏洞之分。真漏洞是指法律规范对于应规定之事项未设规定而形成的缺漏，它无法在法律规定的文字内通过体系内的解释或价值补充得以解决，而必须由法官在法律之外，根据法理探求法律目的，进行"造法运动"方可填补。假漏洞是指法律规范存在疑义，或者概念过于抽象，有待通过解释确定真义或者通过价值判断使之具体化。因此，严格来说，只有在法律解释不足以解决所遇到的问题，而必须通过"造法"解决时，才真正涉及法律漏洞的填补。

19 世纪的法律理论中维护制定法权威性的实证论观点曾主张法律是一个完整的存在，否认法律存在漏洞，并否定对法律可以进行解释。但这一观点被证明是不切实际的。立法者认知能力有限、社会生活变迁导致的法律滞后以及成文法自身特点，都会造成法律漏洞。今天，法律存在漏洞，而漏洞必须由法官来弥补的观点已被各国普遍接受。然而在刑法中，由于存在罪刑法定原则，遂成为一个相对封闭的体系，"法无明文不为罪"的要求与弥补法律漏洞之间显然存在某种紧张关系。一方面，实行罪刑法定原则就意味着对刑法漏洞的容忍。只要坚持罪刑法定原则，承认成文法具有局限性，就必然承认刑法不可能无遗漏地规制一切具有社会危害性的行为，也即必须接受法律漏洞的存在。"罪刑法定原则之所以成为刑法的生命，也是由来于刑法的漏洞（不完整性）；如果刑法没有漏洞，罪刑法定原则便没有多大意义；反过来说，在罪刑法定原则之下，无论如何解释刑

① 杨仁寿著：《法学方法论》，中国政法大学出版社 1999 年版，第 142 页。

法分则条文，都会存在漏洞。换言之，总有一些行为，根据危害的严重程度与普遍的正义标准，应当作为犯罪处理，但由于立法者难以预见到将来可能发生的一切应当作为犯罪处理的行为，导致不可能将所有应当作为犯罪处理的行为都类型化为构成要件。"① 另一方面，罪刑法定原则排斥法官以造法方式填补法律漏洞。罪刑法定原则意味着司法无权通过造法的途径，创造犯罪行为的新的事实构成，这是一条底线。据此，法官不能对具有社会危害性但法无明文规定的行为依据类推定罪量刑。但罪刑法定原则并不排斥一切对法律漏洞的填补行为。毋宁说，只要没有因此而创造新的刑罚犯罪事实构成，在刑法里是允许法官弥补法律漏洞的。② 例如，《刑法》第 49 条规定，审判时怀孕的妇女，不适用死刑，但没有涉及审判时怀孕但又流产的妇女是否可以适用死刑。对此，最高人民法院《关于对怀孕妇女在羁押期间自然流产审判时是否可以适用死刑问题的批复》指出："怀孕妇女因涉嫌犯罪在羁押期间自然流产后，又因同一事实被起诉、交付审判的，应当视为'审判的时候怀孕的妇女'，依法不适用死刑。"《刑法》基于人道主义立场，规定审判时怀孕的妇女不适用死刑，这一司法解释对"审判时怀孕的妇女"作有利于被告人的扩张解释，符合《刑法》的立法精神，因此是适当的。

值得注意的是，我国刑法理论与司法实践中存在夸大刑法漏洞的现象，不对具体犯罪构成要件进行合理解释，就将某些行为评价为无罪。如一则报道中，一名女性长期骚扰另一名 29 岁的女性王某，并在一天晚上在王某住处沙发上按倒王某，用手指实施了性侵犯。该报道引述某律师的话称，我国处理同性"强奸"的法律存在空白，并引述专家说法称我国《刑法》对同性之间的性侵犯行为，没有规定为强奸。③

我国《刑法》规定的强奸罪犯罪主体虽然是一般主体，但实行犯仅限于男性，妇女只能在某些情况下成为强奸罪的共犯，然而这并不意味着《刑法》对本案中的行为未设规定。《刑法》第 237 条规定了强制猥亵、侮辱妇女罪，该罪是指以暴力、胁迫或者其他方法强制猥亵妇女或者侮辱妇女的行为。就犯罪主体而言，妇女可以构成该罪的犯罪主体。就犯罪主观方面而言，行为人明知自己的行为违背妇女意志，侵犯了妇女的性自决权，仍强行实施该行为。就客观方面而言，必须以暴力、胁迫或其他方式实施了猥亵、侮辱妇女的行为。通说认为，猥

① 张明楷著：《刑法分则的解释原理》，中国人民大学出版社 2004 年版，第 209～210 页。

② ［德］H. 科殷著，林荣远译：《法哲学》，华夏出版社 2002 年版，第 227 页。

③ 《女子遭女同事性侵欲自诉，警方称女性性侵取证难》，载搜狐网 http：//news. so-hu. com/20101104/n277143144. shtml/2010。

褒，是指除奸淫以外能够满足性欲和性刺激的有伤风化、损害如女性心理，有碍其身心健康的性侵犯行为；侮辱，是指实施具有挑衅性有损妇女人格或者损害其性心理的行为。本案中，行为人压住王某，以手指实施了性侵犯，符合强制猥亵、侮辱妇女罪客观方面的特征。可见，对本案完全可以适用《刑法》第237条的规定，并不存在所谓法律漏洞。认为立法对妇女实施的此类性侵犯行为存在漏洞的观点完全是解释方法不当，其首先认为行为人实施的是"强奸"行为，再依据我国法律上妇女不能独立构成强奸罪实行犯，才得出了错误结论。

司法实践中，在刑法存在不能通过合理解释填补的漏洞时，必须遵循罪刑法定原则，不能超出法律规定定罪判刑。但司法人员既要注意避免以不当解释超出刑法规定，得出有罪结论，违背罪刑法定原则；也要注意避免以不当解释得出无罪结论，造成不必要的漏洞。

【研讨问题】如何对待法律漏洞

【案例4-7】钱塘江工程案

下沙大堤是杭州市的重点防洪工程，是以百年一遇的海塘标准建设的。工程分两期进行，其中首期工程已于1996年完工，二期工程经杭州市林水局水利工程招标办公室批准，于1997年12月确定由其下属单位杭州市水利建筑工程总公司中标。该公司将工程层层转包后，包工头见无利可图，就于夜半时分，向本应灌注混凝土的沉井内大量灌注泥沙。经群众举报，这一牵涉到杭州百年安危的"烂泥工程"及时大白于天下，引起了极大的社会震动，浙江省水利水电工程质量监督中心站将其定性为四级重大事故。

事发后，直接肇事的四名工程承包人被依法逮捕，一名工程监理被取保候审。1999年5月17日，杭州市江干区人民检察院以"涉嫌构成工程重大安全事故罪"提起公诉，指控被告人芦某、吕某于1997年12月，在杭州市水利建筑工程总公司下沙工区承包了杭州市标准堤塘下沙段500米施工任务后，又分别将各自负责的沉井施工任务转包给被告人谢某、高某。在施工中，被告人谢某、高某指使民工趁夜间无人监管之机，违反设计要求，不按设计规定，在沉井内灌注泥沙。被告人芦某、吕某明知自己工班施工进度异常，但为了追求进度，获取奖励，对沉井行为不加制止，导致了重大事故的发生。被告人彭某身为下沙标准堤塘工程总监理工程师，违反工程监理的有关规定，对沉井这一隐蔽工程施工未实行旁站监理，在施工进度超常的情况下也未进行检查，造成了重大事故的发生。

侦查过程中，事实和证据发生了变化，浙江省水利水电工程质量监督中心站撤销了之前作出的重大事故的定性，将此事故定性为一般质量事故。并且，随着调查深入，检察机关发现4名承包人是"单干"，不存在合伙、串通或共同实施等问题，起诉时认定造成的直接经济损失17万元应由4人共同承担。而根据我国《刑法》的规定，重大事故的认定条件是：死亡3人以上、19人以下；直接经济损失 10 万元以上不满 30 万元。据此，江干区检察院认为，虽然他们这几个人的行为有违国家有关工程建设规定和操作规程，以泥沙替代混凝土进行沉井灌注，性质是恶劣的，且不可避免地留有事故隐患，但毕竟没有法律意义上的重大事故发生，不构成工程重大安全事故罪。因此，江干区检察院于 1999 年 10 月向法院提出了撤回起诉的要求。

本案中，工程承包人、监理人违反国家规定和有关操作规程，用泥沙代替混凝土投入基础沉井，降低了工程质量，给钱塘江海塘安全带来了严重的安全隐患，但它并没有造成法律规定的重大事故发生。虽然认定"钱塘江豆腐渣工程"案直接经济损失达 17 万元，但是 4 名承包人系单独作案，不存在相互串通的可能，因而这些损失应由 4 名承包人分别承担，而不是共同承担。这样，每一名承包人单独所造成的损失都不到 10 万元，且根据合同，这些损失是承包人自己承担。所以这几名承包人的行为均不构成工程重大安全事故罪。据检察部门表示，也曾考虑以玩忽职守罪起诉几位承包人，但这一犯罪主体只能是国家工作人员。根据罪刑法定原则，尽管该案影响很大，但我国法律对这些肇事者的行为并未规定为犯罪，因此应当将这些肇事者无罪释放。作为一件曾轰动全国，引起全国关注的工程质量大案，几名肇事者被无罪释放，体现了司法机关对罪刑法定原则的尊重。

第三节　罪刑法定司法化的观念误区

现行《刑法》明文规定了罪刑法定原则，结束了理论界对于《刑法》是否应该写入罪刑法定原则以及是否保留类推等问题的争论。但司法实践中对待罪刑法定原则，存在的观念误区主要有：机械理解法律条文，误解罪刑法定的功能以及忽视罪刑法定在程序性规范中的体现。

一、机械理解法律条文

罪刑法定原则在我国刑法中确立后，出现了一种盲目的乐观情绪，认为只要依法办事就行了。与此相伴的则是一种对罪刑法定原则的僵化理解，将罪刑法定原则等同于死的教条，将它理解为机械的教义：认为成文刑法应该能够解决所有与犯罪有关的问题，刑事司法被理解为脱离鲜活社会生活事实的单纯逻辑运用，只要正确运用逻辑就能得出唯一适当的结论。一旦作为大前提的法律条文与作为小前提的案件事实之间对应不那么紧密，不能以规则直接照扣事实，法官往往就认为法律规定不明确，要么不知所措，要么向上级法院请示，而不能主动对法律加以解释，探求适当的结论。而理论界在此情形下也动辄认为刑法条文存在漏洞，只能由修法或立法解释加以解决。例如，《刑法》第 267 条第 2 款对于携带凶器抢夺的规定，有人即以不明确的规定违反了罪刑法定原则为由，要求不使用"凶器"一词或者在刑法中对"凶器"的性质与范围作出详尽的规定，否则便违反了罪刑法定原则。弥漫在我国刑法理论和实务界的以上观点和做法，不是在贯彻罪刑法定原则，而是对罪刑法定原则的误解，由此导致的负面结果就是司法裁量权的萎缩和司法惰性。"法无明文不为罪"被机械地理解为"法无明确规定不为罪"，似乎凡是法条没有明确规定的内容，法官在个案中就不能进行合理解释。须臾离开法条字面意思，就是对罪刑法定原则的违背。

罪刑法定原则的早期提倡者曾认为，法学家能够设计出一部容纳了正义的完美刑法典。因此，对法律的进一步解释和阐明是完全不被许可的，也是没有必要的。法官只要按照三段论的逻辑方式，机械适用这一法典，而完全无须行使裁量权，就可以得出唯一正确结论。然而，这一设想在绝对排除了法官恣意的同时，也使得刑法成为绝对封闭的僵化体系，无法适应现实需要。因此，绝对罪刑法定原则最终被相对罪刑法定原则所取代，有限制的司法解释被各国普遍接受。从各国刑法典看，构成要件立法中不可避免地存在一些不够明确或者模糊的情况。最常见的是在刑法典中使用一些需要评价的规范性构成要件要素，如"凶器"、"淫秽物品"、"情节严重"、"其他方法"等。这些都要求司法人员结合个案事实作出妥当解释。只有法官的价值判断才能克服成文法的稳定性与社会变化之间的矛盾。如果对罪刑法定原则的理解仍然停留在早期绝对罪刑法定原则的阶段，将刑法视为已完成而无须发展的完美体系，则刑法势必陷入停滞和僵化。

刑法条文的抽象性以及作为法律载体的语言本身的模糊性，使得成文刑法的局限性不可避免。因此，实践中必须要运用司法技术，尽可能阐明刑法含义。刑法的明确性实际上由立法本身的明确和个案中对法律含义的阐明共同构成，各国一般都承认立法表面的不确定性可由司法过程中的解释加以弥补。某种程度上，刑法的含义就是在司法实践过程中不断被通过解释加以明确的。例如，我国《刑法》第275条关于故意毁坏财物罪的规定中"毁坏"的含义，由于之前此类案件不多，理论界和实务界对其含义的认识并无太大分歧，认为就是毁灭和损坏。随着近年来司法实践中涉及这一罪名的争议案件的涌现，对该罪名中"毁坏"一词含义的阐明才得以深入。在一些临界案件中，刑法的含义更是必须通过解释加以确定。例如，《德国刑法典》第 224 条第 1 款第 2 项使用了"武器"一词，但行为人将盐酸倾倒在被害人脸上时，是否可以认为是"借助武器"造成身体伤害？这就必然涉及对"武器"一词的理解。德国法院认为，因为口语中承认"化学武器"的概念，所以文字意思并不要求将武器的概念限制在机械性作用的工具上。另外，法律的目的也指出，对特别危险的伤害方法应当给予更严厉的惩罚，从而支持在武器的概念中加入化学手段，用盐酸造成的伤害甚至比用棍棒造成的伤害还要严重。① 而日本刑法上也使用了"凶器"一词，日本法院将木棒、铁锹柄、燃烧瓶、空玻璃瓶、石块、水泥块、登山刀等均认定为凶器。② 当然，由于各国规定犯罪构成要件不同，我国司法实践中不能照搬国外法院对凶器的认定范围来界定我国刑法上规定的"凶器"。但重要的是，应当由此认识到，不能将实践中遇到的疑难问题一概推卸给立法不明确或立法漏洞，并在罪刑法定的名义下得出在立法作出回应以前，司法应当无所作为的结论。相反，大多数情况下，疑难案件中需要的是对刑法条文的解释。

在司法实践中，应正确理解罪刑法定原则，不能将其肤浅地理解为就是照刑法字面意思执行。所谓"法无明文不为罪"，不是指对行为人实施危害行为的具体形式、方法、步骤没有明确规定，而是指行为人的行为性质不属于刑法分则条款已规定的任何类型化的罪行，或者是其社会危害程度低于任何类型化的罪行所要求的下限，因而不构成犯罪。如果仅仅因为行为的某一具体形式没有为刑法明确规定，便忽视了该行为的本质属性，认为其不构成犯罪，无疑是违背罪刑法定原则本意的。

【研讨问题】 司法实践中应准确理解罪刑法定原则的内涵，不能盲目将行为事实与刑法条文机械对应

【案例4－8】 周某为收养而盗窃婴儿案

犯罪嫌疑人周某（女，35岁），因在其大姑子家开办的养殖场打工备受照顾，一直存有报恩之心。当她得知不能生育的大姑子想抱养一男孩时，便一口答应由她负责抱养之事。2000年6月25日下午，周某来到某医院，以其表妹要来生小孩为由，事先住进病房。26日17时许，同病房的一孕妇产下一男婴。27日深夜，周某趁同病房的人熟睡之机，偷偷将该男婴抱走。

对周某的行为如何定性意见分歧较大，主要有以下几种意见：

第一种意见认为，周某的行为构成拐卖儿童罪。理由是：周某偷盗婴儿是有预谋的行为，是为了报答其大姑子家的"备受照顾"之恩，且周某在此以前，已经从其大姑子家得到了很多物质利益和照顾，为其偷盗婴儿应视为以"出卖"为目的。

第二种意见认为，周某的行为应定拐骗儿童罪。理由是：我国《刑法》第262条规定，拐骗不满14周岁的未成年人脱离家庭或者监护人的，处5年以下

---

① ［德］克劳斯·罗克辛著，王世洲译：《德国刑法学总论（第1卷）》，法律出版社2005年版，第85页。本案存在争议，支持的学者如拉伦茨，认为将盐酸解释为武器是可接受的，参见［德］卡尔·拉伦茨，陈爱娥译：《法学方法论》，商务印书馆2003年版，第204页。

② 张明楷：《简论"携带凶器抢夺"》，载《法商研究》2000年第4期。

有期徒刑或者拘役。周某将婴儿秘密抱走，使其脱离了家庭或监护人。但周某实施该行为是为了将婴儿给其大姑子收养，而不是以"出卖"或"勒索财物"为目的，因此，周某的行为应定拐骗儿童罪。

第三种意见认为，周某的行为不构成犯罪。理由是：我国《刑法》只对以"勒索财物"和"出卖"为目的偷盗婴幼儿的行为明文规定为犯罪，对以收养为目的偷盗婴幼儿的行为却未作明文规定。根据我国刑法罪刑法定原则和不适用类推制度的规定，周某以收养为目的偷盗婴儿的行为，虽然具有很大的社会危害性，但因法无明文规定，不能以犯罪论处。因此，周某的行为构不成犯罪。

本案中，周某在主观上不具有勒索财物目的，因此，周某的行为不构成绑架罪。周某偷盗婴儿是为了给其大姑子收养，虽然其之前从其大姑子家得到过很多物质利益和照顾，但这些与其偷盗婴儿之间并非对价关系，不能认为其是以"出卖"为目的，因此，其行为不构成拐卖儿童罪。问题是周某的行为是否构成《刑法》第262条规定的拐骗儿童罪。拐骗婴幼儿，是指采用蒙骗、利诱或其他方法，使未满14周岁的未成年人脱离家庭或监护人的行为。拐骗主要是指蒙骗、利诱，但并不限于此。因此，"拐骗"一词能否涵盖本案中的偷盗婴儿行为就成为区分罪与非罪的关键。

无罪论的观点主张，从字面上看，《刑法》第262条规定中的"拐骗"一词没有"偷盗"的意思。从客观表现看，偷盗婴幼儿的行为在客观上表现为行为人趁婴幼儿的监护人不备而秘密带走、抱走婴幼儿的行为。司法实践中具体表现为：潜入医院或他人住宅将婴幼儿秘密抱走；趁监护人不备将正在玩耍的婴幼儿偷走，等等。而拐骗婴幼儿的行为在客观上主要表现为行为人采取蒙骗、利诱等方法，致使婴幼儿脱离家庭或监护人的行为。司法实践中具体表现为：以食品、玩具、娱乐等为诱饵，取得幼儿信任后，趁机将其拐走。因此，偷盗婴幼儿和拐骗婴幼儿是两种不同的行为。但这一观点过于机械，混淆了拐骗的通常表现手段与刑法上"拐骗"一词的规范含义，是对罪刑法定原则内涵的误解。

《刑法》第262条规定的拐骗儿童罪侵害的法益是家庭或者监护人对未满14周岁的未成年人的监管和保护权利。从字面上看，《刑法》第262条使用了"拐骗"一词，似乎只能对有自主、独立意识的人实施。但该条规定中作为"拐骗"的对象范围为"不满14周岁的未成年人"，当然包括婴幼儿。可见，对"拐骗"的理解，不能局限于采用欺骗、利诱手段，因为婴幼儿根本不具有意思能力，行为人不可能采取上述手段使其脱离家庭或监护人的实际监管和保护。如果将"拐骗"理解为仅限于欺骗、利诱等手段，这一条文对于婴幼儿的保护就形同虚设。在个案中，必须结合案件事实，判断行为人采取的手段是否是与欺骗、利诱手段相当的、侵害了家庭或者监护人对未满14周岁的未成年人的监管和保护权利的"其他手段"，并能为"拐骗"的可能文义所包含。结合本案，其偷盗的婴儿出生仅 2 天，周某采取偷盗手段将其带离监护人，侵害的正是家庭或者监护人对婴儿的监管和保护权利。偷盗手段也完全可以为"拐骗"文义所包含，且不超出社会一般人的预测可能范围。再从刑法体系看，《刑法》中直接涉及婴幼儿权益保护的条文还有第 240 条拐卖儿童罪，该条文规定，以出卖为目的偷盗婴幼儿的，以拐卖儿童罪论处。这是考虑到婴幼儿属于特殊的对象，缺乏自觉的独立意识和对自身行为的控制能力，因此，只要以出卖为目的而偷盗婴幼儿的，即构成拐卖儿童罪，《刑法》以此对婴幼儿作出了特别保护。拐骗与拐卖，主要区别在于是否以出卖为目的，而在行为手段上则没有差别。因此，《刑法》第 240 条规定对我们正确理解第 262 条关于拐骗儿童罪的规定以及正确认定涉及婴幼儿的拐骗儿童罪具有内在的指导意义。

偷盗婴儿供他人收养是拐骗儿童的一种具体方式，而非一个独立的行为类型，因此其完全可以被《刑法》第 262 条规定的构成要件所涵摄。对此类行为按《刑法》第 262 条的拐骗儿童罪定罪处罚，是合理的。

二、对罪刑法定原则机能的误解

我国理论界和实务界一些观点认为，罪刑法定原则承担了社会保护与人权保障的双重机能。有人主张："在价值观念从个人本位到社会本位，再到个人、社会双本位变迁的社会，罪刑法定的机能也发生了转移。从只重视保障机能，到追求社会保护机能再到保障机能和保护机能协调发展"[1]。我国《刑法》第 3 条独特的表述方式某种程度上似乎也支持此类解读。故而司法实务界有观点依据《刑法》第 3 条规定，认为我国《刑法》规定的罪刑法定原则克服了西方罪刑法定原则对保障机能的片面强调，"既通过限制国家刑罚权来保障个人自由，同时也通过设置国家刑罚权来限制个人自由。如果将我国罪刑法定原则只理解为'法无明文规定不为罪、法无明文规定不处罚'，就是只强调了保护，而忽视了打击；只强调了对个人权益的维护，而忽视了对社会整体利益的维护"[2]。这类观点既是对我国《刑法》第 3 条规定的误读，也是对罪刑法定原则的误解。本书前文已经指出，我国《刑法》第 3 条并非对社会保护机能和人权保障机能的双向强调，其与罪刑法定原则的经典表述"法无明文不为罪，法无明文不为罚"并无本质差异。但即便抛开具体条文，一些论者内心深处仍然对罪刑法定原则承担了双重机能的观点深以为然，这其实源于对刑法具有的双重机能与罪刑法定原

---

[1] 　王俊华：《试论罪刑法定原则的价值取向与机能协调》，载《当代法学》2002 年第 12 期。类似的观点参见曲新久著：《刑法学》，中国政法大学出版社 2004 年版，第 12 页。

[2] 　丁卫强：《我国罪刑法定原则的内涵及相对性》，载《华东刑事司法评论》（第四卷），法律出版社 2003 年版。

则的单纯保障机能的混淆。社会本位意识在我国历来有着深厚的思想土壤。1979年《刑法》受苏联学说影响，采取社会本位，偏重社会防卫，这与我国传统法制的义务本位观念和实质主义追求相互契合，因此具有很强的社会接受度。很多司法人员根深蒂固的观念中，刑法的功能就是打击和惩罚犯罪。虽然1997年《刑法》规定了罪刑法定原则，但长久以来形成的观念仍然影响着对罪刑法定原则的理解和接受。部分司法人员受传统观念影响，囿于对刑法保护机能的追求，在具体案件中仍时有偏离罪刑法定原则的行为。

现代刑法兼具社会保护机能与人权保障机能，但并非刑法所有构成要素都同时支撑着这两种机能，而是刑法的各种构成要素相互作用产生了刑法的整体机能，即保护机能与保障机能的对立统一。其中，保护机能是刑法的天然属性，刑法对社会的保护主要是通过惩罚和预防犯罪来实现的，而惩罚和预防犯罪又是刑罚的根本目的和任务，所以，刑罚对刑法保护机能的产生起着基础性的作用。而人权保障机能则并非刑法所固有，恰恰是随着近代民主法治的发展，由罪刑法定原则所赋予的。罪刑法定原则倡导法无明文不为罪不为刑，它使得何种行为构成犯罪以及犯罪应处何种刑罚都有了明确的标准，其本质并非仅是以实证法规定各种犯罪构成要件的形式规定，而是体现了限制国家刑罚权，保障国民人权的法治要求。自此，刑法在其社会保护机能之外，才终于有了人权保障机能，并且以后者为优位，"从刑法具有制止国家恣意处罚人民之功能以观，刑法不失为'善良国民之大宪章'；从犯人不受刑法规定以外之刑罚之科处以观，刑法实乃'犯罪者之大宪章'"。① 此后，经过19世纪、20世纪的发展，罪刑法定原则被赋予了民主主义和尊重人权的思想内涵，并与民主法治愈发契合。今天，罪刑法定原则已成为刑法人权保障机能优先理念的集中体现。由此可见，现代刑法之所以引入罪刑法定原则，不是因为它可以兼顾保护机能，而恰恰是因为它对于保障机能的突出强调。如果单纯强调刑法的保护机能，根本无须有罪刑法定原则的存在，有刑罚足矣。在刑法结构中，刑罚承载社会保护机能，罪刑法定原则承载人权保障机能，二者互为消长。正是通过它们之间的相互作用，以及对后者的强调和维护，刑法才得以在社会保护和人权保障之间取得适度平衡。

可见，虽然罪刑法定原则作为刑法重要组成部分，与刑罚规范等其他构成要素共同形成了刑法的整体机能，但罪刑法定原则本身并非同时承载了刑法双重机能。事实上，正如有学者指出的，"刑法的任何一个构成要素都不可能单独具有这样的能力，否则，我们只需要这样一个可以体现刑法全部价值的要素，而根本没有必要再去制定具有复杂结构的刑法体系了。刑法的双重机能必须由刑法的各种构成要素合力打造，而不能由罪刑法定原则一肩挑。限制国家刑罚权，是罪刑

---

① 陈子平著：《刑法总论》，中国人民大学出版社2009年版，第9页。

法定原则最直接的目标，也是它服务于刑法的整体价值的基本方式和表现。"①

三、忽视罪刑法定原则在程序性规范中的体现

程序价值的基本内容是以人权保障为核心的程序正义，而程序正义的要求包括程序的参与性、裁判者的中立性、程序的对等性、程序的合理性、程序的自治性以及程序的及时终结性等。刑事程序与刑事实体法之间互为表里，刑事程序不仅保障获得实体上公正的结果，而且本身就是司法公正的重要体现。因此，要保证实体上合理的法律得到正确适用，离不开刑事程序的适当性。我国传统法律之中形式主义的要素十分稀薄。这种属性妨碍了程序法的发展。反过来，程序的不合理又会限制实体法的生成和进化。自 1996 年修正后的《刑事诉讼法》颁行以来，我国刑事程序法引入了对抗制因素，突出了对犯罪嫌疑人和被告人权利的保护，取得了长足进步。2012 年修正的《刑事诉讼法》中明文规定了"不得强迫任何人证实自己有罪"等内容，进一步加强了人权保障。

罪刑法定原则与正当法律程序之间天然存在亲和关系。英美法系的罪刑法定原则主要表现为包括法律的正当程序等在内的大量程序规则。第二次世界大战后，受美国影响的日本将罪刑法定原则提高到宪法层面，并赋予了罪刑法定原则以程序内容。日本 1946 年宪法第 31 条规定，"任何人非依法律所定程序，不得剥夺其生命或自由，或科以其他刑罚"。其中所谓"程序"，学说上认为不仅是指刑事程序，也包括在刑事程序中应该适用的实体法。② 在司法实践中适用罪刑法定原则，就要在人权保障优先的价值理念指导下，正确认定事实、合理解释和适用法律，这在价值内涵上与程序正义相互一致，在限制司法恣意、实现司法公正的作用上二者更是相辅相成。在制度设计层面，一方面，通过实体法确定犯罪的范围及处罚的方式，使国民可以预测自身行为后果，避免国民被任意定罪处罚；另一方面，通过程序法规定的无罪推定、疑罪从无等，限制国家权力的滥用，从而保障人权。在具体操作层面，司法人员受制定法的约束，其重要表现就是合理的法律论证过程——司法人员依据刑法规定判断现实中的具体行为是否构成犯罪。这一法律论证过程的基础是对案件事实的认定，如在一起案件中，检察机关可能指控被告人犯故意杀人罪，而被告人可能辩称自己只是实施伤害行为；或者由于侦查机关取证违法会导致证据被排除，以致重要事实无法得到证明，等等。而只有依照程序法上的证据规则筛选过的证据，才能被采纳为实体法上进行法律论证的材料，再经过正当的法律程序，才能得出行为是否符合刑法规定的某一犯罪构成要件的结论。因此，可以说，罪刑法定原则在司法中得到真正贯彻，

---

① 周少华：《罪刑法定与刑法机能之关系》，载《法学研究》2005 年第 3 期。
② ［日］大塚仁著：《刑法概说（总论）》，中国人民大学出版社 2003 年版，第 64 页。

不仅需要实体法规范的完善，更依赖于一系列程序性规范的实施，正是这些程序原则的设立奠定了罪刑法定原则生效、运行的程序框架和制度环境。

但在司法实践中，对罪刑法定原则与程序规范的关系认识仍然不足，部分司法人员只注意到刑法上的实体规定，而忽视程序性规定对于正确定罪量刑的重要性。如近年来发生的错案，很多正是因为存在刑讯逼供、超期羁押等程序违法问题或是取证程序存在瑕疵，以致虚假口供、错误证据大量进入司法程序，导致误判无罪为有罪或误判此罪为彼罪。刑事审判中也存在不少忽视程序规范对审判权约束的情形。这些都使得罪刑法定原则的保障机能大打折扣。"刑法所为刑事实体法的规定，必须有刑事程序法的配合，始能具体实现，而发挥刑法的规范功能"①。罪刑法定原则作为刑法基本原则，同样不能离开刑事程序法的保障。为此，应当注意程序法对罪刑法定原则的影响，确保罪刑法定原则得到贯彻落实。

【研讨问题】法院可否自行变更指控罪名

【案例4-9】赵某重大安全事故案

1994年8月，綦江县人民政府决定在綦河架设一座人行虹桥，由县城乡建设管理委员会（以下简称城建委）负责组织实施。同年11月5日，城建委就虹桥工程向重庆市市政工程质量监督站（以下简称质监站）提出质量监督申请书，并支付监督费6250元。担任建筑工程质量监督站站长的赵某，在申请方未提交勘察设计资料等有关文本的情况下，签发了虹桥工程质量监督申请书。此后，该站派出的监督员对虹桥工程的勘察、设计和施工单位的资质等级及营业范围未进行核查，赵某亦未认真履行监督管理职责，使不具备资质的设计、施工单位继续承建虹桥工程。1995年4月，赵某明知原重庆通用机器厂加工生产主拱钢管的车间没有焊缝条件，不能出具产品合格证、超声检测报告，仍同意该车间加工虹桥关键部位的主拱钢管构件。当主拱钢管运到虹桥施工现场后，赵某未督促本站监督员进行主拱钢管的质量检验，致使不符合工程质量标准的主拱钢管用于工程主体，为造成虹桥垮塌的重大安全事故留下严重的质量隐患。尽管质监站曾要求对虹桥进行荷载试验，但一直未落实。1999年1月4日18时50分许，綦江人行虹桥因严重质量问题突然整体垮塌，坠入綦河，造成40人死亡、14人受伤的严重后果，直接经济损失628万余元。经鉴定：主拱钢管焊接接头质量低劣是导致虹桥整体垮塌的直接原因。

赵某因涉嫌犯玩忽职守罪于1999年3月12日被逮捕。之后，重庆市人民检察院第一分院以被告人赵某犯玩忽职守罪，向重庆市第一中级人民法院提起公诉。

重庆市第一中级人民法院认为：被告人赵某身为重庆市市政工程质量监督站站长，不认真履行对虹桥工程质量监督管理职责，降低工程质量，以致造成重大

---

① 林山田著：《刑法通论》（上册），北京大学出版社2012年版，第29页。

安全事故，其行为构成工程重大安全事故罪。后果特别严重，依法应予惩处。根据其犯罪情节，可酌情从轻处罚。检察机关指控赵某的犯罪事实清楚，证据确实、充分，但指控其犯玩忽职守罪不当。依照《刑法》第 12 条第 1 款、第 137 条的规定，于 1999 年 4 月 3 日判决赵某犯工程重大安全事故罪，判处有期徒刑 5 年，并处罚金 2 万元。

一审宣判后，赵某不服，以原审判决改变指控罪名，严重违反诉讼程序；混淆了工程质量监督站与工程监理单位的区别，定性和适用法律错误，自己的行为不构成犯罪为由，向重庆市高级人民法院提出上诉。

重庆市高级人民法院经审理认为：原判认定上诉人赵某犯工程重大安全事故罪的事实清楚，证据确实、充分。定罪准确，量刑适当。审判程序合法，裁定驳回上诉，维持原判。

在本案中，法院认为，在公诉机关指控的犯罪事实没有变化的情况下，自己有权改变起诉罪名定罪处刑。裁判理由中写到："人民法院在审查公诉机关指控犯罪嫌疑人的犯罪是否成立时，应当以事实为依据，以法律为准绳，确定犯罪行为是否存在，犯罪事实是否成立。在查清事实、证据的基础上，根据刑法规定的罪刑法定原则和罪刑相适应的原则，确定相应的罪名和刑罚。刑事诉讼法第一百六十二条第（一）项规定：案件事实清楚，证据确实、充分，依据法律认定被告人有罪的，应当作出有罪判决。这里所谓依据法律，也就是依据刑法的有关规定。对被告人的犯罪行为，根据刑法分则规定构成哪一种罪，就应当定哪种罪名。公诉机关指控的罪名与人民法院经审理案件后认定的罪名不一致，这在实践中常有发生。对此，只要公诉机关指控的犯罪事实存在，证据确凿，且刑法分则又明确规定该行为构成犯罪，则应当定罪处罚。"[①] 其直接依据是 1998 年 9 月 2 日最高人民法院《关于执行〈中华人民共和国刑事诉讼法〉若干问题的解释》第 176 条第 2 项的规定，即"起诉指控的事实清楚，证据确实、充分，指控的罪名与人民法院审理认定的罪名不一致的，应当作出有罪判决"。这一立场也获得了许多法官的支持。

照此，在法官认定的事实及应适用的法律和检察官起诉的判断相左时，法官只要确定"犯罪行为存在，犯罪事实成立"，就可以不受起诉书的拘束，就自己认定的被告人所犯罪名作出判决。无论最终处理结果在实体法上是否正确，从程序正义出发，法院这一做法并不妥当。

根据控、审职权划分和不告不理原则的要求，检察机关的起诉书不仅是法院

---

① 《赵某玩忽职守改工程重大安全事故案——人民法院可否变更起诉罪名定罪处刑》，载《刑事审判参考》2000 年第 1 辑，法律出版社 2000 年版。

受理案件的基础，而且界定了法院审理范围，法院不得超过起诉书载明的被告人和犯罪事实的范围，自行将未经起诉和未经审判的人和行为纳入裁判的范围。如果法官的审理范围超出控诉的范围，那么法官在本质上就行使了控诉职能，就违背了不告不理的要求。并且，检察机关起诉书认定的必然是与认定罪名的构成要件相符的犯罪事实，如果起诉书指控罪名不成立，起诉书认定的犯罪事实又如何能独立存在？就本案而言，玩忽职守罪在客观方面表现为不履行、不正确履行或者放弃履行职责，致使公共财产、国家和人民利益遭受重大损失的行为。工程重大安全事故罪在客观方面表现为违反国家规定，降低工程质量标准，造成重大安全事故的行为。二者对犯罪主体的要求也不尽相同。而法院在控辩双方就被告人是否构成玩忽职守罪进行法庭调查和辩论后，单方面就作出被告人构成未经起诉的工程重大安全事故罪的判决，且这一罪名比起诉书指控的罪名对被告人处罚更重。上述裁判理由主张，这种主动变更罪名的做法并不违背罪刑法定原则和罪刑相适应原则，符合实体正义标准。换言之，法院只要做到在实体上正确定罪量刑即可。这一主张完全忽视了程序规范对法院裁判权的约束，体现出反形式理性的裁判观念和对程序正义的漠视。

裁判的公正性与产生这一裁判的程序的公正性具有内在关联。作为一种看得见的正义，程序正义有着相对明确、具体的构成要素和评价标准。按照程序正义的要求，在任何一种旨在形成权威的法律决定的裁判过程中，所有与案件的结局有着直接利害关系，或者其利益会受到裁判结论直接影响的人，都应当充分而有效地参与到裁判的制作过程中来，并得到提出有利于自己的主张和证据以及反驳对方提出的主张和证据的机会。表面看来，法院的裁判结论属于其单方面所作的解决纠纷的方案，法院自然可以决定案件如何"定性"。但实际上，裁判是在控辩双方的参与下，经过控辩双方当庭提出证据、发表意见、开展辩论而最终形成的，其必须具备合理依据并经过充分论证，以使所有诉讼参与人以及社会接受裁判的正确性和合理性。否则，裁判结果的接受度会因裁判程序的不合理性而受到影响。法院主动变更起诉罪名的实践恰恰违背了上述程序正义的基本要求。法院对起诉罪名的变更既没有征得公诉人的同意，也没有及时告知被告人及其辩护人，也就不可能经过控辩双方辩论。这使得与案件结局有着直接利害关系的控辩双方的参与丧失了实际的意义，审判过程完全流于形式，也有违罪刑法定原则限制司法权以保障公民自由的目的。国外司法实践中，并非绝对禁止法院变更起诉罪名，但在此情况下，要求履行严格程序。例如，德、日等国允许法院在不违背"公诉事实同一性"的前提下，适用变更罪名程序，对起诉书指控的事实作出变更。而在超出"公诉事实同一性"的场合，法院不能径行变更起诉罪名，而只能由控方就新犯罪事实重新提起控诉。由此对比，也可看出我国法院面对类似问题时程序观念的淡薄。

第五章　刑法适用平等原则的司法适用

第一节　刑法适用平等原则在司法实践中的把握

根据我国《刑法》第 4 条的规定，刑法适用平等原则的内容是："对任何人犯罪，在适用法律上一律平等。不允许任何人有超越法律的特权。"这是我国《宪法》规定的"法律面前人人平等"原则在刑法中的体现和具体化。就其精神实质而言，它主要是一个法律适用的原则。我国《宪法》规定公民在法律面前人人平等，是强调"任何公民享有宪法和法律规定的权利，同时必须履行宪法和法律规定的义务"。刑法适用平等原则的主要精神同样是强调任何人享有的合法权利应当受到刑法同样的保护，任何人违反刑法规定的义务都应当受到同样的制裁。作为一项宪法原则，法律面前人人平等原则实际上是我国法律制度所共同的基本原则，不唯刑法所独有。尽管刑法适用平等原则并不是刑法所特有的基本原则，有些学者甚至认为不是刑法基本原则，但实际上刑法适用平等原则的宣示作用和适用意义是巨大的。

就定罪处刑必须严格依法办事这一点而言，刑法适用平等原则与罪刑法定原则并没有什么差别。二者区别仅在于强调的重点不同，罪刑法定原则强调的是刑法与行为之间的关系，即在定罪处刑时对任何行为都应以刑法的规定为标准，既不允许对法律没有明文规定为犯罪的行为定罪处刑，也不允许对法律明文规定为犯罪的行为法外开恩。刑法适用平等原则强调的则是刑法与行为人之间的关系，即在适用刑法时对任何人都应当以法律为尺度平等看待，既不允许任何人享有超越法律的特权，也不允许对任何人的歧视。

关于刑法适用平等原则的具体内容，我国刑法理论界有多种归纳方式：如从刑法适用的过程将其归纳为"定罪平等"、"量刑平等"和"行刑平等"；从与罪刑法定原则关系的角度，将其归纳为"对任何犯罪的人都必须严格依照法律定罪处刑"，"对任何没有犯罪的人，都不得定罪处刑"；从刑法功能的角度，将其归纳为"一视同仁地依法惩处任何犯罪分子"，"一视同仁地保护一切公民免受犯罪的侵害"，等等。

为了更准确地理解刑法适用平等原则的基本精神，需要对《刑法》第 4 条表述的含义进行法理和现实的梳理和分析，以进一步正确理解和适用。

一、如何理解"任何人"

刑法适用平等原则，是"中华人民共和国公民在法律面前一律平等"的宪法原则在刑法中的表达和具体化。《宪法》中的"法律面前一律平等"，强调的是任何公民在享有宪法和法律规定的权利与履行宪法和法律规定的义务方面的平等。这种平等是一种公民作为权利和义务主体地位平等的规定。刑法，从调整人的行为的角度看，属于行为规范，从限制国家刑罚权的角度来看，属于裁判规范。从行为规范的角度出发，刑法适用平等原则适用的对象，只能是作为享有刑法规定的权利（如正当防卫、紧急避险等合法行为的权利）和义务主体的人。刑法以规定禁止性义务为主要内容，作为刑法适用平等原则评价的对象，首先是违反刑法禁止性义务的人，即实施了犯罪行为的人。所以，这里的"任何人"，首先是指"任何犯罪的人"。

但是，刑法的内容不仅限于禁止性义务的规定。除了规定什么样的行为是犯罪，什么样的犯罪应受什么样的处罚外，刑法中还有大量的内容是关于我国行使刑事管辖权范围的规定（如《刑法》第 6 ~ 9 条关于我国刑法空间效力范围的规定），关于法律不认为是犯罪的规定（如《刑法》第 13 条关于"情节显著轻微，危害不大的，不认为是犯罪"的规定），关于某些与犯罪相似但不构成犯罪行为的规定（如《刑法》第 16 条关于意外事件的规定），承担刑事义务主体范围的规定（如《刑法》第 17 条、第 18 条关于刑事责任年龄与刑事责任能力的规定），公民正当权利的规定（如《刑法》第 20 条、第 21 条关于正当防卫、紧急避险的规定），等等。因此，刑法面前人人平等，不仅仅表现为在适用刑法的过程中对任何犯了罪的人要一律平等，同时也必须表现为对任何其他行为需要刑法进行评价的人，要一律平等。换言之，刑法不仅评价犯罪，而且评价罪与非罪，以及与犯罪有关的行为。所以，这里的"任何人"也不能仅仅理解为"任何犯罪的人"，而应该理解为任何实施应受刑法评价行为的人。

从行为主体与刑法规定的关系角度看，除"任何犯罪的人"外，这里的"任何人"还应该包括以下几种情况：

1. 任何触犯我国《刑法》的禁止性规定，依照我国《刑法》规定应当承担刑事责任的人（即任何犯了罪、该罪行由我国《刑法》管辖的人）。

2. 任何触犯我国《刑法》的禁止性规定，但依照我国《刑法》规定不应当承担刑事责任的人（如未达到刑事责任年龄的未成年人或不具备刑事责任能力的精神病人）。

3. 任何触犯我国《刑法》的禁止性规定，但根据国际法或国际惯例，我国司法机关不能或可以不行使刑事管辖权的人（如享有外交特权或豁免权的人）。

4. 任何实施了与我国《刑法》规定的犯罪行为客观性质相似，但是依照我国《刑法》规定不是犯罪的行为的人（如实施了属于意外事件、正当防卫、紧急避险等行为的人）。

从刑法评价的权利义务主体而言，这里的"任何人"就既包括自然人，也包括由自然人结合组成的社会实体——"单位"；既包括中国公民，也包括外国人和无国籍人；既包括一般的人，也包括享有外交特权与豁免权的外国人，以及在程序和实体法方面享有特殊保障的中国人（如各级人民代表大会代表）。

上面的这种理解立足于刑法对行为的评价，也就是主要从刑法裁判规范角度出发的理解。如果从刑法行为规范角度出发，刑法主要以禁止性规范的形式，告诉人们如何遵守法律，不做刑法禁止之行为。因此，从这个意义上而言，所有遵守刑法之人，也是"任何人"的范畴。换言之，平等地遵守刑法也是任何公民的义务。

二、如何理解"适用法律"

法律的适用，在法理学中有多种含义。《刑法》第 4 条中的"适用法律"，主要是指国家机关依照法律规定的程序将《刑法》规定的内容变为现实活动，或者说负有实现刑法职责的国家机关，在实现《刑法》规定内容的过程中依法追究违反《刑法》禁止性义务主体的责任，依法保护包括犯罪人在内的任何应用刑法进行评价的合法权利的活动。可见，"适用法律"是对适用法律的主体而言的，不是针对违反《刑法》禁止性规定的主体的行为，这里应当从《刑法》作为裁判规范的角度来理解。在理解《刑法》第 4 条中"适用法律"这一表述时，应该注意以下两个方面的问题：

1. 《刑法》第 4 条主要是对人民法院和各专门法院适用刑法的活动而言。但是，这里所说的"适用法律"的国家机关不应仅仅理解为狭义的国家审判机关或司法机关，而应是泛指一切"负有实现刑法规定内容职责的国家机关"，即一切有权根据《刑法》的规定来启动、实施自己的职能，有义务根据《刑法》的规定来运行自己职能的国家机关。

根据我国《宪法》和《刑法》等法律的规定，负有实现刑法职责的国家机关，除根据《刑法》规定认定行为人是否应负刑事责任的各级人民法院和专门法院外，主要还应包括：

（1）以查清是否存在违反《刑法》禁止性义务行为为职责的国家侦查机关；

（2）以代表国家提起公诉和实施法律监督为主要职能的检察机关；

（3）以执行刑罚为主要职责的国家行刑机关。

除此之外，我国刑法学界认为，《刑法》第 37 条关于"对于犯罪情节轻微不需要判处刑罚的，可以免予刑事处罚，但是可以根据案件的不同情况，予以训诫或者责令具结悔过、赔礼道歉、赔偿损失，或者由主管部门予以行政处罚或者行政处分"的规定，同样是犯罪人承担刑事责任的一种方式，亦称非刑罚方法。在"犯罪情节轻微不需要判处刑罚"的情况下，根据《刑法》第37条的规定予以犯罪人行政处罚或者行政处分的行政机关，也应该属于可以根据《刑法》规定启动自己职能，并有责任保证《刑法》规定实现的国家机关。简言之，一切有权根据宪法和法律对涉及违反《刑法》禁止性义务的人启动自己职能的国家机关，在以《刑法》为根据启动自己的国家职能的过程中，都必须坚持适用刑法平等原则。

2.《刑法》第4条"适用法律"中的"法律"主要是指实体性的刑事法律规范，即规定刑事责任范围、内容、适用标准的实体性刑法规范。但是，正如不宜将该条中有权"适用法律"的机关仅仅理解为国家审判机关一样，"适用法律"这一表述中的"法律"也不宜仅仅理解为《刑法》，因为这里的"法律"除了实体性的《刑法》以外，还应该包括所有规范以《刑法》为根据而启动的国家职能活动的法律、法规。例如，在刑事侦查程序中，"公安机关或者人民检察院发现犯罪事实或者犯罪嫌疑人，应当按照管辖范围，立案侦查"（《刑事诉讼法》第107条）；"人民法院、人民检察院或者公安机关对于报案、控告、举报和自首的材料，应当按照管辖范围，迅速进行审查，认为有犯罪事实需要追究刑事责任的时候，应当立案；认为没有犯罪事实，或者犯罪事实显著轻微，不需要追究刑事责任的时候，不予立案"（《刑事诉讼法》第110条）；既不允许对任何人因超越法律的特权而对应当立案侦查或受理的刑事案件不立案、不受理，也不允许对明知"没有犯罪事实或者犯罪事实显著轻微，不需要追究刑事责任的事实或人立案侦查，追究刑事责任"；"在侦查过程中，发现不应对犯罪嫌疑人追究刑事责任的，应当撤销案件；犯罪嫌疑人已被逮捕的，应当立即释放，发给释放证明，并且通知原批准逮捕的人民检察院"（《刑事诉讼法》第161条）。在起诉阶段，如果"人民检察院认为犯罪嫌疑人的犯罪事实已经查清，证据确实、充分，依法应当追究刑事责任的，应当作出起诉决定，按照审判管辖的规定，向人民法院提起公诉"（《刑事诉讼法》第172条）；如果发现"犯罪嫌疑人没有犯罪事实，或者有本法第十五条规定的情形之一的，人民检察院应当作出不起诉决定"，"对于犯罪情节轻微，依照刑法规定不需要判处刑罚或者免除刑罚的，人民检察院可以作出不起诉决定"（《刑事诉讼法》第173条）；既不允许因超越法律的特权对法律规定应当起诉的案件作出不起诉决定，也不允许因对犯罪嫌疑人的歧视而对应当不起诉的案件作出起诉决定。在刑罚的执行过程中，既不允许因超越法律的特权而对不符合条件的服刑人予以减刑或假释；也不允许执行机关对执行期间确有悔改或者立功表现，应当依法予以减刑、假释的服刑人员拒不提出减刑、假释建议书，或人民法院拒不审核裁定（《刑事诉讼法》第262条）。

法律的适用过程，同时也是一个理解（解释）法律的过程，只有正确理解法律，才可能正确适用法律。要保证刑法规范的正确适用，保证在刑法适用过程中的人人平等，首先就必须正确地理解刑法的内容。刑法是以保障宪法和其他部门法确立的国家法律制度的正常运行为根本目的的国家基本法，因而也是国家法律体系中唯一必须以宪法和其他部门法的规定为自己存在的前提和组成部分的部门法。刑法的这一特性决定了要正确理解刑法，必须以正确理解作为刑法根据的宪法和为刑法所保障的其他法律、法规的内容为前提和基础。例如，如果没有对宪法和有关国家安全的法律、法规的正确理解，《刑法》分则第一章规定的各种危害国家安全罪的具体内容就根本无法把握；没有掌握相关的民法规范、经济法法规，要正确适用《刑法》分则第三章关于破坏社会主义市场经济秩序罪、第五章关于侵犯财产罪的规定，也就是一句空话。换言之，《刑法》第4条中的"法律"，不仅是指作为定罪处刑标准的刑法，也不仅是指各种规范国家机关以刑法为根据而启动的各种职能活动的法，同时还必须包括作为理解刑法根据的宪法和作为理解刑法前提的、为刑法所保护的其他部门法。只有正确地理解宪法和其他法律规定的内容，才能保证刑法适用有统一的标准，真正做到刑法面前人人平等。从这里来看，刑法适用平等原则与罪刑法定原则关系密切，刑法的理解或解释主要必须依据罪刑法定原则的要求，这已在本书罪刑法定原则的适用方面作了详细论述。由此，刑法适用平等原则的实现，也依赖于罪刑法定原则的落实。

三、如何理解"一律平等"

在政治法律用语中，"平等"这一概念的基本含义是指"地位和待遇相同"；汉语中的"一律"，则具有"全体"、"所有的……都"、"没有例外"的意思。作为宪法权利的平等，是指任何公民都平等地享有法律规定的各项权利，也都平等地履行法律规定的各项义务；任何公民，都平等地受到法律保护；对任何公民的违法犯罪行为也都平等地予以追究和制裁；任何公民都不得有超越法律的特权。根据宪法上平等权的含义，结合前面对《刑法》第4条中"任何人犯罪"，"适用法律"等表述的分析，《刑法》第4条中的"一律平等"的基本含义就是：对任何行为应受刑法评价的人，都应该毫无例外地按照法律的规定予以处理；任何人实施了行为性质、情节、危害性质与程度相同的行为，都应该按照法律的规定给予相同的处理；不允许任何实施了刑法所禁止的行为的人有超越刑法的特权。具体地说，《刑法》第4条中的"一律平等"应该包括对任何行为应受刑法评价的人，在犯罪的追诉、犯罪的认定、刑事责任的判断、刑罚的裁量、刑罚的执行以及非刑罚性方法的适用等方面，都必须按照法律的规定予以平等的对待。

刑法规范，从裁判规范的角度而言，主要以认定犯罪和适用刑罚的标准为内容，而行为人实施了构成犯罪的行为又是国家对行为人运用刑罚的前提，所以《刑法》第4条中的"一律平等"，首先是指对任何人在定罪问题上的一律平等。这里的"定罪"，是指以《刑法》规定为标准确定行为人的行为是否构成犯罪。对任何人实施了构成犯罪的行为，都必须严格地按照《刑法》适用的时间、地域范围、犯罪成立的条件、刑事责任的规定等进行评价，不允许因为行为人的个人特殊身份地位、财富多寡，或者与司法人员关系亲疏远近等非法律认可的情节等原因，而对依照我国《刑法》规定应当追究刑事责任的人在侦查阶段不立案，在起诉阶段不起诉，在审判阶段不定罪；或者明知行为人的行为构成重罪而按轻罪追究，或在行为人的行为构成多个犯罪时，只追究某个或某些犯罪。在定罪时，除不能因为非法律认可的原因放纵犯罪分子外，同样不能因为司法人员私人恩怨、个人对种族、民族、宗教信仰、社会职业、党派、财产、语言等非法律因素的好恶，或者屈服于非正常的外部压力，甚至谋取个人不法利益等原因而对不应立案侦查的人立案侦查，不该采取强制措施的人采取强制措施，不应被起诉的人起诉，不应被定罪的人定罪，或者对只犯了轻罪的人定重罪，只犯了一罪的人定数罪。

　　《刑法》第13条规定，犯罪是"依照法律应当受刑罚处罚"的危害行为。犯罪的认定与刑罚的裁量，是适用刑法的两个最主要的内容。在确定行为人的行为构成犯罪以后，在量刑阶段对任何犯了罪的人都应平等对待就成了贯彻刑法适用平等原则的另一主要环节，甚至可以说是最主要的环节。有些人就因此主张，刑法适用平等原则主要是一种量刑指导原则。为了保证刑法适用平等原则在刑罚裁量阶段的实现，《刑法》第61条规定，在对任何犯罪分子决定刑罚的时候，都应当根据犯罪的事实、犯罪的性质、情节和对于社会的危害程度，依照《刑法》的有关规定判处。为了具体落实这一原则性的规定，我国《刑法》不仅在分则中明确规定了各种具体犯罪的法定刑及其幅度，在《刑法》总则中也对犯罪主体、犯罪形态等方面影响量刑的各种法定情节作了明确规定。对于犯罪事实、犯罪性质、情节和社会危害程度等方面都相同的行为，不允许因为犯罪嫌疑人或被害人、辩护人、公诉人等刑事诉讼参与人与司法工作人员的个人关系、上级领导的压力，或者舆论压力等非法律认可的因素，而对犯了罪的人轻罪重判，或者重罪轻判；对不符合判处缓刑条件的人判处缓刑，对不应该免除刑罚的人免除刑罚；或者对符合缓刑、免除刑罚处罚条件的人，不判处缓刑、不免除刑罚处罚；该给予非刑罚措施的而不给予非刑罚措施，或者不该给予非刑罚措施的而给予非刑罚措施，等等。

　　刑罚的执行是刑事责任实现的重要环节。行刑的一律平等，同样是刑法面前人人平等原则的重要内容之一。行刑平等首先要求忠实地执行具有既判力的判决、裁定，不因人而异。体现刑事司法裁判的形式上的平等，给予相同或相似条件下的每个罪犯以相同的减刑、假释机会。不能因为犯罪人或被害人地位的高低、财富的多少、与司法工作人员关系的亲疏远近等原因而对不符合监外执行、假释、减刑条件的人，因为法律以外的因素而采取监外执行、假释、减刑等措施，或者对符合条件的人不采取上述措施等。

"一律平等"还包含了克服"事实歧视"的内容。法律上的明显的不平等在现代法律中不容易有，但法律上的隐性歧视是可能存在的，当然这在刑法领域出现的可能性极小。因为制定、修改、废止刑法规范属于国家立法机关的专属权力，最高司法机关、其他地方、层级能制定出有隐性歧视的刑法规范的可能性不大。但法律适用中的歧视却是有可能发生的，也就是刑法规范本身不带有歧视的内容。但是，不排除各地区在法律适用的过程中出现歧视的情况，譬如现实中的对外地人犯罪相较本地人犯罪的重判现象。

四、如何理解"不允许任何人有超越法律的特权"

这里的"特权"，是指优于其他人的权利。所谓超越法律的特权，是指违反法律的规定，为法律所不允许的特权。一般来说，法律并不排除特权的存在，如外交人员所享有的外交豁免权或我国各级人民代表大会代表在各级人民代表大会上的发言不受刑事追究的权利等，都是法律为了保证负有特定职责的人正确履行其职责的正当措施。但是，现代法治国家绝不允许任何人凌驾于法律之上，享有"超越法律的特权"。

这里的"任何人"，是指任何可能影响刑法平等适用的人。它既包括刑法实现过程中的犯罪嫌疑人、被告人、服刑人员，也包括司法工作人员、其他党政机关工作人员、刑事被害人，或者其他对司法工作人员具有一定影响的人。比起《刑法》第4条前半段中"对任何人犯罪"这一表述中的"任何人"而言，这里的"任何人"的范围更宽。因此，这里的"不允许任何人有超越法律的特权"，除了具有再次重申对任何行为应受刑法评价的人，都应该一律平等对待的含义外，更着重于强调人民法院独立审判，只服从法律，任何行政机关、社会团体和个人不得利用手中权力进行干涉。

由于我国有几千年的专制和身份等级的传统，"有权就是法"、"权大于法"对某些人来说还是一种根深蒂固的观念。犯罪嫌疑人、被告人、服刑人、司法工作人员、其他党政机关工作人员、刑事被害人，或者其他对司法工作人员具有一定影响的人，"以权压法"、"以权枉法"、"买权渎法"等严重破坏司法公正的现象，还带有一定的普遍性。《宪法》规定的适用法律人人平等原则的实现，在现实生活中往往还会遇到巨大的阻力，所以，尽管这个原则《宪法》已有规定，在《刑法》中再明确规定是有实际意义的。[①]

第二节 刑法适用平等原则在司法实践中的主要问题

罪刑适用不平等的现象，在实践中主要表现为以下几种情况：

一、身份差别造成量刑等的差别

在实践中，对身份高的人治罪量刑执行时，往往要比普通人、一般人要更加轻缓。在这里，所谓身份高的人，是指曾被委任一定领导职务或赋予一定管理职权的公务人员。这些身份高的人都应该是知法者，他们理应带头模范遵守国家法律。他们一旦反其道而行之实施犯罪，纯属是知法犯法，就其主观上讲对社会具有更深的恶性和更大的罪过，其危害社会的行为较一般人更大，造成的后果和影响也更严重，这本应是对其依法定罪和适用刑罚的酌定条件。可是在司法实践中，有的身份高的人收受贿赂人民币万元以上，在被检查发现后被动退出赃款，仅给予一般的党纪或政纪处分了之，不追究其刑事责任。而对同样受贿数额的一般工作人员则判刑、行刑并披露报端，以示反腐的决心和行动。还有的司法人员在追查犯罪时，碰到身份高的犯罪嫌疑人绕着走，应发现的不发现，已发现的视而不见，已有相当证据证实其犯罪的，却以种种借口推脱不追究，不履行司法职责，放纵罪犯。

二、共同犯罪中个体的背景差异引起的处罚差异

在共同犯罪中，各个行为人之间的身份、地位、家庭、社会背景等都存在差异。这里所谓有背景的人，是指那些拉大旗作虎皮，借助于家庭亲友的一定地位或影响，恫吓司法人员，阻碍对其罪行的追究，进而逃避刑事处罚的人。近年来出现的"我爸是李刚"等事件，充分表明这种特权阶层和特权思想的客观存在。这些人在实施团伙犯罪活动时，往往都纠集同类人员，互相利用，共同吹捧，权钱交易，找犯罪行为地的高层人物当"保护伞"；抓住一部分人官本位的弱点，大肆标榜自己的来头，蒙骗、威吓司法人员，致使本已查证属实、应予以及时审判的案件，一再拖延审理，但是当这些共同犯罪的几名主犯乘机负案逃跑后，仅将其他无来头的犯罪分子判刑。此后对已负案逃跑的几名主犯又没有实际的追查措施，实质上是放纵主犯，惩治一般。

---

① 参见陈忠林：《刑法面前人人平等原则——对〈刑法〉第 4 条的法理解释》，载《现代法学》2005 年第 4 期。

三、花钱买刑或"赎刑"问题

花钱买刑，是指那些犯了罪已缉拿归案，或负案在逃在法定的追诉期限内返回后不自动投案，而以赞助地方建设多少钱为条件，要地方行政领导人答应司法机关不再追究其罪行的行为；另外，还包括向被害人给付大量金钱，向司法机关做工作，使案件不进入审理程序；极端的，还存在赞助司法机关的现象。我国《刑法》规定，对一切犯罪的人都要经过人民法院依法判决其罪与刑，并依照法律规定对其执行刑罚。在适用刑罚时对有些贪利型的犯罪，或以具有一定钱财为继续犯罪条件的犯罪，虽然有判处罚金、没收犯罪分子全部财产或一部分财产的财产刑，但这绝非是以钱买免罪免刑。对犯罪分子的犯罪认定和刑罚适用上，只能严格地按照刑事法律的规定，该刑事拘留的就拘留，该逮捕的就逮捕，构成犯罪应判处刑罚的必须依照《刑法》规定判处刑罚，并依法行刑。但是，在实践中，对于本应依法追究刑事责任的犯罪分子，个别地方却仅以罚款了事，甚至对严重的经济犯罪分子负案在逃后，在法定的追诉时效内，某些地方行政领导人仅因犯罪分子拿出巨款赞助开发建设，就非法擅自决定不准司法机关追究其犯罪，以所谓得到几百万或上千万元的开发建设资金比判罪犯坐牢服刑要合算得多为借口，允许犯罪分子搞"以钱赎刑"。这是以言代法，滥用职权，致使罪犯用钱买免罪免刑得逞的重要原因，是使有一定金钱的罪犯超越国家法律之上，逃避刑事惩罚的具体表现。在我国封建法制中，一直有"赎刑"的规定，这是经济、政治的不平等在立法和司法上的体现。中国在向现代国家转型之后，封建时代的不平等理当被抛弃，如果再重拾"赎刑"的路径，显然是在开历史的倒车。当前刑事和解仍引起不少群众的顾虑，就是担心花钱买刑导致的刑法适用不公正。所以修改后的《刑事诉讼法》对刑事和解作了比较审慎的规定，不允许侦查机关、检察机关因为刑事和解而撤案、不起诉。

四、特殊人员的法外特殊保护导致追究犯罪的不平等

我国《宪法》第 74 条和《全国人民代表大会组织法》第 44 条、《全国人民代表大会和地方各级人民代表大会代表法》第 32 条规定，对全国人大代表、地方各级人大代表享有特别人身保护权，即指代表人身自由特别保护。全国人民代表大会代表，地方县以上各级人民代表大会代表，非经本级人民代表大会主席团许可，在大会闭幕期间，非经本级人民代表大会常务委员会许可，不受逮捕或者刑事判决。如因现行犯被拘留，执行拘留的公安机关应当立即向该级人民代表大会主席团或者常务委员会报告，不可以直接批捕和审判。对此，各级公安司法机关当然应当严格执行，不允许以任何借口违反。但是，有的地方扩大宪法和法律规定的特别人身保护权的适用对象范围，变相地作了与宪法和法律相悖的规定。

例如，对哪一级干部的刑事立案，规定必须要由某一级非司法机关批准，以至于扩延至由地方封冠的不具备法定条件和不依法定程序冠称的"能人"、"名人"等有重大犯罪嫌疑应当立案的，即便是罪迹斑斑，民愤极大的犯罪分子也因为极少数地方领导人运用法外的特别批准权，使司法机关不能行使对其的追究，致使这些本应依法查办的犯罪分子，有的得以喘息，转移、毁灭罪证；有的与共犯或利害关系人订立攻守同盟，对抗法律的追究；有的逃避应得的法律制裁，逍遥法外；有的有恃无恐，为所欲为，更加严重地危害社会。

五、在判处同样刑罚情形下，因一些人员的特殊身份而在行刑时与其他犯罪人的处遇不平等

我国监狱机关和公安机关对人民法院判决的已决犯，根据对其判处的刑罚，实行以思想改造与生产劳动相结合的方针，对他们进行强制性的教育改造，为此，国家监狱机关对罪犯执行刑罚制定了一整套的羁押管理、劳动、教育、学习、卫生、监管制度等。这个制度保障对被行刑的罪犯，在行刑的整个过程中刑遇的一致，以利于他们的改造自新。但是，近些年来，个别地方打着改革的名义，对犯同罪同刑的罪犯服刑时，刑遇不一的现象屡屡发生。这种在劳改场所花钱买行刑的优遇，实际上与刑罚对犯罪的人在法律上、政治上、道义上应受到国家的否定评价和应同样接受劳动改造相悖，不利于对罪犯的惩罚和改造教育的实施。同时对得不到这种优遇的大多数罪犯，也会产生极大的负面作用，给行刑司法活动造成直接危害。[①]

第三节　刑法适用平等原则的基本要求

一、平等保护法益

任何法益，只要是受刑法保护的，不管法益主体是谁，都应当平等地得到刑法的保护，而不能只保护部分主体的法益。地方保护主义的做法严重违反了适用刑法平等原则。相同法益因主体不同而予以不同保护的做法，也不符合平等适用刑法的原则。基本要求是：不管法益主体是谁，都应平等保护；克服地方保护主义。

平等保护法益，除了克服一些主观上的不愿意保护、不平等保护的意识之外，还存在法律认识上的问题所导致的不平等保护法益。也就是说，对于具有相同法律意义的事实，在刑法上应当给予相同的评价，如此才能符合刑法适用平等

---

① 参见潘玉臣：《试论罪刑适用平等原则》，载《中国法学》1998 年第 2 期。

原则。

【研讨问题】 法律解释中的平等保护法益问题

【案例 5 - 1】 韩某等抢劫案

2005 年 11 月 13 日晚 10 时许，被告人韩某、赵某、周某、何某预谋到湖北省某县西口镇陈家冲村抢劫。当晚，由韩某带路和望风，四被告人窜至陈家冲村 2 组何某某、张某某租用的住房，赵某、周某、何某撞门入室，在一楼拿了菜刀、柴刀和木棒，到二楼将何某某、张某某从各自卧室带至一楼厅堂，并对他们威逼、殴打，令他们交出钱和手机，未果，三被告人即用领带和电线将何某某、张某某手脚捆住，用手巾堵住其嘴巴，尔后，在室内搜寻现金未得逞，便将屋内一部东芝牌影碟机和一台鼓风机劫走。四被告人将大门反锁后逃离现场。经该县价格认定中心鉴定，被抢的影碟机和鼓风机价值 130 元。

在该案中，四被告人进入的是何某某与张某某共同租用的住房。该住房与一般由家庭成员共同居住的"户"的差异之处在于：一是居住者之间没有任何亲属关系，并非家庭共同生活的成员；二是该住房由何某某、张某某两人共同承租，共同使用，他们彼此之间不能视为相对隔离。很显然，单是与一般的"户"存在差异本身并不能直接得出不构成"入户抢劫"的结论。问题的关键在于，这一差异是否在法律上具有意义，从而影响"入户抢劫"情节的成立？[①]

关于"户"的解释，有两个相关的司法解释。2000 年最高人民法院《关于审理抢劫案件具体应用法律若干问题的解释》（以下简称《解释》）第 1 条规定，"入户抢劫"，是指为实施抢劫行为而进入他人生活的与外界相对隔离的住所。2005 年最高人民法院《关于审理抢劫、抢夺刑事案件适用法律若干问题的意见》（以下简称《意见》）第 1 条则指出，"入户抢劫"的"户"是指住所，其特征表现为供他人家庭生活和与外界相对隔离两个方面，前者为功能特征，后者为场所特征。

对此，最高人民法院相关业务庭在解说裁判理由时指出，虽然《解释》与《意见》的表述有所不同，但可以看出二者对于认定"户"的功能特征的共同基础和实质标准上的一致性。（1）从立法意图看，《刑法》把"入户抢劫"规定为抢劫罪的加重情节，目的在于强化对公民住所安全的保护，保护家庭这一社会生活中最为重要的法益。只要住所具有与外界相对隔离的特征，居住的成员比较固定，成为居住成员的生活场所，就可以认定为刑法意义上的"户"，而不应受住所中的人员和人员关系的限制。因为对共同租住的"户"的非法侵入实施抢劫与对典型的一个家庭居住的"户"的非法侵入实施抢劫的社会危害性并无质

[①]　参见《刑事审判参考》（总第 59 集），法律出版社 2008 年版，第 19～25 页。

的差别，同样威胁到社会生活基本单位的安宁，造成人们巨大的心埋恐慌。（2）从社会现实生活看，随着社会的发展，仅以过去狭义的家庭生活来界定"户"，已经不能适应变化了的社会情况，不能认为单身成年人独居住所不属于社会生活的基本单位，不能称为"户"。而且，在刑法的语境中，《意见》采用"家庭生活"描述"户"的功能特征，并没有变更《解释》中有关"户"的功能特征的界定，其主要用意是将"户"与用于经营或公共活动的场所相区别，使认定标准更为具体化。通过以上分析可以看出，刑法意义上的"户"与公民的私人生活密不可分，是指与外界相对隔离，供公民日常生活的特定空间。这种"户"作为生活空间应具备两个本质特征：一是私密性，就是人们在"户"内享有私生活的自由与安宁，免受他人干扰和窥视，并受到法律的充分保护；二是排他性，就是人们对"户"的空间区域享有占有、使用、支配和自由进出的权利，非经同意或法定事由，他人不得随意出入。

就语义而言，《辞海·语词分册》释"户"为"人家"，也有释为"住户"的。根据古代户籍制度，一家为一户，"户"和"家"在语义上是不能分割的。到了现代社会，"户"的这个特征仍然是存在的。刑法解释当然不能脱离语义本来的意思。不仅抢劫罪，盗窃罪中入户盗窃也是被严厉打击的对象。为什么刑法对入户犯罪持明显否定态度，就是为了维护社会的细胞——家庭的安全。如此，不是所有的进入住处的抢劫都是入户抢劫，譬如到集体宿舍的抢劫就不能算入户。那么如何看待本案的情况呢？

就本案而言，四被告人进入并实施抢劫的场所是被害人何某某、张某某合租的房屋，二人并非一家人，除了房屋中共用部分外，他们的卧室是各自分开的，他们中任何一人的卧室对于另一人来说是相对独立的空间。二人合租的房屋相对于他人和外界同样具有隐私性和排他性，虽然二人不具有家庭成员关系，但合租的房屋系供生活所用，具有私人住所的特点。

这里，首先须搞清楚，入户抢劫不等于入住处抢劫。住处不等于户，大多数情况下是一户居一住处，但生活中有很多二户居一住处的，甚至三户居一住处。这是中国传统大家庭留存和现实生活制约所致，在现实生活中是常态。其次，一户不等于一家二口或三口。根据户籍制度，成年人就可另立户（在古代必须是成年男子）。因此，一个人也可称为户。

从刑法平等保护的角度来讲，如果人们单纯从一般意义上的户所具有的特征去判断共同租用的房屋是否属于刑法意义上的"户"，则势必将案件中涉及的情形认定为一般情节的抢劫，而将进入由家庭成员共同生活的住所进行抢劫的情形认定为入户抢劫，这必然导致刑法适用方面的不平等。从被害人的角度而言，同样是人身、财产与住所安全受到侵犯的情形，却因住所系合租使用而受到不一样的刑法保护，这无疑是对被害人保护的不平等。韩某等抢劫案表明的是这样一个事实，即表面看来似乎不同的事实可能具有相同的刑法意义，因而必须被视为是相同情况，并给予相同的对待。与此同时，实践中还存在这样的情形，即表面看来似乎相同的事实可能在刑法上被认为属于不同情况。比如，在有些情况下，抢劫行为尽管发生在与外界相对隔离的居民住所内，也可能被认定为不构成入户抢劫。①

所以，这个案件必须依据现代"户"的概念和刑法上关于"户"的功能定位进行解释。被害人何某某、张某某，可以认为是两个单人户住在同一栋房屋里，而他们卧室又分别区分，有独立生活场所和私密空间，显然不是集体宿舍。因此，四被告人到何某某、张某某二人住处实施抢劫，应当理解为刑法意义上的"户"。反之，如果共同租住者相对于其他人都没有相对独立的生活空间，该房屋应属于集体宿舍，不能认定为刑法意义上的"户"，对侵入此种集体宿舍性质的住处的行为，不能按照入户情节来处理。

二、平等认定犯罪

一方面，在定罪上必须平等。既不允许将有罪认定为无罪，也不允许将重罪认定为轻罪，反之亦然。行为人地位的高低、权力的大小、金钱的多少都不能影响犯罪的成立与否和轻重。另一方面，对于没有犯罪的任何人，也必须平等对待，不能随意动用刑法侵犯其法益。值得注意的是，在刑法对自然人主体与单位主体规定了相同构成要件的情况下，司法解释往往对单位犯罪作出远远高于自然人犯罪的定罪要求。这种做法不仅没有做到平等定罪，也没有平等地保护法益。因此，平等认定犯罪的基本要求是：（1）定罪上必须平等；（2）对没有犯罪的任何人，必须平等对待；（3）自然人犯罪与单位犯罪应平等认定。

三、平等裁量刑罚

一方面，在犯罪性质相同、危害程度相同、行为人的人身危险性相同的情况下，所处的刑罚必须相同；另一方面，该判重刑的不得判轻刑，该判轻刑的也不得免除刑罚，反之亦然。行为人地位的高低、权力的大小等都不能影响处刑的轻重。平等地量刑并不意味着对实施相同犯罪的人必须判处绝对相同的刑罚，即使不同的人实施了性质相同的犯罪，量刑也可能存在差别。平等并不意味着没有差别，但取决于导致差别的原因，应根据普遍的正义标准、刑法的原则与目的分析作出差别量刑是否合适。因此，平等裁量刑罚的基本要求是：（1）罪行相同、人身危险性相同情况下应同罚；（2）重罪重罚，轻罪轻罚；（3）行为人个人特点不能成为不平等的理由。

---

① 参见陈兴良主编：《刑法总论精释》，人民法院出版社2010年版，第53～55页。

【研讨问题】行为人个人特点不能成为不平等的理由

【案例5-2】少数民族犯罪适用法律平等案

2006年一天下午，张某在A市B村一水井旁边玩，黄某（黎族）过来找张某喝酒，张某说肚子疼不能喝酒，黄某说张某看不起他，于是跑到附近的李某某家拿了一把菜刀，返回水井旁向张某头上连砍数刀，后被人拉开。经法医鉴定，张某的伤势为轻伤。一审法院认为，被告人黄某故意持刀伤害他人身体，致人轻伤，其行为已构成故意伤害罪。鉴于黄某有自首和立功情节，可以从轻处罚。判决黄某犯故意伤害罪，判处有期徒刑一年六个月。宣判后，被告人黄某提出上诉，辩称自己是少数民族，在法律上应予考虑酌情从轻处罚。二审法院认为，一审判决已经充分考虑到黄某的自首、立功的量刑情节，并作了相应的从轻处罚。但由于黄某未对被害人给予任何经济赔偿，要求酌情从轻处罚并无依据。其所提出的少数民族酌情从宽处罚的要求，于法无据，故维持了一审判决。

对于少数民族公民犯罪平等适用刑法规定，突出体现了刑法适用平等原则。

《宪法》第115条规定："自治区、自治州、自治县的自治机关行使宪法第三章第五节规定的地方国家机关的职权，同时依照宪法、民族区域自治法和其他法律规定的权限行使自治权，根据本地方实际情况贯彻执行国家的法律、政策。"第116条规定："民族自治地方的人民代表大会有权依照当地民族的政治、经济和文化的特点，制定自治条例和单行条例，自治区的自治条例和单行条例，报全国人民代表大会常务委员会批准后生效。自治州、自治县的自治条例和单行条例，报省或者自治区的人民代表大会常务委员会批准后生效，并报全国人民代表大会常务委员会备案。"

从以上规定可以看出，少数民族公民与其他公民有可能存在法律上的不平等。但是，必须注意到，第一，这种不平等是立法上的不平等，而不是法律适用上的不平等。这种不平等的目的是尊重少数民族地区的风俗传统，给予民族文化更充分的保护。第二，对于《刑法》，在不违背基本精神和原则的情况下，民族区域自治地方也可根据当地实际做一些变通规定，但其变通规定仅仅适用于该民族自治地区，而不能适用于民族自治区域之外。第三，由于变通规定仅适用于民族自治地区，如果该民族自治地区的居民到其他非民族自治地区犯罪就必须仍然适用全国通行的《刑法》。

从上面的基本原理可以分析出，黄某虽然是少数民族，但他一不是在民族区域自治地区犯罪，二没有证据表明其所属民族区域自治地区对故意伤害犯罪做过变通规定，因此对其只能适用全国统一的《刑法》。根据刑法基本原则之一的适用刑法平等原则，无论其个人特征如何，是否少数民族，甚至外国公民等，都必须平等适用《刑法》，也就是在定罪、量刑上都与普通公民平等视之。

本案黄某提出的量刑应当酌情从宽的问题，已经依照《刑法》认定了其自首和立功情节，并作了从轻处罚。其他酌情情节如赔偿被害人损失，由于黄某未作赔偿，亦不能予以考虑。至于考虑其为少数民族而予以从轻，则明显违背了刑法适用平等原则，当然不能为法院所支持。

司法实践中，一度出现"能人"犯罪及其处罚的争议问题。"能人"过去对国家、社会多有贡献，在其犯罪之后能够将功补过，给予较轻的处罚或者减轻、免除处罚，曾经是对社会观念和司法观念的一次考验。"能人"犯罪后的刑事责任的确定与普通人应当是一样的。但是在确定最后的刑罚处罚时，"能人"过去的贡献是可以作为酌定情节考虑的，这是区别于普通人的情况。实践中，为什么对"能人"能够减免刑罚等问题纠缠不清，甚至观念不清，主要还是对"能人"过去的业绩在量刑中的地位不清。"能人"的刑事责任的确定，主要是其罪行及其再犯可能，这是确定基本的刑事责任的基础，也是确定量刑基准刑的基础。在这个基础上，"能人"过去的贡献可以作为酌定情节考虑。

【研讨问题】"能人"犯罪亦应平等适用刑法

【案例5-3】褚某贪污、巨额财产来源不明案

被告人褚某，原系某烟草（集团）有限责任公司董事长、总裁。1997年2月8日因涉嫌贪污被监视居住，同年7月10日被逮捕。公诉机关指控被告人褚某两项罪名：一是被告人褚某与其他同案被告人利用职务之便，共同私分公款，数额特别巨大，构成贪污罪。且在共同犯罪中，被告人褚某提出犯意，起指挥作用，系主犯；被告人罗某实施转款行为，被告人乔某参与私分，均系从犯。二是在侦查机关对其扣押、冻结的货币、黄金制品、房屋以及其他贵重物品等财产中，有财产计人民币403万元、港币62万元，褚某不能说明其合法来源。经查证，也无合法来源的根据。公诉机关认为，被告人褚某已构成巨额财产来源不明罪。在庭审过程中，被告人褚某的辩护人提出，褚某对某卷烟厂的发展和全省的经济发展作出过重要贡献，量刑时应充分考虑被告人褚某的功劳，从宽处理。人民法院认为，被告人褚某以及乔某在担任某卷烟厂领导期间，为国家发展作出了贡献，对此，党和政府给予了政治上、物质上的荣誉和待遇，但无论功劳多大，都不能因此而享有超越法律的特权。在法律面前人人平等，任何公民犯罪都应依法受到刑事追究。人民法院根据本案各被告人犯罪的事实，犯罪的性质、情节和对社会的危害程度，依照《刑法》的有关规定，对被告人褚某作出如下一审判决：（1）被告人褚某犯贪污罪，判处无期徒刑，剥夺政治权利终身，并处没收财产人民币20万元；犯巨额财产来源不明罪，判处有期徒刑5年；数罪并罚，决定执行无期徒刑，剥夺政治权利终身，并处没收财产人民币20万元。（2）被告人褚某巨额财产中明显超过合法收入的差额部分，价值人民币403万元、港币62万元的财产依法没收。

"能人"犯罪如何处罚，一度是司法实践中的一个突出问题，也是刑法适用

平等原则能否得到充分贯彻的考验。刑法适用平等原则的基本含义是：就犯罪人而言，任何人犯罪，都应当受到法律的追究；任何人不得享有超越法律规定的特权；对于一切犯罪行为，不论犯罪人的社会地位、家庭出身、职业状况、财产状况、政治面貌、才能业绩如何，均应当一律平等适用刑法，在定罪量刑时不应有所区别，而应一视同仁。当然，适用刑法平等原则并不排斥因犯罪人的特定个人情况的不同，而在立法和司法中允许定罪量刑有合理的区别。例如，《刑法》规定对于累犯依法从重处罚，对于未成年人犯罪、中止犯、自首犯等从宽处罚。在司法上，犯罪人的个人情况对犯罪性质和危害程度有影响的应予区别，无影响的则不应区别。这种区别也是法定的。

本案中，褚某在担任某烟草公司董事长、总裁期间，为国家、社会作出了突出贡献，可谓是国家的"功臣"，但是，也就是在担任烟草公司董事长、总裁期间，他利用职务上的便利贪污公款数额特别巨大，另外尚有巨额财产来源不明，犯下严重罪行。对于这种"能人"犯罪，在处罚时应否考虑其过去的功绩和贡献而酌情从宽？在近十多年来，一直成为人们关注的话题，也引起了不少争论，如南京劳模杀妻案、绍兴科学家徐某某杀妻案等。有人认为，"能人"对社会贡献大，其定罪量刑需考虑其历史贡献，以与普通人有所区别。有人反对对"能人"犯罪予以从宽的做法。根据适用刑法平等原则，一个人过去的功劳、贡献，除法律有明确规定者外，不能成为减免刑事责任的理由。《刑法》第61条明确规定，对于犯罪分子决定刑罚时，应当根据犯罪的事实、犯罪的性质、情节和对于社会的危害程度，依照刑法有关规定判处。量刑主要考虑的是犯罪行为事实、犯罪的性质、情节和犯罪本身主客观要素所反映出的社会危害程度。一个人不能因为过去有功劳就可以犯罪，更不能因过去有功劳就可以在定罪和量刑上享有特权。当然，犯罪人犯罪前的表现，可以作为酌定情节在量刑中予以体现。

本案中，被告人褚某以及乔某利用职务便利，侵吞公款，数额特别巨大，属于情节特别严重，被告人褚某应承担相应的刑事责任，不能因为是"功臣"、"能人"就不承担相应的刑事责任。法院在量刑时根据犯罪行为对应的刑事责任作为量刑基准，同时也考虑了犯罪前的情况酌情从轻。本案体现了适用刑法平等原则，即使是面对贡献很大的"能人"，也应根据犯罪性质平等量刑。①

四、平等执行刑罚

对于判处刑罚的人，应当严格依照刑法规定平等地执行。特别是在减刑、假释等方面，应以犯罪人的悔改、立功表现以及刑法规定为依据，而不能根据其他非相关因素决定减刑与假释。

---

① 参见赵秉志主编：《刑法总论》，中国法制出版社2008年版，第37~38页。

第四节　刑法适用平等原则的几个争议问题

一、刑法平等是否为纯粹打击犯罪上的平等

关于刑法平等，通说认为："对任何人犯罪、不论犯罪人的家族出身、社会地位、职业性质、财产状况、政治面貌、才能业绩如何，都应追究刑事责任，一律平等地适用刑法，依法定罪、量刑和行刑，不允许任何人有超越法律的特权。"从表述上看，似乎说明刑法平等是在打击犯罪、追究刑事责任上的平等。其实这一理解是源于《刑法》第4条的规定，因为该条就是表明对于"任何人犯罪"，在适用法律上一律平等，不允许任何人有超越法律的特权。也就是说，该条并没有就刑事立法和刑事司法中如何平等保护各类主体合法权益作出明确的规定。但是，既然刑法适用平等原则是刑法的基本原则，那它当然要贯彻在刑法的制定、实施之中，因此，立法上贯彻刑法适用平等原则也是应有之义。立法上贯彻刑法适用平等原则，所偏重者，便是刑法的保护功能，也就是保护公民不受犯罪行为之伤害。换言之，保护法益。正如张明楷教授所指出，刑法平等的具体内容包括平等保护，"任何权益，只要是受刑法保护的，不管权益主体是谁，都应当平等地得到刑法的保护，而不能只保护部分主体的利益"[①]。俄罗斯也有学者主张刑法平等是打击犯罪和保护权益平等的统一，认为："立法者遵守平等原则意味着对行为的定罪不得将任何种类的违法者置于责任之外。对受害人的利益，以及对社会和国家的利益的保护也应该是平等的。"[②]

刑法平等是打击犯罪和保护利益上平等的统一。理由在于：首先，从制定刑法的目的上看，我国刑法的目的是惩罚犯罪和保护人民的统一。所谓惩罚犯罪，是指对任何触犯刑法的犯罪分子，均依照刑法追究其刑事责任，使其受到应有的惩罚；所谓保护人权，则是指全面保护权利主体的权益，包括人身权利、民主权利、财产权利、劳动权利、婚姻家庭权利等。制定刑法是为了给打击犯罪提供法律武器，为保护权益提供法律依据。就我国刑法的制定而言，惩罚犯罪和保护利益是密切联系的有机统一体，只有有力地惩罚犯罪才能更好地保护利益；只有切实地保护利益，才能更有效地打击犯罪。如果刑法平等是单纯打击犯罪的平等，而没有在保护利益上实现平等，那么就不可能实现打击犯罪和保护利益上的统一。其次，从刑法的任务来看，依据《刑法》第2条的规定，我国刑法的任务

[①]　张明楷：《刍议刑法面前人人平等原则》，载《中国刑事法杂志》1999年第1期。

[②]　［俄］H. Φ. 库兹涅佐娃、N. M. 佳日科娃主编，黄道秀译：《俄罗斯刑法教程（总论）》（上卷：犯罪论），中国法制出版社2002年版，第73页。

是用刑罚同一切犯罪行为作斗争，以保卫和保护各种法益。由此可见，我国刑法打击犯罪的根本目的就在于保护法益。实际上，这种法益的保护可以从两个方面加以实现：一是通过打击各种犯罪实现法益的保护。在各种法益中，保护的力度是有轻重和主次之分的，但同样的法益，刑法保护是一样的，不应有层次之别。所以我们强调刑法对同种或同类的法益的保护应有同样的态度。二是刑法直接规定某些行为的非犯罪性（合法性），授予权益主体行动的自由，以利于权利主体及时有效地维护权益，或通过权利的自由行使而使利益最大化。这也是刑法保护法益的一种方式。通常情况下，一般强调的是刑法通过惩罚犯罪间接地保护法益，而忽视了刑法直接对法益的维护。但无论是直接维护法益还是间接维护法益，都说明刑法的目的就在于保护法益。故只强调刑法打击犯罪上的平等而忽视保护法益上的平等的观点是不全面或偏激的。再次，从刑法的机能来看，刑法是自由人的大宪章（刑法也是犯罪人的大宪章、受刑人的大宪章），刑法通过明确规定何种行为是犯罪、对犯罪科以何种刑罚，为刑罚权的行使提供了法律依据，并限制了国家刑罚权的恣意发动，也可使刑罚权平等地适用于犯罪人和受刑人。同时，由于刑罚权的发动受到了限制，也就为自由人的行动划出了明确的界限，凡是在此范围内的行动不但不会受刑罚权的追究，而且会受到刑法的平等保护，否则刑法就不是自由人的大宪章了。最后，从国外立法经验上看，平等保护与平等惩罚的统一早在法国《人权宣言》中就已被立法化了，该宣言强调："法律对于所有的人，无论是施行保护或处罚都是一样的。"我们借鉴国外立法经验时不能断章取义或仅顾其表，而应当科学地全面借鉴。

通观我国刑法典，不难发现，我国刑法强调的是在打击犯罪上的平等，《刑法》第4条的规定就很好地说明了这一问题。因为"对任何人犯罪，在适用法律上一律平等。不允许任何人有超越法律的特权"的规定是单纯从如何平等对待犯罪人的角度而言的。笔者以为，我们有必要根据刑法的目的、功能和特点，对《刑法》第4条作出合理的解释，应当包括平等保护法益的基本内容在内，以体现刑法在平等打击犯罪和平等保护权益上的统一。

既然刑法适用平等是保护权益和打击犯罪上的统一，那么刑法平等就应当包括犯罪嫌疑人或被告人之间的平等，也包括受保护主体（一般公民）在刑法上的平等（更主要地体现为被害人或受害人在刑法上的平等），换言之，对于任何法益，只要是刑法所保护的，不管法益主体是谁都应当平等地得到保护，而不能只保护部分主体的法益，不保护或少保护另一部分主体的法益。

二、刑法平等是否仅为自然人平等

对于刑法平等原则的理解，有人认为刑法适用平等主要是指自然人间的平等，如有学者认为："从立法精神来看，刑法面前人人平等原则的基本含义主要包括两个方面：一方面，就犯罪人而言，不论其民族、种族、性别、职业、家庭出身、宗教信仰、教育程度、财产状况等有何不同，也不分是干部还是群众，干部地位有多高，资格有多老，功劳有多大，只要行为人实施了危害社会的行为，都要依照法律的规定予以定罪量刑，绝不能因人而异改变刑罚。另一方面，对于被害人而言，不论其身份职业、社会地位、财产状况有何差异，都享有同等的权利，任何人受到犯罪行为的侵害，都应当依法受到保护，绝不能对同样的行为，因被害人的身份、职业、社会地位、财产状况等不同，而在适用法律上有罪与非罪、处罚轻与重的区别。即无论是追究犯罪，还是保护被害人，均应贯彻适用刑法的平等与公正。"[①] 当然，也有学者提到自然人之外的刑法适用平等问题，如有学者提出刑法中的公私平等问题，"所谓公私平等，是指刑法必须对国营经济、集体经济、私营经济等各种性质不同的所有制形式给予平等保护，不能只强调公有制神圣不可侵犯而忽视对私有制的法律保护。"[②]

就近现代刑法发展历史而言，刑法适用平等观确是从自然人在法律面前人人平等观念中发展出来的。这也造成了在论述刑法适用平等原则之时，论者对自然人刑法平等观念中强调的平等主要是指自然人的平等，而对法律上拟制的人（即法人或非法人组织）之间的平等则关注极少。追求法律上拟制人之间的平等，应当说是在商品经济高度发达、商业主体逐渐增多、市场主体多样化、不同经济主体之间权利义务不平等的情况下出现的。例如，资本主义进入垄断阶段后，垄断企业不断兼并、排挤中小企业，为了实现企业间平等竞争，众多资本主义国家先后颁布了反垄断法，以维护市场公平。德国于 1986 年制定了世界上第一部专门的《反不正当竞争法》，美国也制定了《谢尔曼反托拉斯法》。在这样的情况下，法律上拟制的人，也进入刑法规范之中。法律上拟制的人的犯罪，也为刑法所禁止。在市场经济发展，市场主体多元和单位（法人）犯罪也为刑法所明文禁止的时代，言及刑法平等观时，应当在传统的自然人平等观的基础上，进一步扩大刑法平等的适用范围，将法律拟制人在刑法上的平等囊括在内。

实际上，无论是从刑法打击犯罪的角度还是从保护法益的角度上分析，刑法适用平等均不应仅为自然人间的平等，还应包括了单位（法律拟制人）之间的平等。从刑法打击犯罪的角度看，在我国刑法中，犯罪主体已经不再是单纯的自然人主体，单位犯罪已在我国刑法中有着明确的规定。既然单位也可成为我国刑法中的犯罪主体之一，那么在打击犯罪的过程中，我们就不能仅顾及自然人犯罪主体间的平等，而对单位犯罪主体间的平等问题置之不理。从保护法益的角度

① 辛科：《论刑法面前人人平等原则》，载《政法论丛》1997 年第 5 期。

② 赵秉志、鲍遂献：《论刑法观念的更新和变革》，载苏惠渔、单长宗主编：《市场经济与刑法》，人民法院出版社 1994 年版。

看，由于刑法调整的社会关系中涉及方方面面的利益，利益主体也是多种多样，如国家利益、集体利益、公司利益、合伙利益等。虽然这些利益最终可以归结为由自然人享有的利益，但这些利益并不受某个自然人意志的支配，不直接属于某个自然人，它们与自然人个人利益存在质的差异。即使从被害人平等保护方面，刑法适用平等也不应是纯粹的保护自然人间的平等，因为受害人并不都是自然人，单位利益受犯罪行为侵害的情况也大量存在。既然刑法中的利益主体是多元的，刑法平等保护就应是对多元利益主体的保护，而不是仅持一端。

从我国刑事立法看，刑法上的平等主要强调的是公民之间的平等，法人或非法人组织之间的平等没有以法条的形式宣示明确。从刑法总则看，《刑法》第4条规定："对任何人犯罪，在适用法律上一律平等。不允许任何人有超越法律的特权。"该条就只规定了"人"，一般理解为是自然人。从刑法分则设置的罪名看，《刑法》第165条至第168条规定的数个罪名就明显地注重于国有企业权益的保护，对非国有企业中的类似严重危害行为却有所疏忽。另外，在法定刑的设置上，某些危害不同性质的企业权益的犯罪行为的法定刑间的差异过分悬殊，如贪污罪与职务侵占罪，以致体现了刑法对不同性质企业保护上的不平等。这就要求在对刑法适用平等原则进行理解和适用时，必须考虑单位适用刑法的平等，尽量做到保护上的平等。当然，对于单位犯罪的情况，也应平等予以打击，在给单位量刑时予以体现。

三、刑法适用平等的影响因素

刑法适用平等通常受到哪些因素的影响？从法律规定和专家、学者们关于刑法平等的定义中，我们可以得到该问题的答案。

《宪法》第33条第2款规定："中华人民共和国公民在法律面前一律平等。"在此，《宪法》没有列举影响平等的因素，但在第34条中规定，年满18周岁的中华人民共和国公民，不分民族、种族、性别、职业、家庭出身、宗教信仰、教育程度、财产状况、居住期限，都有选举权和被选举权。这说明，宪法认为这些因素是影响平等的因素。《人民法院组织法》第5条规定，人民法院审判案件，对于一切公民，不分民族、种族、性别、职业、社会出身、宗教信仰、教育程度、财产状况、居住期限，在适用法律一律平等，不允许有任何特权。其他几部规定法律平等原则的法律中均没有对影响平等的因素加以任何形式的列举。但从宪法和人民法院组织法的规定看，我国法律上一般认为，民族、种族、性别、职业、家庭出身、宗教信仰、教育程度、财产状况、居住期限是影响平等的因素。

我们再来看几部较为权威的教科书中关于刑法平等的定义。观点一认为刑法平等的基本含义是，对任何人犯罪，不论犯罪人的家庭出身、社会地位、职业性质、财产状况、政治面貌、才能业绩如何，都应追究刑事责任，一律平等地适用刑法，依法定罪、量刑和行刑，不允许任何人有超越法律的特权。对于任何犯罪人，不分其民族、种族、性别、职业、家庭出身、宗教信仰、受教育程度、职位高低、财产状况，在适用法律上一律平等，不允许任何人有超越法律的特权。[①]观点二认为刑法平等是指司法机关对一切犯罪人，不分性别、职业、家庭出身、宗教信仰、教育程度、财产状况、职位高低、功劳大小等，都应当追究刑事责任，一律平等地定罪、量刑和行刑。[②] 观点三认为刑法平等是指把刑事法律作为同一尺度毫无例外地、一视同仁地适用于一切实施犯罪行为的人，不因其民族、种族、性别、身份、宗教信仰、文化教育、社会地位、财产状况等而有所区别。[③] 观点四认为刑法平等的基本含义是：就犯罪人而言，任何人犯罪，都应当受到法律的追究；任何人不得享有超越法律规定的特权；对于一切犯罪行为，不论犯罪人的社会地位、家庭出身、职业状况、财产状况、政治面貌、才能业绩如何，都一律平等地适用刑法，在定罪量刑时不应有所区别，而应一视同仁，依法惩治。就被害人而言，任何人受到犯罪侵害，都应当依法追究犯罪，保护被害人的权益；被害人同样的权益，应当受到刑法同样的保护；不得因为被害人身份、地位、财产状况等情况的不同而对犯罪和犯罪人予以不同的刑法适用。[④]

上述关于刑法上的平等的定义表明学界一般认为民族、种族、性别、职业、家庭出身、宗教信仰、受教育程度、职位高低、财产状况、功劳大小、政治面貌、才能业绩等与犯罪人（或被害人）身份、地位相关的因素，是影响刑法平等的因素。而且，上述观点似乎表明有前述因素是影响刑法平等的因素。

从刑法平等思想的提出与发展过程看，平等观念确实是与特权针锋相对的，思想家们追求平等的历程是从反对封建特权开始的；而特权又往往与人的身份、地位相联系，所以，通常认为影响刑法平等的是身份、地位因素。笔者认为，身份、地位因素固然是影响刑法平等的重要因素，但它们不是刑事立法、司法中应当排除的唯一的因素，在某些情况下，时间、地域、政策等因素通常也会导致刑事立法和司法中的不平等。所以，笔者认为，凡是在刑事立法、司法中不当地影响同种情况同种对待、不同情况差别对待的因素均是影响刑法平等的因素，追求刑法平等不应当仅仅限于与犯罪人（或被害人）身份、地位相关的因素上，否则实现的所谓刑法平等并不是完全意义上的刑法平等。

---

① 参见高铭暄、马克昌主编：《刑法学》，北京大学出版社、高等教育出版社 2007 年版，第 32 页。

② 参见杨春洗、杨敦先主编：《中国刑法论》，北京大学 1988 年版，第 4～25 页。

③ 参见何秉松著：《刑法教科书》，中国法制出版社 1997 年版，第 77 页。

④ 参见赵秉志著：《新刑法教程》，中国人民大学出版社 1997 年版，第 54 页。

四、刑法适用平等中如何区别对待

刑法适用平等是在刑法领域中对相同情况相同对待，不同情况不同对待。但"相同情况"并不是对象之间不存在任何差异，而是类的相同性，在本质属性上具有共同点的事物归于一类，尽管它们之间或许存在着诸多的不一致。刑法对行为的评价是通过犯罪构成要件来实现的。而犯罪构成要件的理论基础是行为的类型化理论。刑法规范通过将行为类型化来进行评价，这样对同一类型的行为就基本实现了同样的评价，也就是适用刑法平等。当然除了行为的类型之外，刑法也关注人身危险性的类型，将之也作为评价标准。按照刑法确定的类型性的规范来定罪量刑行刑，基本就实现了刑法适用上的平等。但是，也必须承认，刑法评价的对象（包括行为人及行为）之间存在着各种各样的差异，有的差异是平等可以容纳或者说是可以忽视的差异，而有的差异则影响被评价对象之间类划分，以致决定着被评价对象类的归属，从而对具有此类差别的对象应当区别对待，这是实质平等的要求。刑法对于两个被评价对象之间存在的差异的处理也应遵循这一规则，否则对存在差别的对象作出错误的处理，必然导致刑法上的不平等。

在刑法领域，被评价对象之间存在的差异有的是平等可以容纳的，有的则是平等无法容纳的，对于后者刑法应当区别对待。例如，两行为人实施了同类危害社会的行为，但这并不一定就应要求他们承担一样的刑罚惩罚，因为他们之间可能存在着平等惩罚所无法容纳的差异。正如俄罗斯学者所言："刑事法制面前人人平等原则意味着所有人和每个人对所实施的犯罪承担相同的责任，也就是刑事责任的根据相同。但是，这种平等并不等于对相同犯罪的刑罚相同。公正原则和人道原则要求刑罚个别化。这里所要考虑的不仅是犯罪的严重程度，还要考虑犯罪人的个人品质、减轻情节和加重情节。个人身份特点可以成为免除刑事责任或大大减轻责任的根据。例如，出于人道主义考虑，未成年违法犯罪人、孕妇和有幼年子女的母亲所受到的刑罚要比实施同样行为的成年人和没有母亲权利和义务的主体宽缓。由此可见，公民在刑事法律面前一律平等的原则应该与公正原则和人道原则辩证地结合起来。"[①]

刑法承认的差异包括两方面的内容：一方面是犯罪人与非犯罪人之间存在一定程度的不平等；另一方面，犯罪人之间存在着合理的差异。

犯罪人与非犯罪人之间存在相当程度的不平等。卢梭曾说："任何一个为非作歹的人，既然是在侵犯社会权利，于是便由于他的罪行而成为国家的叛逆。他破坏了国家的法律，所以就不再是国家的成员，他甚至是在向国家挑战。这时，

---

① ［俄］Н.Φ. 兹涅佐娃、N.M. 佳日科娃主编，黄道秀译：《俄罗斯刑法教程（总论）》（上卷：犯罪论），中国法制出版社2002年版，第76页。

保全国家就和保全他自身不能相容，二者之中有一个必须毁灭。对罪犯处以死刑，我们杀死的与其说是公民，不如说是敌人。"米歇尔·福柯对此也持相似的观点，他说："实际上，犯罪使个人处于整个社会对立面。为了惩罚他，社会有权作为一个整体来反对他。这是一种不平等的斗争，因为一切力量，一切权力和一切权利都属于一方。之所以如此，是因为这里涉及保护每个人的问题。之所以建立这种可怕的惩罚权利，是因为犯罪者成为公敌。他比敌人还恶劣，因为他在内部打击社会。他的行为不亚于一个叛徒，一个怪物。社会怎么能不拥有控制他的绝对权力呢？社会怎么不主张消灭他呢？"从卢梭和米歇尔·福柯的过激的话语中，我们不难看出，犯罪人与非犯罪人之间是完全不平等的，该种差别是基于两者的不同地位所决定的，因为犯罪使犯罪人"处于整个社会对立面"，社会便有了"控制他的绝对权力"。笔者认为，犯罪人与非犯罪人之间确实存在一定程度的不平等，既然两者有差异就应当差别对待。但是，这种不平等主要是立法意义上的不平等，而不是刑法适用意义上的不平等。因此，这个问题就刑法平等的理论和观念而言非常重要，但对于刑法适用原则本身不是一个的问题。

关于犯罪人之间不平等，米歇尔·福柯做过精辟的分析和论证，"同一种惩罚观念对不同的人并不会产生同样的效果。如富人既不怕罚款也不怕出丑。犯罪造成的危害及其惩戒意义因犯罪者的地位而异。贵族的犯罪比平民的同一种犯罪对社会危害更大。而且，因为惩罚应发挥防止再犯的作用，所以惩罚时必须考虑罪犯本人的情况，推测其邪恶的程度，其意图的本质：'在两个犯同样盗窃罪的人中，一贫如洗者的罪过不是比脑满肠肥者要轻得多吗？在两个作伪证的人中，自幼就被灌输荣誉感的人的罪行不是比被社会遗弃和从未受过教育的人要严重得多吗？'我们看到，在要求对犯罪和惩罚做对应分类的同时，也出现了要求根据每个罪犯的特殊情况作出不同判决的呼声。这种个案化要求在整个现代刑法史上始终是一个强大的压力。其根源恰恰在于，从法律理论的角度和日常工作的要求看，它无疑是与法典化原则水火不容的。但是从惩罚权力经济学的观点看，从某种技术的观点看（即人们希望能在整个社会中运用标准化的惩罚符号，既不过分又无漏洞，既不使权力成为无效的'权宜之计'又不怯于使用权力，为此而使用的技术），很显然，犯罪——惩罚制度的法典化和罪犯——惩罚的调节是相辅相成，并行不悖。个案化看上去是精确编纂的法典的最终目标。"① 从米歇尔·福柯的该段话语中，我们可以读出：对于犯罪人而言，虽然都是犯罪人，但他们之间亦有差异，如果对他们适用相同的刑罚将无法得到同样的后果；为了实现刑法上的平等，应该对犯罪和惩罚作出分类，并基于这种分类而作出不同的判

---

① ［法］米歇尔·福柯著，刘北成、杨远缨译：《规训与惩罚》，生活·读书·新知三联书店 1999 年版，第 108 ~ 109 页。

决。这种差别在刑法中体现为身份犯和普通犯之间的区别。刑法规定的有些犯罪，仅仅是由特殊身份的人构成的，而普通人因为没有这种特殊身份而不构成此类犯罪。看似这种差别对待表面上与刑法平等观念相悖，但实际上却是立法本身的诉求。只有遵循这种立法上对人的差别的定罪量刑的预设，才能实现刑法适用上的平等。而不能用一种抽象的平等观去替代刑法适用平等原则。

正因为如此，立法和法的适用中都在坚持平等对待的同时又兼顾着差别原则。从刑事立法方面看，刑法一方面强调刑法面前人人平等，另一方面又在规定犯罪、刑事责任和刑罚时在诸多方面给区别对待保留了余地。例如，刑法规定对犯罪的未成年人从宽处理、对累犯从重处罚且不得适用缓刑和假释、对自首和立功从宽处罚、驱逐出境只适用于犯罪的外国人、超过追诉时效的一般不再受追诉、民族自治地方可以制定变通或补充规定等。从刑法适用中看，法官拥有一定的自由裁量权，可以针对构成要件要素之外的情节和体现人身危险性的情节作出有利于或不利于被告人的判决。①

---

① 参见赖早兴：《刑法平等原则辨析》，载《法律科学》2006 年第 6 期。

第六章　罪刑相适应原则的司法适用

第一节　罪刑相适应原则的司法原理

一、罪刑相适应原则的司法定位

罪刑相适应原则的意义在于确立罪与刑之间的一种等价、适应、相当、均衡关系，其基本含义可以简单地概括为：无罪不罚，有罪当罚；重罪重罚，轻罪轻罚；一罪一罚，数罪并罚；罪当其罚，罚当其罪。罪刑相适应原则起源于因果报应与同态复仇观念的罪刑相适应思想，是伴随着罪与刑的出现而出现的，但它作为刑法的一项基本原则却是资本主义时代的产物。从演进历程看，罪刑相适应原则经历了报应主义下的兴盛、目的主义下的衰落和责任主义下的复兴三个阶段，实现了由一元均衡向二元均衡的转变。

罪刑相适应原则在司法与立法层面存在着差异。在这方面，较有代表性的观点是：刑事立法所确立的罪刑相适应是相对的、普遍的，因而是一般均衡，而刑事司法是以个案处理为内容的，因而将刑事立法所确认的一般均衡适用于具体案件，便实现了个别均衡。[①] 这种说法勾勒出罪刑相适应原则在立法与司法两个层面上的基本轮廓。有学者认为，立法上的罪刑相适应是通过罪与刑的直接对应（毋宁说是直观认识）来实现的，而司法上的罪刑相适应则是通过在罪与刑之间介入责任这一要素得以间接实现（这是法官在能动地执法过程中所必需的。[②] 由于立法时立法者无法预先设定"人身危险性"这一刑罚相适应的责任考量要素。所以，立法上的罪刑相适应是罪质（犯罪性质）与形质（法定刑）相适应。而且这种刑质（法定刑）体现了社会一般观念对社会危害性的具象理解。这种实现模式使得立法上的罪刑相适应成为大众刑罚价值观的载体，而司法上的罪刑相

---

① 参见陈兴良：《罪刑均衡的司法体认》，载《中央检察官管理学院学报》1997 年第 2 期。

② 参见刘守芬、方文军：《罪刑均衡的司法考察》，载《政法论坛》2003 年第 2 期。

适应则在此基础上凸显法官这一职业群体的公平正义观，体现裁量中的正义。当然，法官的公平正义观未必等同于大众的刑罚价值观，为了防止司法中的精英主义的倾向，与社会大众的一般观念形成对立。在司法制度中，往往通过司法民主的制度性措施制衡和纠偏，譬如陪审团制度、人民陪审员制度等。

当今世界各国刑法分则一般以罪与刑的直接对应作为刑法规范的基本形式，由此表达罪刑的对应关系。虽然仍有不少国家没有在刑法中明确规定罪刑相适应原则，但该原则的确以各种刑法规范的形式充盈于刑法之中。在总则部分，罪刑相适应主要体现在：（1）重罪与轻罪的区分。多数国家的刑法明确采用了重罪与轻罪的分类。这种分类形式上以法定刑轻重为标准，实质是以刑法保护的法益的重大程度为基准。区分罪行轻重，是实现重罪重刑、轻罪轻刑的前提条件，也是罪刑相适应主导刑事立法的直接表现。（2）刑罚体系的梯度设计。刑罚体系，是指国家的刑事立法以有利于发挥刑罚的积极功能、目的为指导原则，选择刑种、实行分类并依照其轻重程序排成的序列，即根据刑罚的严厉程度，设计出一套主次分明、轻重有别、各具特色的刑罚体系。这是实现罪刑相适应的必然要求。目前世界各国基本都建立了主刑与附加刑相配套的刑罚体系，但其中占中心地位的刑罚种类则不完全相同。

罪刑相适应原则在刑法分则中得到更充分的体现，刑法分则也是罪刑相适应原则得以贯彻的主要领域。（1）立法者根据法益的重大程度与行为类型划分犯罪类别。（2）法定刑的配置，这是体现罪刑相适应的主要方式。法定刑有绝对确定、绝对不确定和相对确定三种类型。由于相对确定法定刑具有确定限度，又能保证法官根据犯罪情节进行相对的自由裁量，故为世界各国普遍采用。从横向上说，法定刑配置应在个罪之间实现均衡，即法益不同，行为模式不同，法定刑一般就不相同。但个罪之间危害程度的区别有时是非常困难的，会出现法定刑大体相同的局面。从纵向上说，在个罪内部，因犯罪情节的差异会导致同一罪名下的犯罪的危害程度也不同，这可通过设定基本构成与加重构成或减轻构成的方式来实现均衡。

需要指出的是，立法上的罪刑相适应是民众在某一历史时期内公平正义观，尤其是刑罚观的集中体现。因此，罪刑相适应的观念不仅因时代不同而不同，而且因国度或民族的不同而有差异。

立法上的罪刑相适应代表了民意的正义观，但这种等价关系体现的是行为与刑罚之间的对价，而没有纳入行为人的个体因素。虽然在刑法总则中，行为人的人身危险性与刑罚的关系被考虑并被写进立法，但实际上民众的、朴素的、直观的刑罚正义观仍是体现在刑法分则的罪刑对应关系中。因为对行为作一般判断之时，无法参入具体的个体行为人因素，这是可以理解的。因此有人亦将其称为一种绝对的正义观。但罪刑相适应原则在司法上的适用却又呈现另外一番图景。刑法总则中有关行为人人身危险性的规定渗透其中，刑法规定之外的酌定情节渗入其中，罪刑相适应原则在司法上的适用由于具体的责任要素的介入而变得千差万别。同样的行为，未必是同样的刑法对价，这不仅在司法中是常态，而且这种不同样的量刑，反而是罪刑相适应在具体案件中的体现。因此，司法上的罪刑相适应原则因责任的介入而实现了相对正义或个别正义。

在司法中，罪刑相适应原则的贯彻在行为与刑罚之间存在一个连接要素——刑事责任。责任主义是近代刑法学中重要的基本原则。其含义有二：第一，刑事责任是首要的，没有责任就没有刑罚；第二，刑罚的量应当以责任的轻重为核心要素来决定。前者是归责中的责任主义，后者可称为量刑中的责任主义。责任主义的提出，是古典学派反对中世纪客观责任（结果责任）与团体责任的结果，它所倡导的乃是主观责任与个人责任。古典学派主张意志自由论，认为行为人只有基于非难可能的意思活动，实施了符合构成要件的行为，才能对行为进行法律上的非难（责任）的判断。当代大陆法系犯罪论体系是在后期古典学派的基础上建立起来的，犯罪乃是"符合构成要件的、违法且有责任的行为"。犯罪论体系由构成要件符合性、违法性和有责性三个递进的阶层所组成。违法性和有责性就像两道过滤器，对那些仅仅符合构成要件，却又缺乏违法性或者有责性的行为进行过滤，使人们不至于仅仅根据行为的样态或模式进行"犯罪"的谴责。在三阶层犯罪论体系的前提下，犯罪之后形成了刑事责任，[①] 而刑罚以剥夺法益的形式，既体现为责任非难的现实表现形式，又表现为与犯罪相称的刑事责任的落实。刑罚的特征和内容，由刑事责任的特征和内容来决定。在这种意义上责任是刑罚的基础，并且决定了刑罚的性质。在刑法中，特别是分则中，罪行（主要是行为及其危害后果）与刑罚相对应的关系在司法中转变为刑事责任与刑罚之间的直接对应，实现了罪刑相适应模式的转换。但是，张明楷教授亦指出，作为量刑原则的责任主义，在观念上可以说是责任刑的原则，但实际上难以引申出刑罚与责任相适应。[②] 笔者认为，这主要是从罪刑相适应的立法角度而言，以及罪刑相适应的基本观念的特征而言的。虽然，罪刑相适应中的适应应当是罪行与刑罚的适应，在司法实践中，对某一罪行亦应先判断其行为——刑罚的对价关系，但由于责任因素、量刑情节的千差万别，刑事责任大小也是千差万别。在罪行与刑罚相适应的基础上，必须根据具体的刑事责任来实现最终刑罚与犯罪的适应，有的情况下，甚至用非刑罚方法来实现罪刑相适应。"责任（或罪责）"一词因其相对于"罪行"的灵活性和适应性而为今日德日法典采纳为与刑罚发生直接

---

① 笔者以"有责性"或"责任"指称犯罪论中的责任部分，以"刑事责任"指称作为犯罪的后果的刑法上的责任。

② 参见张明楷著：《外国刑法纲要》，清华大学出版社1999年版，第39页。

对应关系的目标。《德国刑法典》第 46 条第 1 项规定："犯罪人的责任是量刑的基础。且应考虑刑罚对犯罪人将来社会生活产生的影响。"《日本改正刑法草案》第 48 条第 1 项也规定："刑罚应当根据犯罪人的责任量定。"由于责任主义的兴起本来就是防止刑罚权滥用、保护人权的，故德、日学者倾向于从限制刑罚的发动或加重这样的角度来理解作为刑罚基础的罪责。在德国，人们普遍认为，罪责不仅是刑罚的基础，而且也是刑罚的上限；判例还坚持主张，罪责同样规定了约束刑罚的下限。日本学者也指出，责任主义要求刑罚之量不得超过责任程度，因此，立足于预防观点的量刑一般被限定在减轻刑罚的方向上。以预防的观点出发科以超过责任程度的重刑，是为了社会防卫目的而不当地牺牲犯罪人的人权，在法治国家是不能容许的。① 在司法层面上，责任与刑罚之间的直接对应关系越来越突显重要意义，以体现个案的公正，实现个别正义。

刑罚个别化原则的提出，看似不同于罪刑相适应原则，但实质上丰富了罪刑相适应原则的内容。在司法中，罪刑相适应基本上是量刑原则，与刑罚个别化原则之间存在一个孰轻孰重的问题。在刑事古典学派兴盛时期，量刑的任务是实现刑罚对犯罪的报应。虽然贝卡利亚、边沁等功利主义者承认刑罚以一般预防为目的，但这并不能否定刑罚的报应功能。而且，为了实现罪刑相适应，贝卡利亚反对法官具有自由裁量权。他指出，当一部法典业已厘定，就应逐字遵守，法官唯一的使命就是判定公民的行为是否符合成文法律。法官对任何案件都应进行三段论式的逻辑推理。大前提是一般法律，小前提是行为是否符合法律。结论是自由或者刑罚。一旦法官被迫或自愿做哪怕只是两种三段论推理的话，就会出现捉摸不定的前景。然而，古典学派机械的报应主义刑罚观在 19 世纪中后期遭受了社会的挑战。欧洲大陆各国犯罪发案率的上升，累犯、惯犯、少年犯的增多，使人们不得不反思刑罚的功能与目的。近代学派将矛头直指古典学派的报应刑理论，认为刑罚不是对已然犯罪的报应，而是旨在消除犯罪人的人身危险性，实现特殊预防。为做到这一点，就应建立起与犯罪人的人身危险性相适应的刑罚方法，在量刑时采取个别化原则。该原则的倡导产生了一系列刑罚制度，如累犯从重，坦白、自首从宽，缓刑、减刑、假释等。

可见，罪刑相适应原则与刑罚个别化原则在价值倾向上，就其理论本源来说，是背道而驰的，相互之间不可能相互包容。近代学派与古典学派以往的对立充分证实了这一点。但是，由于二者立论的基点不同，故可能在量刑原则这一上位范畴之下得到统合。一方面，在量刑时以罪刑相适应为基础，体现刑罚的报应功能，满足人们对公平正义的心理需求，并实现刑罚一般预防的目的。另一方面，立足于对具体犯罪人的更生改善，处以与其人身危险性相适应的刑罚，从而

---

① 参见刘守芬、方文军：《罪刑均衡的司法考察》，载《政法论坛》2003 年第 2 期。

实现刑罚的特殊目的。这些意义可以用格言来表示，即"因为有犯罪并为了没有犯罪而科处刑罚"。

当前，由于各国国情和法律文化传统等因素的影响，各国在具体确立罪刑相适应与刑罚个别化两大原则的关系时的做法并不完全相同。综观西方国家的刑法规定，虽然没有明确量刑时究竟是侧重罪刑相适应还是刑罚个别化，但不难看出罪刑相适应在量刑中的基础性地位。在世界刑罚总体轻缓化的趋势下，应当说体现特殊预防功能的刑罚个别化原则在西方发达国家得到了更多的强调。

二、罪刑相适应原则的司法运作机理

司法中的罪刑相适应原则基本上是量刑原则，但定罪与量刑本身是两个不可分割的范畴，罪刑相适应原则本身也连接着定罪与量刑，因此其对定罪亦必然产生影响。事实上，罪刑相适应原则既然是刑法的基本原则，当然贯穿于立法、司法与刑罚执行，也应贯穿于定罪与量刑的整个过程，若不能正确定罪，那么量刑也就必然失当。[①] 所以，尽管罪刑相适应原则在司法实践中的量刑原则上的意义更大，但是却不能把罪刑相适应仅仅归结为量刑原则，而应当看到定罪对实现罪刑相适应的意义，罪刑相适应也同样制约着定罪。定罪是量刑的前提，定罪不准，量刑必不恰当，因此，考察罪刑相适应的司法运作，应从定罪开始。

(一) 定罪

关于定罪，通说是指司法机关依法认定被审理的行为是否构成犯罪以及构成何种犯罪的活动。从这个定义可以看出，定罪是一个复杂的过程。它首先涉及犯罪体系的建构，其次涉及案件事实的认定，包括构成要件要素的事实和其他有关情节，再次在法官具备犯罪构成的类型观念的基础上，依据犯罪构成条件去评判案件事实，或许还要通过比较不同犯罪的构成要件要素，最后，在构成要件符合前提下，判断违法性和有责性，才能得出定罪的结论。

关于定罪，一般认为是由国家司法机关通过法定程序进行的司法活动。但也有学者提出了质疑，指出犯罪是由多重因素综合地决定或"构成"的，在几乎所有的刑事案件中，源自国家的司法力量可能在形式上是"最终"将行为定性为犯罪的权力因素。但是其在为数不少的场合下都可能不是决定行为是否构成犯罪的最为重要的力量，或者不是最先登场的权力机制。对犯罪构成的讨论不能只偏向于审视国家权力，应当进一步追问和凸显非国家的行为评价机制在确立犯罪构成过程中所起的作用，仔细分析非国家的权力因素是如何迫使国家力量出面来使某一行为尽量"符合"形式化的法律要件的。正是在国家权力和非国家的评

---

① 参见陈兴良著：《本体刑法学》，商务印书馆 2001 年版，第 114 ~ 115 页。

价机制的冲突与调和、抗争与妥协的运作过程中，客观的、沉寂的事实要素最终得以成为具有法律上的、形式意义上的犯罪构成要件事实，从而填充着犯罪构成框架结构中的空域。论者指出，刑事案件中的典型事实、被害人或其亲属的震惊与愤怒、公众的同情以及行为人个人的忏悔，都是存在于与犯罪构成事实有关的权力场域中的权力构成要素，它们最终迫使国家司法权被动登场。三大法系刑法理论的一项共同缺陷在于：都只承认国家权力在评价犯罪过程中的作用。应当利用"话语—权力—知识"三者间的互动关系去发现国家权力与非国家的行为评价机制在判断犯罪成立过程中的"背离"与"密谋"，从而建构起一种富有解释力的犯罪构成理论。① 这种见解提供了认识定罪过程的新视角，换一个角度说，允许民众或公意介入定罪过程，实际上就是大众对司法的参与过程，也就是司法民主性的问题。司法活动应当体现民主，是司法的基本要求，这是近现代民主制度在司法制度中的体现。英美法系国家不仅在立法活动中体现民主，在司法活动中也通过陪审制这一形式将大众理性导入司法并使之成为司法权的一部分，从而实现司法的民主。相比之下，实行参审制的大陆法系国家司法的民主性程度就低些。但无论是陪审制还是参审制，在司法中引入非国家行为评价机制是二者的共同点，体现了司法民主这一司法的基本原则。这意味着作为正式定罪主体的司法机关在定罪时应立足于该时代刑法的价值倾向，合理解释犯罪构成要件及其他相关问题。

（二）量刑对定罪的制约

在罪刑关系中起决定作用的是定罪对量刑的制约，往往也引起我们的关注，但量刑对定罪的制约功能，却很少引起重视，甚至在观念上还是空白。所谓量刑对定罪的制约，确切地说，应是罪刑相适应对定罪的制约。这种制约首先表现为观念的制约，也就是罪刑相适应的基本观念形成之后，在法官找法或者大众认知的思维过程中，限制了罪名的选择。其次表现为法定刑一致的情况下，罪名选择上的务实做法。立法中所设定的构成要件类型是现实社会生活中各种犯罪行为抽象化、类型化的结果，既具有广泛的适用性也不可避免地带有模糊性，而犯罪行为却是具体的、形式多样的，犯罪人不可能以立法设定的构成要件为标准去完成犯罪行为。因此，极容易出现某个犯罪既适合甲构成要件（触犯甲罪名）又适合乙构成要件（触犯乙罪名）的情况。此时，在法定刑水平基本一致的条件下，就犯罪行为应受处罚的关系、就行为人和被害人角度而言，对犯罪行为的定性就显得不那么重要，因为以任何一种都会裁量出大致相同的刑罚结果，保持罪刑相

---

① 参见周光权著：《法定刑研究——罪刑均衡的建构与实现》，中国方正出版社 2000 年版，第 203 页。

适应。在这种情况下，如果过分纠缠于定性，往往陷入无休止的争论，无助于问题的解决。当然，反过来说，若法定刑相差很大，对罪行的准确定性就至关重要，它将决定犯罪人究竟获得对其有利还是不利的结果。有时候，这种差别会非常大。

最后表现为选择罪名时可以根据罪刑相适应的基本要求，评价罪名的否定性程度，从而正确选择罪名。就犯罪人、被害人以及大众而言，犯罪发生之后关注的不是罪名，而是司法裁量后所形成的结果，即是否获得了与罪行相称的公正处罚。我国刑法中的法定刑幅度较宽，当一行为同时符合数罪的构成要件时，从量刑公正的角度来找寻最契合的构成要件，不失为一条路径。例如，行为人以杀人的方法抢劫财物，是以故意杀人罪还是抢劫罪论处，就需要考虑罪刑相适应原则的要求。按照我国《刑法》的规定，以故意杀人方式抢劫的，若以故意杀人罪论处，应处死刑、无期徒刑或 10 年以上有期徒刑；若以抢劫罪论处，则处 10 年以上有期徒刑、无期徒刑或死刑，并处罚金或者没收财产。两罪的法定刑之最高刑与最低刑相同，但轻重序列相反，反映出故意杀人罪应受谴责程度高于抢劫罪。因此，尽管故意杀人罪没像抢劫罪那样规定有附加刑，以故意杀人的方式抢劫财物的，仍应以故意杀人罪论处，而不宜定为抢劫罪。其实我国刑法中需要从实现罪刑相适应角度来定罪的情形不少，典型的如绑架罪。

（三）量刑

量刑又称刑罚裁量，是审判机关在查明犯罪事实，认定犯罪性质的基础上，依法对犯罪人裁量刑罚的审判活动。定罪和量刑是刑事审判工作的两个重要环节。

1. 量刑原则。

量刑，应根据量刑事实和《刑法》总则有关刑罚加重和减免之规定，遵循刑法理论所提出的量刑原则，以合理确定宣告刑。量刑原则包括：

（1）刑罚目的观的考虑原则。

该原则要求，在裁量刑罚中，必须考虑刑罚的目的观。依照我国刑法理论，一般认为，刑罚具有特殊预防和一般预防的目的，亦可理解为报应与威吓的目的。1979 年《刑法》尚有惩办与教育相结合的原则，这是属于强调了刑罚亦有教化的一面。

刑罚目的之间是具有对立的矛盾的，所以在学理上提出了诸多解决方案。一是优先理论，也就是认为刑罚目的之间有先后次序之分。这一理论中也有分歧，有的主张报应主义为先，有的主张社会预防为重，有的主张以个别预防的再社会化为优先目的。二是法官自由裁量理论，即委以法官自由裁量权，决定刑罚目的如何追求和实现。三是因案而异理论，即对于不同案件，也有不同的刑罚目的观。四是排斥一般预防理论，即主张排斥一般预防目的，而应以报应主义和个别预防的再社会化为目的。

（2）罪责原则。

罪责原则作为量刑原则，是指罪责不仅是刑罚制裁的基础，而且是刑罚裁量的标准。须依据行为人的罪责程度，决定实行的刑罚种类，并裁量刑罚的轻重程度。因此法官需要恪守比例原则与罪刑相当原则。

（3）平等原则。

对于罪责程度相同的行为人，不得因性别、种族、阶级、党派、宗教等区别，而科以不同的刑罚，不可予以差别待遇的量刑，更不可对社会底层犯罪者予以重判，亦不可阿附权贵，对权贵阶层犯罪者，予以轻判。

（4）再社会化原则。

刑罚应能达成促使受刑人重返社会的功能，通过刑罚的执行，使受刑人在服刑期满出狱后，不致再犯罪，而能重新适应社会生活。故裁量刑罚时，需遵循再社会化原则，使裁量的刑罚种类和刑度，均不背离刑罚促成受刑人再社会化的目的构想。[①]

2. 量刑依据。

《刑法》第61条规定："对于犯罪分子决定刑罚的时候，应当根据犯罪的事实、犯罪的性质、情节和对于社会的危害程度，依照本法的有关规定判处。"通说认为，这就是刑法关于量刑原则的规定，是罪刑相适应原则的具体化。量刑的事实依据与法律依据即源于此。

（1）以犯罪事实为根据。

以犯罪事实为根据，是指以犯罪的事实、犯罪的性质、情节和对于社会的危害程度为根据。要全面贯彻这一原则，就必须做到如下几点：

认真查清犯罪事实。这里的犯罪事实，是指符合刑法规定的犯罪构成要件的主客观事实。因此，查清犯罪事实，就是要查明行为主体实施了什么客观行为、造成了什么危害结果、侵犯了何种法益，行为人具有何种责任形式。认真查处犯罪事实，是正确量刑的第一个关键，是贯彻以犯罪事实为根据这一原则的前提。

准确认定犯罪性质。这里的犯罪性质，是指具体犯罪的罪质，即构成犯罪的主客观事实所表现的犯罪性质。准确认定犯罪性质，实际上就是要准确认定行为构成了什么罪，即确定具体犯罪的罪名，正确区分此罪与彼罪。确定了犯罪性质，也就确定了应当适用的刑法条文，从而基本选定了与该犯罪性质相对应的法定刑。

全面掌握犯罪情节。这里的犯罪情节，是指不具有犯罪构成事实的意义，却与犯罪构成事实的主客观方面具有密切联系，反映主客观方面的情状或深度，从

---

① 参见林山田著：《刑法通论》（下册），北京大学出版社2012年版，第347～351页。

而影响犯罪的法益侵犯程度与有责性程度的各种事实情况。换言之，这里的犯罪情节并不影响犯罪性质，但与决定犯罪性质的主客观事实具有密切联系，又能说明罪行的程度。认定犯罪性质，只是解决了应当适用的刑法条文，并没有完全选定法定刑，故不等于量刑的结果完全正确。在犯罪性质相同的犯罪中，犯罪情节不尽相同，因此犯罪的违法程度与有责性程度也不一样。在刑法规定了不同层次的法定刑的犯罪中，分清各该犯罪行为的情节属于哪个层次，对于正确量刑具有重要的意义。

综合评价犯罪的社会危害程度。《刑法》第 61 条中的"对于社会的危害程度"是指对罪行的综合评价，即在量刑时，应当通过分析、考察犯罪事实、性质与情节，综合评价罪行的程度。这种综合评价是对有责的不法和再犯可能性大小的判断。

（2）以刑事法律为准绳正确认定和评价犯罪的事实、性质、情节和危害程度，并不意味着量刑必然适当。要做到量刑适当，还必须以刑事法律为准绳。

必须依照刑事法律关于各种刑罚方法的适用权限与适用条件的规定裁量刑罚，如管辖权的规定，再如一个罪行只能有一个主刑的规定，等等。

必须依照《刑法》关于刑罚裁量制度的规定裁量刑罚，如刑法规定的自首、立功、累犯、缓刑、数罪并罚等制度。

必须合理选择《刑法》分则规定的法定刑，并依照法定刑裁量刑罚。行为触犯哪一个分则条文，就以哪一个条文规定的法定刑为标准，然后在法定刑内选择刑种与刑度，即使是从重、从轻、减轻处罚，也要以选定的法定刑为标准。在分则条文就同一犯罪规定了几个不同法定刑的情况下，应当根据案件事实合理选择法定刑。

必须依照《刑法》关于各种量刑情节的适用原则裁量刑罚。《刑法》规定了各种从重、从轻、减轻与免除处罚的情节，其中有的是应当从轻、减轻或者免除处罚，有的是可以从轻、减轻或者免除处罚，从重、从轻、减轻或者免除处罚又有其特定含义。法院裁量刑罚时，必须遵守《刑法》关于量刑情节的各种规定，正确把握《刑法》所规定的从重、从轻处罚、减轻与免除处罚的含义。[①]

3. 量刑过程。

量刑一般存在于相对确定法定刑之中，绝对确定法定刑随罪行确定而确定，无需裁量。量刑大体可分为两步：第一步是确定基础刑期，即排除各种法定和酌定的量刑情节，对某种仅抽象为一般既遂状态的犯罪构成的基本事实所判处的刑罚；第二步是调整基础刑期，即综合考虑各种量刑情节形成宣告刑。[②] 这一过

---

① 参见张明楷著：《刑法学》（第四版），法律出版社 2011 年版，第 492～496 页。

② 参见陈兴良著：《本体刑法学》，商务印书馆 2001 年版，第 116 页。

程，用日本学者的话说就是"由法定刑推导出处断刑，进而在该处断刑的范围内决定具体宣告刑的程序过程。"这两个步骤的区别在于，"对于法定刑进行必要的加重和减轻，由法定刑推导出处断刑的原理是由刑法以比较的形式加以规定的，它并不那样看重行为者的个别具体的量刑情节而加以考虑。量刑情节是从处断刑到决定具体宣告刑的时候才加以考虑的。在这个意义上，狭义的量刑是指从处断刑来决定宣告刑的过程。"① 由此可见，量刑的第一步侧重的是寻找与罪行相适应的法定刑幅度，第二步则是根据罪行之外的与犯罪人自身密切相关的因素确定对犯罪人具体适用的刑罚。如果说第一步实现的是罪刑相适应的话，第二步实现的则是刑罚个别化，这是刑罚裁量中并合主义的体现。

在量刑的第一步中，裁判者所考虑的是定罪情节，包括对犯罪构成要件的事实情况与超越犯罪构成要件之外却又与构成要件具有密切关系的情节。这一步主要是解决法定刑幅度的问题。法官对于符合构成要件且具有违法性、有责性的行为，根据《刑法》规定，找出一个法定刑幅度，由此作为量刑基础。这个法定刑幅度，一般而言，不得超出与刑事责任相适应的刑罚，并且存在一定的上下限所决定的幅度；在这个幅度之内，就具体犯罪而言，有时可以选择几种或几个刑罚，但在选择最终刑罚时应考虑不得超出幅度上限，但允许超出幅度下限。这一步建立了罪与刑的基本适应关系。

量刑的第二步，即依据刑事责任和再犯可能（人身危险性）相结合确定宣告刑。这个环节是量刑的中心环节，也是严格意义上的量刑活动。通常认为，量刑情节是指定罪事实以外的、与犯罪人或其侵害行为密切相关的、表明行为社会危害性程度和行为人人身危险性程度，并进而决定是否适用刑罚或处刑宽严或者免除处罚的各种具体事实情况。关于量刑情节的内容。综合各国刑法的规定，主要有如下几点：一是犯罪动机与目的；二是实施犯罪的客观原因；三是犯罪的手段；四是犯罪的时间与地点；五是犯罪后果；六是犯罪人的素行；七是犯罪后的态度。这些情节，按照不同的标准可以划分为多种。例如，以是否具有法律的明确规定为标准，可分为法定情节与酌定情节；以对量刑轻重所产生的影响为标准，可分为从宽情节与从严情节；以存在的时间顺序为标准，可分为罪前情节、罪中情节与罪后情节，罪前情节与罪后情节合称罪外情节。不论是哪一种量刑情节，由于它只对量刑产生影响。故而都属于体现刑罚个别化的情节。②

这一环节主要解决量刑的最后确定点的问题，也就是通过刑事责任和再犯可能的双重考量，寻找到刑罚的某个具体点，作为行为人的宣告刑。但允许在这个具体点之下，根据预防犯罪的需要进行量刑。

---

① ［日］野村稔著，全理其、何力译：《刑法总论》，法律出版社 2001 年版，第 480 页。
② 参见刘守芬、方文军：《罪刑均衡的司法考察》，载《政法论坛》2003 年第 2 期。

第二节 罪刑相适应原则的司法适用

一、罪刑相适应原则的司法理念要求

由于犯罪的复杂性，刑事立法一般只能规定相对确定的法定刑幅度，而不能规定绝对确定的刑罚与之相对应，罪刑相适应的实现还有赖于刑事司法，因此，罪刑相适应原则不仅是立法上配置法定刑的指导原则，而且应当成为指导刑事司法实践的重要原则。"量刑对于被告人来说是吸引他极大关注的具有重大意义的事情。"因为被告人，尤其是有罪被告人，其所关心的并不是以什么理由被惩罚，而是受到了何种惩罚。从这一意义上看，量刑的意义并不亚于定罪。可以说，量刑的公正实现了一半的正义。

在刑事司法中，法官对犯罪人裁量刑罚，不仅要看犯罪行为及其所造成的危害结果，而且也要看整个犯罪事实包括罪行和罪犯各方面因素综合体现的社会危害性程度。为此，必须做到：①

（一）妥善处理刑罚个别化原则

罪刑相适应是刑罚正义和刑罚个别化的有机统一。刑罚正义与刑罚个别化之间不是对立、相互排斥的关系，而是相互融合、相互补充的关系，它们是对犯罪人决定刑罚的两个切入点。刑罚个别化原则，是指在刑罚裁量时应当根据犯罪人的人身危险性大小，在法定刑幅度内或以法定刑为基础确定适当的刑罚。由此可见，人身危险性是刑罚个别化原则的核心概念。人身危险性实质上是犯罪人未来再实施危害行为的可能性，对这种可能性进行预测，只能从其过去的言行进行考察、分析。总的来说，心理特征（含个人性格、气质等）、生理状况、受教育程度、职业状况、生活经历、罪前情节（主要指犯罪前的一贯表现、累犯、再犯、前科以及犯罪的起因等）、罪后情节（包括两类：一类是悔悟表现，包括投案自首、积极揭发、戴罪立功或坦白交代等；另一类是抗拒表现，如犯罪后畏罪潜逃、抗拒逮捕、拒绝认罪或推脱罪责等），以及犯罪过程中的各种表现（犯罪人在共同犯罪中的地位和作用，危害行为方式，危害结果数量，犯罪对象的特点，犯罪时间、地点和手段的差异）都对量刑有影响。刑罚个别化原则的理论依据在于：不同的犯罪人具有不同的情况，每个人犯罪的原因存在着差异，为了使社会免受具有犯罪性格和倾向的人的侵害，也为了消除、改正这些人的犯罪倾向，

---

① 参见高铭暄、马克昌主编：《刑法学》（第三版），北京大学出版社、高等教育出版社2007年版，第35～36页；周光权著：《刑法总论》，中国人民大学出版社2007年版，第67～69页。

不应当只依其犯罪行为的外部表现和客观损害来确定刑罚，还应当兼及个人的反社会倾向即人身危险性。在刑罚执行阶段，根据犯罪人个人的悔罪情况适当缩短刑期，甚至附条件提前释放，都符合罪刑相适应原则的精神实质。今天，世界各国的刑事司法，都不同程度地肯定了刑罚个别化原则。

当然，刑罚正义和刑罚个别化之间并非无主次之分，使所决定的刑罚轻重与犯罪的社会危害性大小相适应，以满足刑罚报应的正义要求，应当是刑罚适用时首先加以考虑的方面。因为，犯罪的成立是对犯罪人决定判处刑罚的前提和基础，犯罪的社会危害性应当成为判处刑罚轻重的主导性和决定性因素。犯罪人的人身危险性虽然毫无疑问地对于判处刑罚轻重起着重要的影响作用，但却不具有主导和决定的意义，所以，相对于刑罚正义，刑罚个别化应当是次要考虑的方面。这种以刑罚正义为主，以刑罚个别化为辅的主次位置是不应颠倒的，否则，就是本末倒置。

（二）将量刑与定罪置于同等重要的地位

纠正重定罪轻量刑的错误倾向，把量刑与定罪置于同等重要的地位。我国审判机关在刑事审判活动中，一贯重视对案件的定性，而对量刑工作的重要性，部分法官则重视不够。有人认为，我国刑法对犯罪规定的量刑幅度颇大，因此，只要定性正确即可，至于多判几年或少判几年则无关紧要。基于这种认识，在处理上诉、申诉案件时，就形成了一个不成文的规则，即确属定性错误或量刑畸轻畸重的才予改判，而对于量刑偏轻偏重的，则维持原判。针对这种错误倾向，为了切实贯彻罪责刑相适应的原则，必须提高审判机关和法官对量刑工作重要性的认识，把定性准确和量刑适当作为衡量刑事审判工作质量好坏的不可分割的统一标准，以此来检验每一个具体刑事案件的处理结果。

为此，需要纠正司法实践中重定罪、轻量刑的做法。有的司法人员错误地认为，只要定性准确，多判几年或者少判几年都无关紧要。但是，量刑不准，仍然涉及对罪犯重要权利的不当剥夺，也是违反法律公正性要求的。对于具体犯罪，只有在对案件全部量刑情节进行全面考察、综合分析的基础上确定是否判处刑罚、判处多重的刑罚之后，才算真正做到了罪刑相适应。量刑适当与否是衡量罪刑相适应原则能否真正实现的唯一标准。

（三）防止重刑主义

纠正重刑主义的错误思想，强化量刑公正的执法观念。

由于种种复杂的历史和现实的原因，作为封建刑法思想重要表现之一的重刑主义传统，至今在一部分国民的心中还根深蒂固。这种思想也在一定程度上反映在刑事审判工作中，一些法官崇尚重刑，迷信重刑的功能，认为刑罚愈重愈能有效地遏制犯罪，特别是在社会治安混乱的时期，重刑主义观念表现尤为突出。必须指出，重刑主义是一种粗暴落后的刑法思想，是与罪责刑相适应原则直接对立的。重刑主义肆虐，罪责刑相适应原则就难以贯彻，甚至被彻底破坏。因此，我们必须清醒地认识重刑主义的危害，促使每一个法官都树立起量刑公正的思想，切实做到罪责相适应，既不轻纵犯罪分子，也不能无端地加重犯罪人的刑罚。

贯彻罪刑相适应，必须纠正重刑主义的错误倾向。有罪必罚，并不意味着有罪就必须重判，更不是对犯罪一律都按法定最高刑处刑。重刑主义思想危害很大，对罪刑相适应原则的冲击最大，所以，要贯彻罪刑相适应原则，必须强化量刑适当的观念，防止轻罪重判，减少重刑尤其是死刑的适用几率。

（四）追求司法的均衡和统一

要实现罪刑相适应，就需要防止不同法院对同样犯罪量刑过于悬殊的现象出现。纠正不同法院量刑轻重悬殊的现象，实现执法中的平衡和协调统一。

类似案件类似处理，是刑事司法中必须遵循的工作方针。但是，在当前的审判实践中存在着对犯罪的客观危害相同、犯罪人的人身危险性相同的案件，不同地区的法院在量刑上轻重过于悬殊的现象，这是在今后应当尽量加以避免的。

按照罪责刑相适应原则的要求，类似的案件在处理的轻重上应基本相同，但是从我国的实际情况来看，不同法院在对类似案件的处理上轻重悬殊的现象却相当普遍，同一性质、犯罪情节基本相同的案件，如果由不同的法院审理，甚至由同一法院不同的审判人员审理，最终判决的结果可能差别甚大，造成这种现象的原因，有立法上的粗疏，司法活动缺乏统一标准，还有法官个人业务素质和执法水平等各种复杂因素。为此，除继续及时完善刑事立法外，还需要进一步加强刑事司法解释工作，加强刑事判例的编纂工作，以便为判刑工作提供更加具体明确的标准，同时提高刑事审判工作人员的素质，不断改进量刑方法，从而逐步实现量刑的规范化、科学化和现代化。

二、罪刑相适应原则在司法实践中的主要问题

为了实现罪刑相适应原则，确保量刑公正，实现公平正义，近年来，在量刑公正方面各级法院作了大量探索性的工作。2010 年最高人民法院颁布了《人民法院量刑指导意见（试行）》，将量刑规范化、标准化提到一个新的高度。贯彻宽严相济刑事司法政策，维护社会和谐稳定的政策导向，使得在量刑中也更加关注个案的公正和个体的特殊情况，更加有力地促进了社会关系的和谐，实现了个别正义。正所谓，实现了量刑上的公正，就实现了刑法的一半的正义，此说毫不为过。

然而，当前的司法实践中仍存在着一些需要特别引起关注的现象：量刑趋重、漠视个别化及量刑偏差较大。量刑趋重是就整体而言的，它不能否定实践中在个案上可能存在的合理甚至轻缓的量刑。量刑趋重也是主要的表现形式。在刑

种上倾向选择相对严厉者，在刑期上倾向于接近上限。例如，《刑法》第277条规定，犯妨害公务罪，处3年以下有期徒刑、拘役、管制或者罚金。这是我国《刑法》分则在轻罪法定刑配置上的一种典型模式，即提供数类刑种并按由重至轻的顺序排列。这种配置模式在一定程度上体现了立法者优先考虑适用较重刑罚的意图，但它更多的是一种立法技术的表现，因为《刑法》分则尚未寻到一个法定刑是由轻至重排列的例子。裁判者在对这类罪行的量刑过程中，似乎有一种潜意识，认为只有徒刑才算刑罚，而拘役、管制的严厉程度不足以惩治犯罪。罚金则与作为行政处罚的罚款无实质差别。于是，对于情节较轻的轻罪，裁判者也倾向于使用有期徒刑，只是在刑期上略为缩短，如1年、1年6个月等。这种做法在实践中很常见，它同时导致了两种现象：偏爱轻刑，较少适用缓刑；单处罚金则更少。刑期趋重现象存在于有期徒刑尤其是法定刑幅度过大的有期徒刑之中。综观我国《刑法》，常见的法定刑幅度有"三年以上十年以下有期徒刑"、"三年以上七年以下有期徒刑"、"五年以上十年以下有期徒刑"、"十年以上有期徒"等。裁判者在刑罚裁量中往往在心理基准点之上选择宣告刑。一般法官在法定刑幅度内靠下限1/3处作为量刑基准点，但也有法官在法定刑幅度内的中间点以上选择宣告刑。例如，对使用暴力强奸妇女的，处8年有期徒刑（法定刑幅度为3年以上10年以下有期徒刑），对介绍卖淫两次的处5年有期徒刑（法定刑幅度为5年以下有期徒刑），对为阻拦小偷而过失致小偷死亡的处6年有期徒刑（法定刑幅度为3年以上7年以下有期徒刑），这样的量刑就失之于重。由于我国《刑法》分则普遍采用幅度过大的相对确定法定刑立法模式，这就为量刑趋重留存了很大的空间。

漠视刑罚个别化，是指裁判者在量刑过程中主要以犯罪行为为尺度，而较少考虑影响犯罪人人身危险性的因素。目前较多考虑的量刑情节是自首、立功、未成年、被害人有过错、累犯等。可以说。凡是《刑法》明文规定的量刑情节，司法过程中原则上都会体现出来，但酌定量刑情节则很少适用。这体现了裁判者在量刑中的机械性。当前的量刑实践给人最深切的印象是强调对已然犯罪的报应。而较少从犯罪人能够更生改造的立场来考虑，如在判决理由中说明犯罪人不幸的家庭环境促成了他的犯罪并在量刑时适当从轻的考虑几乎从未有过。尽管宽严相济刑事政策的充分实施，突出了刑罚个别化的要求，但是漠视个别化的现象仍然普遍存在，对数额犯的量刑几乎唯数额论而排斥其他情节，如毒品犯罪。

量刑偏差大，既有罪质相同的犯罪之间量刑的偏差，也有同种犯罪在不同个案中量刑的偏差，还有对同种罪行因法官观念差异而导致的量刑偏差。第一种情形指法定刑基本相同的犯罪，如没有刑罚加重情节的普通聚众斗殴罪与致人轻伤的故意伤害罪。由于犯罪类型的多样化，有时从罪质上难以作出明显区别，故《刑法》分则中存在大量法定刑大体相同的犯罪。在一行为触犯数个罪名的情况下，定罪不仅要看客观的行为类型，也要注意法定刑的细微差别。如果不注意这一点，则可能导致量刑在罪质相同而罪名不同的犯罪之间的偏差。譬如，寻衅滋事致一人轻伤，一人轻微伤，如果定寻衅滋事罪，处2年有期徒刑，就与故意伤害罪有偏差。因为故意伤害致人轻伤的法定刑为3年以下有期徒刑、拘役或管制，而寻衅滋事罪的法定刑为5年以下有期徒刑、拘役或管制，区别二者的关键在于被告人在侵犯他人人身权的同时是否明显地侵犯了"公共秩序"。如果在扰乱公共秩序的过程中致人轻伤，则以寻衅滋事罪定罪，并在量刑上体现出来，即在3年左右处刑。这就是说，量刑是与定罪同样重要的问题，不能误以为只要是在法定刑幅度内量刑就无可指责。对于罪质基本相同的不同个案作出有细微差别的量刑，恰是审判公正的表现，也是法官能力的证明。

同种犯罪在不同个案中量刑的偏差相对较少，因为裁判者通常以经验为量刑尺度，会注意到所办案件在量刑上的均衡。但这种偏差有时则非常明显，如对被害人有一定过错案件的被告人处以无期徒刑，而对被害人无过错但被告人心理受压抑的案件中的被告人处死刑。量刑偏差最明显的是因法官之间观念上的差异而导致的。由于对个案情节审视的角度不完全相同，法官们在同一案件中的观点差异是极为普遍的现象，如实践中常发生的失业人员或进城务工人员由于没有找到工作，受饥饿等所迫，而实施的盗窃、抢劫等行为。有的法官认为，犯罪因贫穷而发生，有可原谅之处，可以从轻处罚。而有的法官可能会认为，如果从轻的口子一开，则流动人口较多的地区的社会治安和社会秩序会受到很大影响。因此，二者量刑会形成非常大的区别。

究竟是什么原因导致了罪刑相适应在司法实践中的不均衡现象？我国有学者对此进行了研究，指出刑事立法不完备、法律条文粗糙、法定刑幅度过大是造成量刑不均的先天条件；法官自身因素（如性格、年龄、性别、经历、量刑习惯等）也会造成量刑不平衡，审判体制、行政机关的干预、治安形势、社会舆论、未经整理和确认的判例都会对量刑产生影响。应当说，这种分析是比较全面而中肯的。审判委员会是当前法院内部重大案件定罪与量刑的决定机构，但重大案件毕竟是少数，也不是对所有重大案件审委会成员的意见都与案件承办者的意见相左。行政机关的干预、社会舆论的影响也都会使某些案件的量刑出现偏差。

笔者以为，影响罪刑相适应的主要因素集中在两个方面：

1. 客观存在的刑法裁量不一致的因素。

（1）法院因素。

不同地区的法院可能在裁量标准上把握不一，不同法院在裁量标准上的传统或许不同，这都造成了刑罚裁量的不一致性。这些因素是客观存在的，且难以避免。

（2）法官因素。

法官因素包括法官的教育背景、家庭及社会背景；法官的世界观、人生观、价值观、政治观、法律实务经验、刑事政策观等；法官的个人生活经历、性格、健康状况、工作压力，等等。这些虽然与人有关，但都是客观存在的影响量刑一致的因素。

（3）被告人因素。

被告人的个人因素，包括外形、举止、谈吐等，包括跟案件无关的个人方面的特质情况，都有可能影响对其量刑。

（4）程序与监督因素。

一方面，量刑程序没有充分建立。尽管在 2008 年中央政法委员会《关于深化司法体制和工作机制改革若干问题的意见》中就提出规范自由裁量权，将量刑纳入法庭审理程序，一些地区的司法机关也就量刑程序的设置作了不少尝试，检察机关在量刑建议方面也作了一些改革试点，但即便在 2012 年 3 月 14 日第十一届全国人民代表大会第五次会议审议通过的《全国人民代表大会关于修改〈中华人民共和国刑事诉讼法〉的决定》中，依然没有对量刑程序作出独立的规定。该决定仅增加了一条与量刑程序有关的条款，即修改后《刑事诉讼法》第193 条第 1 款规定："法庭审理过程中，对与定罪、量刑有关的事实、证据都应当进行调查、辩论。"但对量刑程序如何设置并未有具体规定。但这也为将来量刑程序的改革埋下伏笔。另一方面，就监督而言，检察机关的量刑建议虽然试行多年，但对裁判并不形成必然的制约。更重要的是，检察机关把握量刑的水平也不是很高，何况量刑本身随着庭审也在不断变化。

2. 主观造成的影响罪行均衡的因素。

主观方面的因素主要包括两个：一个是法官在裁量时对量刑依据采纳不够全面，另一个是法官自身的法律素养问题。

（1）量刑依据的片面性。

通常认为，《刑法》第 61 条规定了我国的量刑依据，对于犯罪分子决定刑罚的时候，应当根据犯罪的事实、犯罪的性质、情节和对于社会的危害程度，依照该法有关规定判处。司法实践中该条规定作为量刑依据普遍存在于刑事判决书中。法官在判决书中评判完控辩双方的意见后通常写到："据此，本院根据被告人犯罪的事实、犯罪的性质、情节和对于社会的危害程度，依照《中华人民共和国刑法》第××条、第××条之规定，判决如下……"现行《刑法》第 61 条的规定是对 1979 年《刑法》第 57 条的沿用。1979 年《刑法》尚未规定罪刑相适应原则，在设计量刑基准时，许多人认为"犯罪分子的个人情况"在量刑工作中适当掌握就可以，不必在条文中明确规定，否则会产生副作用。如果说1979 年《刑法》基于当时的立法环境而不在量刑原则中规定"犯罪分子的个人情况"是可以理解的话。那么，在1997年《刑法》确立了罪刑相适应为刑法基本原则的情况下，虽对1979年《刑法》第57条即1997年《刑法》第61条未作任何改动，但需要在新的形势下依照罪刑相适应原则予以理解和解释。首先，必须坚持报应主义的刑罚裁量观或者以报应主义作为罪刑相适应的基础。中国的司法实践中所欠缺的是公正，而不是差别，这一点是首要的。因此，《刑法》第61条的基本精神必须坚持。其次，根据罪刑相适应的基本原则，《刑法》第61条所体现的报应主义的刑罚观应当有所完善和修正，也即实际上1997年《刑法》之后，罪刑相适应主义的适用，体现了并合主义的观念，即刑事责任与再犯可能在量刑中是并重的，而不是偏废的。虽然要坚持报应主义的基础，但是实际上在量刑原则中已经是报应与预防二元并重。如果舍弃《刑法》第61条的基础，强烈要求在立法上就体现刑罚个别化，那对于立法技术而言也不大现实，更何况刑罚观的社会基础仍在于报应主义。最后，不能过分强调《刑法》第61条的弊端，将之狭隘理解为，决定刑罚分量的依据仅仅是犯罪的客观危害程度，而没有犯罪人的个人情况，仅仅是刑罚与罪行均衡，而疏漏了刑罚与责任程度的均衡等不合乎罪刑相适应原则的情况。实际上，刑法条文由于法的稳定性的需求不能总是在变化，但法律解释可以随着社会形势及刑事政策的变化而采取灵活和务实的立场，对《刑法》第61条作出更加合理和完善的解释。

重刑主义与泛刑主义是中国传统文化的核心，这并没有错，但法制现代化有一个进程，这个进程必须符合社会大众观念和心理的发展，并非一蹴而就。从传统中国的重刑主义发展到现代以法治国的轻刑主义、非犯罪化、刑罚谦抑等主流观念，尚需时日。特别是中国处于变革之中，国内外形势复杂，人民群众对公平正义需求强烈，对法治需求强烈的情况下，解决基本的公平正义可能是最迫切的。也应当看到，社会对犯罪的看法也比较缓和了，刑罚早已不像百年以前那样严峻。犯罪或刑罚并没有变化，而是两者的关系发生了变化。越来越多的人开始认识到，犯罪就如人体的疾病，是人类社会中必然存在的一种现象；严刑峻法就如对病人下猛药，欲速则不达。于是，不少人呼吁我国刑事立法与司法应向"轻轻重重"方向转型。

当前，我国刑罚结构与报应主义刑罚目的一致，属于"既严且厉"的重刑结构。这种重刑结构以自由刑为中心，死刑规定较多。在这种条件下，司法中也不可避免地保持着量刑趋重的倾向。除较多地适用死刑外，无期徒刑、10年以上的长期自由刑的适用率偏高。尤其令人关注的是，除法定情节（如自首、立功、累犯等）在量刑中予以考虑外，酌定情节几乎不在考虑之列。也就是说，我国的量刑在趋重倾向下同时具有趋同倾向。尽管人们普遍承认《刑法》第5条规定的罪刑相适应原则既是定罪原则，也是量刑原则，但司法实践中尚未将"刑罚的轻重应当与犯罪分子所承担的刑事责任相适应"作为量刑依据，体现犯罪人罪责大小的"个人情况"仍被拒之于量刑依据的大门之外。不仅如此,《刑法》第 63 条第 2 款关于对不具有法定减轻处罚情节的犯罪人依酌定情节减轻处罚时须经最高人民法院核准的规定,实际上是限制甚至禁止地方各级法院依酌定情节对罪犯减轻处罚。该规定的意图虽在于防止地方各级法院滥用权力减轻对罪犯的处罚,但同时也体现出了明显的报应主义刑罚目的观。

(2) 法官的法律素养尚待进一步提高。

法官作为现代社会息讼止争的裁判者,不仅要有广博的专业知识,而且要有优秀的品格。可以说,法官这一职业群体受世人尊敬的原因主要在于后者。人们常常爱称法官为社会"精英",既然如此,并不是任何人都能成为法官。可惜的是,我国缺乏法治的传统,作为"法律帝国"之都的法院在我国与一般国家机关的地位没有什么差别。虽然法官队伍中并不全部都是受法律教育和培训的专业人员,但这种状况也在逐步得到改变。无论怎样,注重提高学历与学识至少表明法院的地位在提升,是法官受重视程度的标志,是我国社会的重大进步。

就罪刑相适应的司法实践而言,因法官个人素质引发的问题主要是对立法理解不充分及对自由裁量权的误解。

我国犯罪概念中含有定量因素,《刑法》分则多采用情节犯的立法模式。"情节较轻"、"情节严重"、"情节特别严重"、"情节特别恶劣"等用语随处可见。正因为同一种犯罪因情节不同而具有不同的社会危害性。立法多用相对法定刑,以供裁判者在断案过程中针对个案选择具体宣告刑。不少人批评我国刑法条文简单,规定的法定刑幅度过大,却又缺乏相配套的具体适用标准,造成法官执法困难和随意性大,从而导致量刑不平衡,这种分析的确有一定道理。我国《刑法》分则的不少条文中的"情节"尚有细化的余地。譬如,故意杀人罪中的"情节较轻"就可以通过列举的方式使之明确化,使法院在适用时有标准可参照。《德国刑法典》在这方面就有可借鉴之处,它采用小章制立法模式,对诸多常见犯罪都作了情节上的具体区分,并配置了相应的法定刑。例如,"侵害他人生命的犯罪"一章中就有谋杀、故意杀人及其减轻情节、受嘱托杀人、堕胎、灭绝种族、遗弃、过失杀人等具体规定。这至少比我国故意杀人罪与过失致人死亡罪的笼统规定有助于司法适用。但是,法律的普遍性本质决定了法律不能过于具体,法律的制定者是人不是神,法律不可能没有缺陷,发现法律的缺陷并不是什么成就,将有缺陷的法条解释得没有缺陷才是智慧。缺乏解释法律能力是当前司法界的普遍现象。于是,当碰到没有司法解释的案件时,法官们通常感到无助,担心在"于法无据"的情况下办错案件。最高人民法院深谙国情,自 1997 年《刑法》实施以来,颁布了大量司法解释,数量之多,令人惊叹。同时,各省高级人民法院也经常向最高人民法院请示,尽管有些请示没有必要。最高人民法院也不断以"批复"、"答复"、"复函"等形式就具体问题作出回答。这样一来，法官在解释法律能力较低的情况下，又滋长出解释法律的惰性。遇上没有司法解释的案件，就容易造成量刑上的偏差，违反罪刑相适应原则。实际上，司法解释虽比《刑法》细致、明确，但始终是一般性规定，既不能超越法律条款的规定，也无法提供所有案件定罪量刑的具体答案。此时，法官们就依据自己对法律规定的理解来行使自由裁量权。所谓自由裁量权，在我们看来，就是在法定刑幅度内依据罪责确定宣告刑的权力。这种"自由"是相对的，非但不随主观意志的转移而转移，恰恰相反，它存在着某种客观尺度，即罪刑相适应原则。贝卡利亚所主张的"三段论"的定罪过程，虽然因为呆板僵化而受到后人的批判，但并不意味着打开了法官自由裁量权之门。即使立法规定的法定刑幅度过宽，法官也仍然有依据法理公正量刑的使命。法官的标准仍然是一种客观标准，从心理学角度而言，一种具有正常智力和良心的人都可能会合乎情理地来进行判断的标准。而从社会观念的角度而言，这种客观标准是代表社会大多数人观念的关于公正和正义的看法，甚至这种看法应该注意去精英化，更加具有大众性。当介绍卖淫3次构成"情节严重"而可处5年以上有期徒刑时，处6年徒刑就应有相应理由，否则也应属于"畸重"的量刑。自由裁量的过程远非将犯罪情节与法律对号入座而得出结论这么一个简单的过程。在司法的过程中，"逻辑、历史、习惯、效用以及人们接受的正确行为的标准是一些独自或共同影响法律进步的力量。在某个具体案件中，哪种力量将起支配作用。这在很大程度上取决于将因此得以推进或损害的诸多社会利益的相对重要性或相对价值。最基本的社会利益之一就是法律应当统一并且无偏私。在法院活动中，一定不能有偏见或偏好，一定不能有专断任性或间歇不定。因此，主要应当遵循先例，应当有对称的发展。当历史或习惯是影响现在规则的推动力或主要推动力时，要与历史或习惯保持一致，而当逻辑或哲学是推动力时，就要与逻辑或哲学保持一致。但是，要实现对称发展也许代价会太高。当一致性变成压迫的一致性时，一致性就不再是好东西了。这时，对称性或确定性所服务的社会利益就一定要通过衡平和公道或其他社会福利的因素所服务的社会利益来保持平衡。这些利益也许会责成法官从另一角度来确定界线，责成他沿着新进程标出路径，责成他标出新的起点并使追随他的后来者从这里开始他们的征程。"① 卡多佐大法官的上述论断表明，案件的定罪与量刑是一个极为复杂的动态过程。裁判者所要考虑的因素常常要超出个案本身，或者说，裁判者通常用多年积累的知识与经验来审视个案，从而作出在纵向与横向上均称得上均衡的结论。他在这里特别强调了先例的重要作用。我国虽不是判例法国家，但也承认经验在司法中不可替代的地位与作用，并且也在试行案

---

① ［美］克莱门斯·巴特勒斯著，许晓霁译：《矫正导论》，中国人民公安大学出版社1991年版，第69～70页。

例指导制度，最高人民法院所公布的案例、指导性案例，以及最高人民法院各业务庭所编辑出版的参阅、参考和典型案例都对裁判活动起着指导作用。最高人民法院已于 2010 年正式公布了《人民法院量刑指导意见（试行）》，向制定统一的量刑规则迈出了可喜的一步。

三、罪刑相适应原则的司法适用方法

（一）刑罚与罪质相适应

罪质，就是犯罪构成主客观要件统一表现的犯罪性质（犯罪的质的规定性）。不同的罪质，标志着各该犯罪行为侵害、威胁法益的锋芒所向不同。这种不同，正是表明各种犯罪具有不同的罪行程度，从而决定法律后果轻重的根本所在。危害人身权利的犯罪是由其罪质决定的。刑事立法首先着眼于罪质的不同，制定与之相对应的轻重有别的法定刑。所以，法官在量刑时，也要首先确定与该犯罪的罪质相对应的法定刑是什么。认准了这一点，就在总体上为正确量刑提供了根本保证，即使在具体选择刑种、刑度时略有偏颇，也不致刑罚畸轻畸重。反之，如果罪质认定错误，据以裁量刑罚的法定刑就必然不适应，那么，由此而选定的宣告刑，其悖谬的必然性及其严重程度，就不言而喻了。所以，坚持刑罚与罪质相适应，是罪刑相适应原则的必然要求。①

1. 刑罚与犯罪性质相适应。

罪质，首先表现为行为的犯罪性质，也就是该构成要件与违法性的行为的这一性质。这在德国法上又称为不法。从研究行为的角度而言，不法即是犯罪行为。如果行为人没有责任阻却因素，则犯罪成立。刑罚与罪质相适应，应当首先与行为的犯罪性质相一致，或者说与不法相一致。法律根据不法的性质和种类，规定了相对应的刑罚。在选择适用刑罚时，必须根据行为的犯罪性质确定相应的刑罚种类和量度。

【研讨问题】应在法定刑幅度范围内量刑体现了罪刑相适应原则对刑罚与罪质相符合的基本要求

【案例 6 - 1】周某等人职务侵占罪一审法定刑以下量刑二审被改判案

2008 年 9 月的一天，被告人周某、李某、蔡某在某村与发龙村交界附近一电信交接箱处查线，李某发现有一根电信电缆线已被剪断，提出作废品卖掉，周某、蔡某表示同意。随后 3 人利用从事某县电信局电缆线维护工的职务之便，先后 3 次在该路段盗得 1420 米电缆线。然后由李某联系，并与周某一起将电线销赃，得赃款 5100 元，李某、周某分给蔡某 1700 元赃款，其余 3400 元赃款 2 人

---

① 参见张明楷著：《刑法学》（第三版），法律出版社 2007 年版，第 61 页。

平分。经某县价格认证中心鉴定，被盗电缆线价值14846.10元。2008年11月27日，周某、李某主动到某县公安局投案，如实供述上述犯罪事实。案发后，三人已赔偿被盗单位全部损失。

一审法院认为，被告人周某、李某、蔡某利用职务上的便利，结伙盗窃本单位的财物，数额较大，其行为均已构成职务侵占罪。本案系共同犯罪，所起作用基本相当，不划分主从犯。案发后，周某、李某能主动投案并如实交代犯罪事实，是自首，可以从轻处罚；三被告人还能积极退赔本单位的经济损失，可以酌情从轻处罚。据此，依法判决被告人周某犯职务侵占罪，判处管制2年；被告人李某犯职务侵占罪，判处管制2年，被告人蔡某犯职务侵占罪，判处管制2年。

公诉机关提出抗诉，认为该案判决适用法律错误，量刑畸轻。其理由是：被告人蔡某、周某、李某的行为已构成职务侵占罪，应当处5年以下有期徒刑或者拘役。虽案发后被告人有投案自首、积极退赔情节，依法可以从轻或者减轻处罚。但一审人民法院对被告人所判处的刑罚为管制2年，所适用的刑种不是在法定刑的量刑幅度之内，而是降格处罚，属于适用法律错误。

二审法院认为，在共同进行职务侵占犯罪中，李某提出盗割电缆线卖钱的犯意，盗窃后积极联系销赃，并与周某将赃物送至销赃地获得赃款，还主持分赃，李某与周某均属起主要作用的主犯，二人应对所参与的全部犯罪承担责任；蔡某仅参与盗割电缆线，并由李某分给其赃款，属于起次要作用的从犯，具有法定的从轻、减轻处罚情节。一审判决对本案共同犯罪不划分主从不当，应予纠正。抗诉机关提出"该案判决适用法律错误，量刑畸轻"的理由，审查认为，一审判决在未区分本案主从犯，又未对周某、李某的自首适用减轻处罚的情况下，即以三被告人犯职务侵占罪，在该罪法定最低拘役刑以下量刑判处三被告人各管制2年确属不当。根据本案三被告人犯职务侵占罪的事实、情节和各自所起的作用，考虑周某、李某犯罪后投案自首，蔡某是从犯并结合三被告人认罪、悔罪，积极退赔盗窃电缆线价值款14846.10元的情况，对周某、李某可以从轻处罚，对蔡某应当从轻处罚，三人均可以适用缓刑。一审判决定罪准确，审判程序合法。二审法院据此判决：一、维持一审判决的定罪部分，撤销量刑部分。二、被告人周某犯职务侵占罪，判处拘役6个月，缓刑1年；被告人李某犯职务侵占罪，判处拘役6个月，缓刑1年；被告人蔡某犯职务侵占罪，判处拘役6个月，缓刑1年。

法定刑是犯罪性质和情节轻重的基准，遵循罪刑相适应原则首先要在法定刑幅度内量刑。法定刑幅度体现了某一类犯罪行为的社会危害性的程度，这种程度是社会一般观念的产物，是符合刑法所处时代要求的罪刑等价要求或者报应要求的价值观的。在法定刑幅度内量刑是罪刑相适应原则的基本要求，只有出现法定的减轻情节时，才能在法定刑幅度之下量刑。

本案中，虽然周某、李某、蔡某犯罪情节较轻，且有法定、酌定从轻情节，但法院裁量刑罚时，不能因为罪行较轻，就自行选择适用较轻的刑种，而必须在法定刑幅度范围内选择较轻的刑种和刑期。就职务侵占罪而言，《刑法》第271条第1款规定："公司、企业或者其他单位的人员，利用职务上的便利，将本单位财物非法占为己有，数额较大的，处五年以下有期徒刑或者拘役；数额巨大的，处五年以上有期徒刑，可以并处没收财产。"周某、李某、蔡某的侵占数额达到较大标准，未达到巨大标准，因此其对应的法定刑应该是5年以下有期徒刑或者拘役。虽然有法定、酌定从轻情节，但只能在法定刑幅度范围内从轻。职务侵占数额较大的法定刑是5年以下有期徒刑或拘役，法院只能在此范围内从轻。一审法院超出法定刑幅度的从轻是错误的做法。

2. 刑罚与刑事责任相适应。

罪刑相适应原则中的"罪行"应当理解为包含客观违法性与主观有责性在内的广义的罪行，"刑事责任"，是指犯罪人所应承担的法律后果。将罪行理解为包括客观违法性与主观有责性的广义的罪行，具有法律根据。例如，《刑法》第48条第1款规定的死刑只适用于罪行极其严重的犯罪分子。这里的"罪行"显然不是仅指客观违法性，而是同时包括了主观有责性（另参见《刑法》第9条、第26条、第103条至第105条等）。如果将刑事责任理解为犯罪的法律后果，那么，一般来说，罪行重则刑事责任重，罪行轻则刑事责任轻。但是，由于罪行本身的轻重是由犯罪的主客观事实本身决定的，而刑事责任的轻重虽然主要由犯罪的主客观事实决定，可是许多案件外的情况表明犯罪人人身危险性（再犯可能性）程度的事实或情节，能够说明刑事责任的轻重，却不能说明罪行的轻重。例如，自首与立功可以说明行为人的人身危险性减轻，但不表明其所犯罪行也减轻，而这是制刑与量刑时必须考虑的因素。因此，可以认为，《刑法》第5条关于罪刑相适应原则的规定，实际上是要求刑罚的轻重必须与罪行的轻重以及犯罪人的人身危险性相适应。与罪行的轻重相适应，是报应刑的要求；与犯罪人的人身危险性相适应，是目的刑的要求。其实质内容，在于坚持以客观行为的法益侵害性与主观意识的有责性相结合的罪行轻重，以及行为主体本身对于社会的潜在威胁和再次犯罪的危险程度，作为量刑的尺度。其出发点和归宿，都在于最大限度地发挥刑罚的积极功能，实现刑罚的正义和预防犯罪的目的。由于刑罚必须与罪行的轻重相适应，故可以防止为了追求预防目的而出现畸轻畸重的刑罚，因为刑罚必须与犯罪人的人身危险性相适应，刑罚的严厉程度应该只为实现其目标而绝对必需，故可以防止为了追求报应而科处不必要的刑罚。[①] 实践中，由于立法的公正观念来自于公意，加之公开的司法判决的影响，实际上存在着一

———————————

① 参见张明楷著：《刑法学》（第三版），法律出版社2007年版，第60页。

种有关刑事责任的公正观念，也就是对于犯罪行为和个人情形的不同状况在人的大脑中整合出了一套认识、理解的公正的刑事责任的观念。对于一个犯罪人犯罪之后，无论司法人员，还是社会大众，都有可能根据其行为和个人情况作出承担刑事责任的判断，而且这种判断有时候与定性无关。

【研讨问题】 刑罚应与犯罪人应承担的刑事责任相适应

【案例6-2】 绑架罪免予刑事处罚

被告人赵某系下岗青年。赵某决定绑架富商王某的儿子王某某进行勒索。为此，赵某首先租了一间民房，以作关闭、扣押人质之用。后赵某数次跟踪王某某，掌握了王某某的行动规律。在赵某决定动手的前一天，全市召开公审大会，枪毙了一批绑架犯罪分子。赵某被震慑，放弃了绑架念头。法院经审理认为，赵某为绑架他人制造条件，其行为已构成绑架罪；赵某系自动放弃犯罪，属于犯罪中止，因没有造成损害，遂判决对其免除处罚。

刑事责任，是行为人的犯罪行为所应承担的后果。从我国《刑法》规定来看，刑事责任的实现方式包括适用刑罚、适用非刑罚处罚方法、单纯宣告有罪等。行为人具体需承担何种方式的责任，要根据行为人犯罪后的法律后果，也即刑事责任来判定。

刑事责任，在不同案件中是不一样的，特别在有些案件中，刑事责任的实现未必都是以刑罚的方式。《刑法》之所以规定了多种刑事责任的承担方式，就是考虑到了刑事责任的大小区别，以及必须要有与之相适应的承担方式。贯彻罪刑相适应原则，就是要认真判明犯罪人的刑事责任的大小，从而选择具体的责任承担方式。在有的案件中，未必是刑罚处罚方式，可以是非刑罚处罚方式，也可以是单独宣告有罪。

本案中，赵某进行了实施绑架犯罪的准备，后自行放弃犯罪，属于犯罪预备的中止。根据《刑法》第22条的规定："为了犯罪，准备工具、制造条件的，是犯罪预备。对于预备犯，可以比照既遂犯从轻、减轻处罚或者免除处罚。"根据《刑法》第24条的规定："在犯罪过程中，自动放弃犯罪或者自动有效地防止犯罪结果发生的，是犯罪中止。对于中止犯，没有造成损害的，应当免除处罚；造成损害的，应当减轻处罚。"

赵某属于犯罪预备的中止，没有造成损害结果，具有可以从轻、减轻或免除刑罚、应当免除刑罚的适用条件，故法院裁量免除处罚完全符合法律规定，也符合罪刑相适应原则的基本要求。

为了实现罪刑相适应的要求，立法上除了规定具体犯罪的法定刑、法定刑幅度等限制之外，在《刑法》总则中就犯罪的特殊形态等如何体现罪刑相适应的要求，进行了预先性、总括性的规定，这些规定统帅《刑法》分则各章。有关犯罪的不同形态、共同犯罪等的刑事责任的规定即属此例。依据《刑法》分则对法定刑幅度作出基本判断之后，还不能断言刑事责任的最终确定，必须参酌《刑法》总则的规定，来最终判明刑事责任的大小，并选择适当的刑事责任的承担方式并宣告。如此，才能真正实现罪刑相适应。

【研讨问题】刑罚应符合一般的刑事责任观念

【案例6-3】许霆盗窃案

被告人许霆，1983年2月7日出生于山西省襄汾县，高中文化，农民工。2007年7月11日被逮捕。

广东省广州市中级人民法院审理广州市人民检察院指控被告人许霆犯盗窃罪一案，于2007年11月20日以（2007）穗中法刑二初字第196号刑事判决，认定被告人许霆犯盗窃罪，判处无期徒刑，剥夺政治权利终身，并处没收个人全部财产。宣判后，许霆提出上诉。广东省高级人民法院于2008年1月9日以（2008）粤高法刑一终字第5号刑事裁定，撤销原判，发回重审。广州市中级人民法院依法另行组成合议庭重新审理后，于2008年3月31日以（2008）穗中法刑二重字第2号刑事判决，认定被告人许霆犯盗窃罪，在法定刑以下判处有期徒刑5年，并处罚金人民币2万元。宣判后，许霆提出上诉。广东省高级人民法院经依法公开开庭审理，于2008年5月23日以（2008）粤高法刑一终字第170号刑事裁定，驳回上诉，维护原判，并依法报请最高人民法院核准。

最高人民法院经复核确认：2006年1月，被告人许霆被广州市粤华物业有限公司聘任为保安员。同年4月21日21时许，许霆持自己不具备透支功能、余额为176.97元的银行卡到位于广州市天河区黄埔大道西平云路163号的广州市商业银行自动柜员机前准备取款100元，同行的郭某某（已判刑）在附近等候。当许霆在自动柜员机上无意中输入取款1000元的指令后，柜员机即出钞1000元。许霆经查询，发现其银行卡中仍有170余元，意识到银行自动柜员机发生故障，能够超出账户余额取款且不如实扣账。于是，许霆先后于21时57分至22时19分、23时13分至19分、次日零时26分至1时06分的三个时间段内，在该自动柜员机170次主动指令取款174000元，而其账户实际被扣账174元。郭某某从许霆处得知该台自动柜员机出现异常后，亦采用同样手段先后取款19000元。同月24日下午，许霆辞职后携款逃匿。2007年5月22日，公安人员在陕西省宝鸡市将许霆抓获归案。许霆至今未退还赃款。

另查明，2006年4月21日16时许，运营商广州某公司对涉案的自动柜员机进行系统升级。4月22日、23日是双休日。4月24日上午，广州市商业银行对全行离行式自动柜员机进行例行检查时，发现涉案的自动柜员机出现异常，即通知运营商一起到现场开机查验。经核查，发现该自动柜员机在系统升级后出现异常，1000元以下（不含1000元）取款交易正常；1000元以上的取款交易，每取1000元按1元形成交易报文向银行主机报送，即持卡人输入取款1000元的指令，自动柜员机出钞 1000 元，但持卡人账户实际扣款 1 元。

上述事实，有第一审、第二审开庭审理中质证的被告人许霆的银行开户资料，广州市商业银行提供的涉案的自动柜员机的《完整流水记录数据》、《账流水清单》、银行监控录像，运营商广州某公司《关于调取许霆盗窃案中相关证据的复函》，证人黄某某、卢某、赵某某的证言，同案被告人郭某某的供述，公安机关关于抓获被告人许霆的证明材料等证据证实，被告人许霆亦供认，足以认定。

最高人民法院认为，被告人许霆持不具有透支功能的银行借记卡在银行的自动柜员机取款时，发现自动柜员机发生故障，在明知自己的银行卡内只有 170 多元的情况下，乘银行工作人员尚未发现之机，非法取款 174825 元，并携款潜逃的行为，已构成盗窃罪。许霆盗窃金融机构，数额特别巨大，依法本应判处无期徒刑以上刑罚。但考虑到许霆是在发现自动柜员机发生故障的情况下临时起意盗窃，其行为具有一定的偶然性，与有预谋、有准备盗窃金融机构的犯罪相比，主观恶意性相对较小；许霆是趁自动柜员机发生故障之机，采用输入指令取款的方法窃取款项，与采取破坏手段盗取钱财相比，犯罪情节相对较轻，对许霆可以适用《刑法》第 63 条第 2 款的规定，在法定刑以下判处刑罚。第一审判决、第二审裁定认定的事实清楚，证据确实、充分，定罪准确，量刑适当。审判程序合法。依照《中华人民共和国刑法》第 63 条第 2 款和最高人民法院《关于执行〈中华人民共和国刑事诉讼法〉若干问题的解释》第 270 条的规定，裁定如下：核准广东省高级人民法院（2008）粤高法刑一终字第 170 号维持第一审以盗窃罪在法定刑以下判处被告人许霆有期徒刑 5 年，并处罚金人民币 2 万元的刑事裁定。

刑事责任作为表示罪行轻重的具有等级差异的概念，往往代表了一种抽象的罪刑相适应的观念。这种刑事责任观念由长期的司法实践所验证，逐渐形成人们的一种基本的在刑罚方面的等价观念，这种等价观念也代表了社会的公平正义观念。所以，实际上，我们在判断一个行为应当施以何种刑罚时，首要是以我们的刑事责任观判断行为大致应承担怎样的、多少程度的刑事责任。同样的，法官在判断一种行为刑事责任的性质和大小时，也是建立在刑事责任观的基础之上。对司法官而言（法官、检察官），这种刑事责任观来源于刑法理论的学习和大量的刑事司法实践而形成的逻辑经验。刑事责任的确立原则大体包括：只有自愿作出的犯罪行为才须负刑事责任；控方负举证责任；致罪行为；致罪意念；致罪行为与致罪意念必须同时存在；因果关系（既是事实问题，也是法律问题）等。笔者以为，刑事司法认知过程中有几个可以称之为刑事责任原则的经验判断存在：一是危害性。刑法理论把危害性称为犯罪的本质属性，必然造成在判断行为犯罪与否时，多以危害性为标准。二是明轻明重。危害性没有量化的标准，不能引以为规范，因此在判断时必须依靠以往大量的司法经验，"举轻以明重，举重以明轻"。这是在《唐律·疏议》中就已存在的类推原则。即使刑法的规范学特点越来越强烈，这种方法也还是非常简单分明的。三是合法性。这里的合法性含义比较广泛，既包括犯罪的违法性，也包括有责性。通常是以排除的方式，即排除合法的行为，如职务上的行为，正当防卫等，还要排除不予追究的情形，如无刑事责任能力。四是行为、犯意与因果。最后才是构成要件的该当。

许霆案的本质并不在于如何巧妙应用法律或解释法律，使案件似乎找到更好的法律适用方法，而是许霆案对于绝大多数司法者而言，都与他们积累的刑事责任观不相符合，与社会大众的刑事责任观也不相符合。更进一步说，许霆案其实挑战了社会大众的基本的刑罚等价观，或者说是关于刑罚公平正义的观念。所以，才引起了很大的社会反响和批评。

张明楷教授在指出许霆案应定盗窃罪的同时，也指出了解决方案。他认为，网民的议论可以表明，对许霆判处无期徒刑属于量刑畸重，事实上也可以为许霆找出应当轻判的理由。从立法论上来说，量刑畸重缘于过重的法定刑。但是，一方面，不能因为判处无期徒刑过重，就否认许霆的行为属于盗窃金融机构；另一方面，既然判处无期徒刑过重，就必须合理运用《刑法》的相关规定，对许霆判处低于无期徒刑的刑罚。对此，有两个途径可供选择：（1）适用《刑法》第63条第2款减轻处罚。在适用该款时，并不是先请示最高人民法院，后作出减轻处罚的判决；而应先作出减轻处罚的判决，然后逐级上报至最高人民法院核准。（2）认定许霆的行为属于盗窃金融机构，但不认为其盗窃数额特别巨大。采取这一途径时法官必须作如下说明：司法解释所规定的数额特别巨大的标准，是就一般盗窃而言。至于在盗窃金融机构的案件中，应当适用"无期徒刑或者死刑"这一法定刑的"数额特别巨大"标准是多少，司法解释并无明确规定。考虑本案的特殊情况，判处许霆无期徒刑过重，故可以认为许霆盗窃金融机构的数额并没有达到应当判处无期徒刑或者死刑的"特别巨大"标准，因而只能适用"十年以上有期徒刑或者无期徒刑"的法定刑。采取这一途径，需要法官的胆量，但不需要最高人民法院核准。当然，如果采取这一途径同时适用《刑法》第63条第2款，则需要报请最高人民法院核准。[①]

许霆案最后的定罪结果是5年有期徒刑，虽然在舆论上仍有一些议论，但总体上符合当前社会大众的公正观。而且，这个结果与我国目前刑罚体系关于刑罚的量的配置特点也是相适应的，所以在法学界、实务界得到一般认同。根据白建军教授创设的SCO评价体系，在几类非暴力性侵财犯罪中，如盗窃罪、职务侵

---

① 参见张明楷：《许霆案的定罪与量刑》，载《人民法院报》2008年4月1日。

占罪和贪污罪中，盗窃罪的处罚是最严厉的。① 至于是否涉及对行为主体的立法上的不平等，这不仅是立法上的问题，也是一个立法价值取向的问题。可能在立法者眼里，侵犯普通大众的普通刑事犯罪更需要严厉打击，因为其社会影响更大；而职务犯罪由于发生在一定的空间，对普通大众的生产生活影响可能要小些。或许正是基于这种罪刑均衡的立法考虑，对盗窃罪的打击更加严厉。

（二）刑罚与犯罪情节相适应

案件定性准确，只是解决了正确选定法定刑的问题，不等于量刑的结果必然完全正确。因为在罪质相同的犯罪中，不同案件的犯罪情节不尽相同，其罪行程度也不一样。要使刑罚真实反映形形色色的具体案件的罪行程度，量刑就理所当然地必须注意刑罚与犯罪情节相适应。我国刑法采取相对确定的法定刑，而且刑种、刑度的选择余地较大，其目的之一就是便于法院针对每一具体案件的犯罪情节和犯罪人的具体情况，分别裁量刑罚，使刑罚真正适应各自犯罪的罪行程度。

犯罪情节这一概念具有多种含义，这里所说的犯罪情节，是指不具有犯罪构成要件的意义，却同犯罪构成的主客观方面有密切联系，反映主客观方面的情状或深度，从而影响罪行轻重的各种事实情况。正因为犯罪情节是反映罪行轻重的事实情况，因而对任何案件的量刑都是重要的。在刑法规定了不同层次的法定刑的犯罪中，分清该犯罪行为的各情节属于哪个层次，对于正确量刑，意义尤为重要。例如，《刑法》第232条故意杀人罪的法定刑分为两个层次。第一层次为死刑、无期徒刑或者10年以上有期徒刑；第二层次为3年以上10年以下有期徒刑。这种高低不同的层次，就是依犯罪情节轻重区分的。正因为犯罪情节对决定刑罚轻重具有重要意义，故对案件中的各种犯罪情节必须全面考察，综合评价，严防以偏概全。②

犯罪情节，就是犯罪中的情节，是指犯罪过程中出现的各种情节，包括犯罪手段、犯罪动机等。犯罪中的情节表现了行为"恶"的性质，体现的是社会危害性，因此犯罪中的情节多影响责任刑。

【研讨问题】犯罪情节对量刑的影响

【案例6-4】张某甲受贿被判死刑案

被告人张某甲，男，原系中共某省国际信托投资公司党委书记、公司董事长兼总经理。

某市中级人民法院经公开审理查明，1991年年底至1994年9月期间，被告人张某甲利用其担任中共某省国际信托投资公司党委书记、公司董事长兼总经理

---

① 参见白建军著：《罪刑均衡实证研究》，法律出版社2004年版，第278~279页。
② 参见张明楷著：《刑法学》（第三版），法律出版社2007年版，第61~62页。

的职务便利，收受及指使、纵容其养子张某乙、其妻邹某收受公司下属和客户的财物，为对方谋取利益。收受的财物总计折合人民币2208900元。其中，张某甲指使张某乙收受下属某公司卢某为感谢其重用、提拔及在业务上的关照而送的别墅一栋，价值173.73万元港币。到深圳出差和香港旅游期间，被告人张某甲纵容随行的邹某收受张某丙4万元港币；收受卢某10万元港币。被告人张某甲在与马来西亚商人张某丁洽谈业务过程中，应张某丁的要求，签署一系列文件，出卖国际信托投资公司的利益，收受张某丁12万马来西亚吉林特；在帮助港商黄某推销深圳的"福建大厦"4层写字楼，使黄某等人获取中介费人民币216万元期间，先后收受黄某8万元港币和价值1.6万元港币的摩托车一辆；在国信公司将合资成立的某服装实业有限公司交合资方陈某承包经营后，经张某甲同意减交了陈某应交的利润人民币25.5万元，免交了应交的违约金人民币141万元，张某甲先后在香港收受陈某16万元港币。上述收受的财物，除别墅和摩托车外，大部分由张某乙用于长沙市烈士公园"水上乐园"项目投资，部分由邹某在深圳市存入银行，案发后，已被公安机关追缴。某市中级人民法院于1997年7月10日判决如下：被告人张某甲犯受贿罪，判处死刑，剥夺政治权利终身，并处没收财产人民币20万元。侦查机关查获的赃款予以没收；违法所得予以追缴，均上缴国库。一审宣判后，被告人提出上诉。某省高级人民法院于1998年7月22日判决：驳回上诉人张某甲的上诉，维持原判，并依法将该案报请最高人民法院核准。最高人民法院于1999年10月10日裁定如下：核准某省高级人民法院维持一审以受贿罪判处被告人张某甲死刑，剥夺政治权利终身，并处没收财产人民币20万元的刑事判决。

本案中，张某甲的受贿数额达到人民币200多万元，根据《刑法》第385条、第386条和第383条的规定，受贿数额达到10万元以上，情节特别严重的，可以处死刑，并处没收财产。张某甲的受贿数额远远超过10万元，数额特别巨大，犯罪性质恶劣；除此之外，犯罪情节也决定了最终的死刑判决。张某甲的行为给国家利益造成了重大损失，应该上缴国家的利润、违约金都被其所减免。另外，受贿情节中有行贿人答应贿赂犯罪人之后，他不在内地接受，而是让其养子张某乙到香港接受；行贿人送的别墅，他要求对方将房产证办到张某乙名下。由此可见张某甲受贿手段非常狡猾，主观上逃避法律惩处的目的非常明显。

（三）刑罚与犯罪人的人身危险性相适应

犯罪人的人身危险性，是指犯罪人具有的不直接反映罪行的轻重，却可以表明他对社会的潜在威胁程度及其增长的本身情况，包括罪前和罪后的情况。当今世界刑法思想很注重刑罚对犯罪人未来再犯罪趋势的遏制作用。犯罪人罪前一贯品行较好或有劣迹、有无前科以及罪后自首或畏罪潜逃、积极退赔经济损失或隐藏赃款赃物等，虽然对他所实施的犯罪本身没有直接影响，却可预示其改造的难易程度和再犯罪的可能性大小。把这种人身危险情况作为决定刑罚轻重的根据之一，符合刑罚目的的需要。

总体来说，要实现罪刑相适应，就必须使刑罚与犯罪性质、犯罪情节和犯罪人的人身危险性相适应。法院对任何犯罪决定刑罚时，都应当坚持这一原则全面衡量，不容偏废。当然，这三者的作用也不是等同的。其中，起主要作用的，应当是直接体现罪行程度的罪质和情节，而不是人身危险性；人身危险性只起次要作用。而且，作为量刑考虑因素的人身危险性，只有在本人实施了犯罪行为，被法院裁量刑罚的时候，才有意义。如果他的行为尚未构成犯罪，则没有必要也不应当对其人身危险性进行评价，法院也绝不应借口他具有人身危险性，而判处刑罚。[①]

1. 刑罚与行为人的责任要素相对应。

所谓刑罚与行为人的责任要素相对应，包括刑罚应符合刑事责任年龄对刑事责任的制约，刑罚应符合刑事责任能力对刑事责任的制约，刑罚应符合违法性认识对刑事责任的制约，刑罚应符合期待可能性对刑事责任的制约等几方面。

【研讨问题】刑事责任年龄限制刑罚的适用

【案例6-5】未成年人绑架他人依法未被判处死刑案

被告人宋某与被害人张某通过上网相识，因被害人张某答应借200元钱给宋某并为其买衣服未兑现，宋某对此非常气愤，遂产生报复张某的歹念。2004年11月21日，宋某找到被告人徐某，后在徐某租住的房内商定，由宋某到九江将张某骗至瑞昌，然后由徐某假扮宋某的前男友，出面勒索张某的钱。宋某当日下午到九江找张某，徐某则于当晚找到其他朋友被告人刘某、夏某二人入伙。

2004年11月22日上午，宋某将张某带至徐某的住处敲门，并谎称其父母不在家。在房内守候的徐某、刘某、夏某听到宋某敲门的暗号后，立即出门将张某拦住，并与宋某一起将张某带到瑞昌市某山上。徐某等人逼张某打电话向家里及工作单位要钱，并劫取张某身上二三十元钱和一张银行卡。因张某要钱未果，宋某、徐某认为张某的亲属可能报了警，经商量决定杀死张某。当天下午，四被告人将张某带到瑞昌市洪下乡张家铺彭家的后山上，徐某先用绳子勒张某的颈，刘某随后持刀砍、割张某的腰部和颈部，夏某按住张某的脚，宋某则站在不远处。徐某、刘某、夏某见张某已死，即将其尸体推到茅草丛中隐藏，并将其皮带解下由徐某据为己有。经法医检验鉴定，死者张某系被他人用绳索勒颈窒息而死亡。

法院认为，被告人宋某、徐某、刘某、夏某为勒索钱财，采用暴力手段绑架他人作为人质，见勒索钱财不成，唯恐罪行败露，竟残忍地将人质杀害，其行为

---

① 参见张明楷著：《刑法学》（第三版），法律出版社2007年版，第62页。

均已构成绑架罪，且情节特别恶劣，后果特别严重，均应判处死刑。但被告人刘某、夏某犯罪时未满 18 周岁，根据《刑法》第 49 条之规定，不适用死刑。被告人宋某、徐某积极策划绑架并商定、实施杀害被害人，在共同犯罪中起主要作用，系主犯；被告人刘某在被告人徐某的邀约下，积极实施犯罪，亦系主犯；被告人夏某在共同犯罪中系从犯，应当从轻处罚。据此，判决被告人宋某犯绑架罪，判处死刑，剥夺政治权利终身，并处没收个人全部财产；被告人徐某犯绑架罪，判处死刑，剥夺政治权利终身，并处没收个人全部财产；被告人刘某犯绑架罪，判处有期徒刑 14 年，并处罚金 2000 元；被告人夏某犯绑架罪，判处有期徒刑 11 年，并处罚金 1000 元。

根据《刑法》第 239 条的规定，犯绑架罪，致使被绑架人死亡或者杀害被绑架人的，处死刑，并处没收财产。可见，对于绑架并致被绑架人死亡或者杀害被绑架人的行为，只有一种绝对确定的法定刑——死刑。如果没有《刑法》总则对刑事责任的限制性规定，那么作为实行犯，都应判处死刑。本案中，刘某与宋某、徐某一样，都是积极实施绑架杀害被绑架人行为的主犯，但刘某、夏某都未满 18 周岁，其未被判处死刑的原因就是《刑法》第 49 条规定的"犯罪的时候不满十八周岁的人和审判的时候怀孕的妇女，不适用死刑"。

法律之所以规定对未满 18 周岁的人不适用死刑，主要是考虑他们尚未成年，社会认知能力和自我控制能力较弱，容易受到外界的影响，故以法定的形式减少其刑事责任。当然，从减少责任的角度亦可认识其合理性。根据规范责任论中的规范呼吁说，责任存在的前提是法律规范的要求为行为人接受或认识的可能性。如果行为人具有法律规范的可呼吁性，则构成要件该当且违法的行为就具有刑事可罚性；反之，若因行为人未成年或者有精神病，则不具有规范的可呼吁性。[①]因此，未成年人即使犯下重罪，也因其规范的可呼吁性上的欠缺而减少责任。

无论是从减少刑事责任的角度，还是减少责任的角度，对未成年人不适用死刑，都体现了刑法的原理和立法的要求，故执行减免刑罚的规定，才能真正体现罪行与刑事责任的一致。

2. 刑罚应考虑行为人的犯罪前状况。

犯罪人犯罪前后状况，统称为犯罪外的情节，是指在犯罪行为之前或之后发生的情节，包括犯罪人的一贯表现、犯罪后的态度、悔罪表现等。犯罪外的情节，体现的是犯罪人的人身危险性，是对个人的社会评价和法律评价，故犯罪外的情节多影响罪行。

犯罪前的情节主要包括了犯罪人的一贯表现，犯罪人与被害人及其亲近的人

---

① 参见李海东著：《刑法原理入门（犯罪论基础）》，法律出版社 1998 年版，第 105 页。

的关系（涉及被害人是否有过错，或第三人过错等问题），前科劣迹等。

【研讨问题】犯罪前情节对量刑的影响

【案例6-6】故意伤害致死被判缓刑案

被告人：马某某，女，58岁，河南省唐河县农民。被告人之子石某某曾因故意伤害罪被判处有期徒刑10年。1995年被释放后，恶习不改，经常打骂邻众，打骂父母，虐待儿子。尤其恶劣的是，1995年4月的一天，石某某将其养女（17岁）强奸。数日后，被告人马某某将该养女送到外地躲避。石某某恼羞成怒，经常持械责骂父母，家人无奈，到派出所报案，要求惩处。石某某更加猖狂，1995年7月15日，石某某持镢头到父母处大骂，并准备伤害被告人马某某及他人。被告人令另外两个儿子将石某某捆绑后，自己斥骂石某某，石某某不但不听，反而大声辱骂，被告人见其恶习难改，用镢头砍其右臂关节处和左膝关节处。当晚8时许，石某某因创伤性、失血性休克死亡。被告人到派出所自首。

1996年2月，经人民法院审判委员会研究决定，以故意伤害罪判处被告人马某某有期徒刑3年，缓刑5年。

犯罪前的情节，主要包括了被害人与犯罪人之间的关系，被害人在犯罪人犯罪前的表现等，因为在很多案件中，被害人在案件的起因、诱因、动机等方面是有原因或责任的。对于被害人有过错的案件，可以降低犯罪人的人身危险性的评价。

本案中，被害人石某某刑满释放之后，恶习不改，作恶多端，强奸亲属，打骂乡邻，忤逆父母。其家人无奈，要求公安机关处理，反而激起其嚣张气焰，持械伤害母亲和兄弟，可见其人身危险性很大，在整个案件中有重大过错。再看犯罪人实施犯罪时的情境，是被害人仍然辱骂父母，不思悔改。当然，除了这些犯罪前情节可以证明被害人有过错，犯罪人人身危险性不大。本案其他情节也能佐证，如行为人实施犯罪，本意也是致被害人伤残，而非致命。再如，犯罪人犯罪后主动投案自首，更加证明犯罪人人身危险性较低，再犯可能性不大。是故，法院在法定刑以下裁量，符合本案之具体条件。当然，由于该行为发生在1979年《刑法》实施期间，法院在法定刑以下量刑可以径行作出。如果适用1997年《刑法》，则需层报最高人民法院核准。

3. 刑罚应考虑行为人犯罪后的表现。

犯罪后的表现，又称犯罪后情节，包括犯罪人的认罪态度、悔罪表现等，如是否自首、坦白，是否畏罪潜逃，是否检举立功，是否积极退赃等。

【研讨问题】自首与宽严相济刑事政策

【案例6-7】张甲故意杀人案

被告人张甲于1997年12月19日因涉嫌故意杀人罪被逮捕。被告人张甲与被害人王某某之妻张某某通奸数年。1997年12月4日20时许，王某某回家后见其妻不在家，便去张甲的住处寻找，在张甲的院门外遇见张甲时，因王某某询问其妻是否在张甲家中，双方发生口角并相互厮打。王某某跑回自己院内，被告人张甲也随即追至王某某的院中，用拳猛击王某某的头部，将王某某打倒后又用手扼其颈部，致王某某窒息死亡。随后被告人张甲怕被王家人发现，将尸体拖至距现场200米处的一空院中。

作案后，被告人张甲逃至锡林浩特市，于1997年12月6日由其兄领至锡林浩特市杭盖派出所投案。张甲归案后，在当天的前两次供述中，张甲称被害人是被其猛击头部倒地后因高血压病死亡。在当日的第三次讯问中，张甲才如实供认被害人是被其扼颈而死。

内蒙古自治区乌兰察布盟中级人民法院认为，被告人张甲将他人扼颈窒息死亡，其行为已构成故意杀人罪。鉴于被告人张甲具有投案自首情节，对其可以从轻处罚。遂依照《刑法》第232条、第57条第1款、第67条的规定，于1998年8月25日判决如下：被告人张甲犯故意杀人罪，判处死刑，缓期2年执行，剥夺政治权利终身。

一审后，被告人张甲服判，未上诉。

内蒙古自治区检察院乌兰察布盟分院认为，被告人张甲由亲属送至司法机关，不是自己投案；在公安干警抓捕过程中欲挣脱逃跑，并以头部撞墙意图自杀；审讯时没有如实供述自己的犯罪事实，避重就轻，推卸责任，自首情节不成立。遂以"不属投案自首"和"量刑畸轻"为由，向内蒙古自治区高级人民法院提起抗诉。

内蒙古自治区高级人民法院经审理认为，原审被告人张甲与被害人之妻长期通奸，当被害人发现妻子不在家时就到原审被告人家寻找，被害人没有过错，而原审被告人在案件起因上存在过错；原审被告人张甲虽有自首行为，但其与被害人之妻长期通奸，在被害人到其住处寻找妻子发生厮打后，追到被害人家中，采取扼颈手段将被害人杀死，情节特别恶劣，故虽自首但不足以从轻处罚。因此，原审判决对被告人张甲的量刑显属不当，检察机关提出量刑畸轻的抗诉理由成立，应予支持。遂依照《刑事诉讼法》第189条第2项、第200条第2款的规定，于1998年11月13日判决如下：（1）撤销乌兰察布盟中级人民法院刑事判决中对原审被告人张甲的定罪部分；（2）撤销乌兰察布盟中级人民法院刑事判决中的处刑部分；（3）原审被告人张甲犯故意杀人罪，判处死刑，剥夺政治权利终身。

内蒙古自治区高级人民法院依法将此案报送最高人民法院核准。

最高人民法院经复核认为，被告人张甲与被害人之妻长期通奸，有过错在先，又对被害人到其家寻找自己妻子不满，进而与被害人发生口角和厮打，又追至被害人家院中，用拳击倒被害人后又用手扼被害人颈部致其死亡，后将被害人尸体拖至无人处丢弃。其行为已构成故意杀人罪，依法应当严惩。但鉴于被告人张甲犯罪后投案自首，对其判处死刑，可不立即执行。遂依照《刑事诉讼法》第199条，最高人民法院《关于执行〈中华人民共和国刑事诉讼法〉若干问题的解释》第285条第3项，《刑法》第232条、第48条第1款、第57条第1款、第67条第1款的规定，于1999年10月28日判决如下：（1）撤销内蒙古自治区高级人民法院刑事判决中对被告人张甲的处刑部分；（2）被告人张甲犯故意杀人罪，判处死刑，缓期2年执行，剥夺政治权利终身。

本案从犯罪性质上来看，张甲犯故意杀人罪，根据《刑法》第232条的规定："故意杀人的，处死刑、无期徒刑或者十年以上有期徒刑；情节较轻的，处三年以上十年以下有期徒刑。"可见，对于故意杀人罪，特别是致人死亡的，首先应当按照适用死刑、无期徒刑、10年以上有期徒刑的顺序决定相对应的法定刑。本案中，张甲与被害人王某某的妻子长期通奸，有过错在先。被害人到张甲家中寻找妻子，发生口角打斗之后，王某某已跑回自家院子，张甲居然追到被害人王某某家中将其杀害，手段残忍，性质恶劣。据此罪质，当以故意杀人罪中的死刑为量刑基准。之所以最后选择判处死缓，最高人民法院主要考虑了犯罪后的自首表现。张甲自首后虽供述有反复，但在法庭调查之前供述了全部罪行，仍应认定为自首。更重要的是，张甲是由其兄领至派出所投案的。对于家人领送投案，刑法是予以鼓励的，因此在刑罚上应当有所体现，以发挥法律的示范、引领作用。此外，该案发生在农村，系由感情纠葛引起，这也是最高人民法院改判死缓的考虑因素。

（四）刑事诉讼的不同阶段都应遵循罪刑相适应原则

1. 量刑。

量刑是在认定犯罪性质及其法定刑的基础上，依案件情节和犯罪人的人身危险程度的不同，实行区别对待的方针，具体选定适当的宣告刑或决定免予刑罚处罚的审判活动。所以，它重在犯罪情节，兼及人身危险性。罪质只在极个别情况下，才对宣告刑的选定起决定作用。例如，《刑法》第56条规定，对于危害国家安全的犯罪分子应当附加剥夺政治权利。在此，决定是否附加剥夺政治权利的因素是罪质，而不论犯罪情节和犯罪人在罪前、罪后的表现如何。在当前，量刑要做到罪刑相适应，还必须既纠正重刑主义思想，又防止极端轻刑主义倾向。重刑主义与极端轻刑主义都是违背罪刑相适应原则的观念，摒弃这两种观念才有利于贯彻罪刑相适应原则。另外，对犯罪罪质相同、情节相同的量刑，因地因时不同而有一定差异是无可非议的，但应避免轻重悬殊，差异过大。

2. 公安、检察环节终止案件需遵循罪刑相适应原则。

公安、检察环节终止案件，一般情况下不是终局性的终止，但在司法实践中，其对案件的处理决定往往具有定性和确定刑事责任的性质，当事人往往接受其处理决定，带有终局裁判的色彩。从本质上来说，公安、检察环节对案件的处理虽不是一种量刑活动，但却是一种定性活动，其处理决定对当事人的刑事责任的承担具有决定意义，故要遵循罪刑相适应原则。

3. 行刑环节亦须根据犯罪人人身危险性的变化适应罪刑相适应原则的要求。

行刑的直接目标，在于使犯罪人接受教育改造，消除其再犯罪的可能性，并对社会起一般预防作用。每个犯罪人在服刑期间的表现是不相同的，反映了他们各自的人身危险性程度消长变化情况不一致。行刑机关就是要根据这种不一致，及时有针对性地分别进行有效的改造教育，并扩大社会影响。对于其中确有悔改、立功表现、再犯罪的可能性明显降低的犯罪人，还可依法予以减刑、假释。显然，行刑过程是一个进行性的持续体现罪刑相适应原则的过程。其表现的特点是：重在犯罪人的人身危险程度的消长变化，兼及罪质和犯罪情节。《刑法》第78条与第81条对减刑、假释的积极条件以及对累犯不得假释的规定，清楚地说明罪刑相适应原则在行刑方面表现为重在犯罪人的人身危险性程度的消长变化；《刑法》第81条规定，对因故意杀人、强奸、抢劫、绑架、放火、爆炸等暴力性犯罪被判处10年以上有期徒刑、无期徒刑的犯罪人不得假释，说明了兼及罪质与犯罪情节。①

第三节　刑罚个别化原则

一、刑罚个别化原则的基本理论

在对犯罪人适用刑罚时，既要根据犯罪社会危害性的程度确定与之相适应的刑罚，还要考虑犯罪人人身危险性即再犯可能性的大小选择与之相当的刑罚。在刑法理论上，一般认为罪刑相适应原则的初始含义是指前者；而对后者，则称作刑罚个别化原则。

（一）刑罚个别化原则概述

刑罚个别化，是指法官在适用刑罚时，要充分考虑犯罪人的人身危险性，即再犯可能性。根据犯罪人人身危险性的大小适用轻重不同的刑罚，以期达到改造教育罪犯，实现刑罚特殊预防的目的。由于犯罪人的人身危险性即再犯可能性的

---

① 参见张明楷著：《刑法学》（第三版），法律出版社2007年版，第62～63页。

有无与大小，取决于犯罪人诸方面的个人情况，因而为了正确适用刑罚，就必须对犯罪人进行"人格调查"，即对犯罪人的个性、身心状况、境遇、经历、教育程度等"个人情况"进行调查。这就是刑罚个别化原则的含义。

刑罚个别化的思想渊源，最早可以追溯到罗马教法庭审案处刑的时代。不过，刑罚个别化作为近现代刑法理论中适用刑罚的一项原则，是由主观主义刑事学派犯罪学家们提出并加以研究的。

刑罚个别化原则，是主观主义刑事学派在否定客观主义刑事学派的基础上提出来的。客观主义刑事学派认为，犯罪是行为人个人自由意志的结果，而各人的自由意志都是相同的，犯罪的差异表现在犯罪行为及其外部实害结果上。所以，适用刑罚，只能以客观的犯罪行为为标准，依照犯罪的种类来选定刑罚的种类；对于同一犯罪，则以外部实害的大小作为适用刑罚轻重的根据，无须考虑犯罪人的个人情况。主观主义刑事学派认为，犯罪原因的研究结果表明，犯罪是行为人生理、心理情状与其周围环境交互影响的产物，并非由于自由意志，更无所谓人人相同的自由意志。各犯罪人的"个人情况"不同，所以即使是同一种类的犯罪，犯罪人的反社会性或曰人身危险性大小也因人而异。所以对犯罪人应如何处刑，不应依其犯罪的外部实害大小而定，而应依犯罪人反社会性或曰人身危险性的大小而定，依犯罪人具体的"个人情况"而定。例如，刑事人类学派的创始人龙勃罗梭认为，由于"天生犯罪人"具有犯罪的必然性，因而对其应适用终身监禁、割除生殖器或死刑，即使在其没有犯罪的情况下也可以实行保安处分；由于政治犯犯罪多迫于情欲，多激于爱心，多疯狂之人，因而对其"宜置于医院，而不宜令其上断头台"；对于情欲犯，"设法令其悔过即可"；而对于偶发犯，有时可以不加刑罚。刑事社会学派的李斯特则把犯罪人分为"偶发犯"与"情欲犯"。前者又称为"机会犯"，是指受外界环境影响而偶然发生犯罪的人；后者是指由内在的不良性格导致犯罪的人，又可分为有矫治可能性的情况犯和无矫治可能性的习惯犯。李斯特主张，对于偶发犯或机会犯，仅以刑罚的吓阻产生儆戒的作用即可，对于有矫治可能性的情况犯，则可处以教化与矫治性刑罚促其改过自新；对于无矫治可能性的习惯犯，则以刑罚使其与社会隔离，从而使社会免受其害。

主观主义刑事学派主张的刑罚个别化原则，对20世纪以来资产阶级的刑事立法产生了重要影响。例如，巴西、意大利、联邦德国、瑞士、日本、韩国、奥地利等国家刑法都规定适用刑罚时必须考虑犯罪人的"个人情况"。此外，各国刑法普遍规定了缓刑、假释；还有一些国家刑法规定了不定期刑、保安处分以及行刑中的"累进处遇"制度，这些都是受刑罚个别化原则影响的结果。

从现代资本主义国家的司法实践状况来看，法官在对犯罪人适用刑罚时，也都是以刑罚个别化思想为指导，将犯罪人的诸种"个人情况"作为影响刑罚轻重的重要因素加以考虑的。比如，美国加州大学心理系的考尼柯尼（Konecni）教授等人对 1982 年美国某些法院宣判后的 1200 个案例的案卷进行了统计分析研究。① 他们首先把刑罚的严重程度分为四种情况：（1）判刑 10 年以上至无期徒刑者，关入各州立监狱；（2）判刑 10 年以下者关入县监狱，其中大多数能得到缓刑；（3）直接宣判缓刑而没有拘役；（4）其他，包括送入精神病院等。随着犯罪前犯罪次数的增加，处刑严重程度的百分比也在增加：无犯罪历史者，仅有 7.2% 案例的刑罚是 10 年以上徒刑，关入州立监狱中；但有 4 次和 4 次以上犯罪记录者，则有约 30% 案例的刑罚是 10 年以上徒刑，关入州立监狱。此外，犯罪人犯罪后到开庭审判前的认罪态度以及司法部门对其采取的相应措施不同，对刑罚的轻重也有直接影响。

目前，在我国的刑事司法实践中，刑罚个别化原则得到了广泛应用，尤其与罪刑相适应原则相结合，更加准确地确定了犯罪人的刑事责任。我们在遵循刑罚个别化原则时，虽然主张在适用刑罚时要考虑犯罪人的人身危险性即再犯可能性，使刑罚的轻重与犯罪人人身危险性的大小相适应，但与主观主义刑事学派主张的刑罚个别化原则却有重大区别。首先，主观主义刑事学派主张的刑罚个别化原则是以否定罪刑相适应原则为特征的。它把犯罪人的人身危险性置于不适当的位置，认为它是决定刑罚轻重的唯一因素，犯罪的社会危害性对刑罚的轻重毫无影响。而我国的刑罚个别化原则并不排斥罪刑相适应原则的存在，二者都是指导我国人民法院适用刑罚活动的基本原则。因此，在我国，犯罪的社会危害性的大小和犯罪人的人身危险性的大小都是决定刑罚轻重的重要因素。而且，二者当中犯罪的社会危害性是首要因素。其次，主观主义刑事学派主张的刑罚个别化原则中的犯罪人的"人身危险性"有两方面的含义：一是犯罪人在犯罪过程中和由犯罪前后的诸种情况所表现出来的人身危险性；二是行为人由遗传及其他人格因素表现出来的人身危险性。后者实际上指的是潜在的犯罪倾向性。这两种"人身危险性"都是适用刑罚及其他社会保卫方法的根据。因此，主观主义刑事学派主张，对于尚未犯罪但已表露出潜在的犯罪倾向的人或者"天生的犯罪人"，也可以适用刑罚以及保安处分等社会保卫方法，这实际上是对根本没有犯罪的人适用刑罚。而我国刑罚个别化中的犯罪人的"人身危险性"，只限于在犯罪之中以及犯罪前后由犯罪人的诸种情况表现出来的再犯罪的可能性。也就是说，这种人身危险性是以犯罪的发生为前提的。从未实施犯罪的人，根本就谈不上什么"人身危险性"，更不能对其适用刑罚。

（二）刑罚个别化原则的根据

将刑罚个别化确定为我国适用刑罚的原则，有着充分的理论根据、政策根

---

① 参见沈政主编：《法律心理学》，北京大学出版社 1986 年版，第 156～159 页。

据、法律根据和实践根据，也是实现刑罚目的的客观要求。

1. 刑罚个别化原则的理论根据。

在适用刑罚时贯彻刑罚个别化原则，要求人民法院从特定案件出发，具体分析犯罪人的情况及其人身危险性，并根据各犯罪人人身危险性的大小不同，适用轻重不同的刑罚。实现刑罚个别化原则的过程，实际上是一个具体案件具体分析，具体案件具体对待的过程。刑罚个别化原则，即是马克思主义具体情况具体分析、具体对待的基本原理在适用刑罚活动中的具体运用。

2. 刑罚个别化原则的政策根据。

宽严相济刑事政策是一项重要的刑事司法政策。宽严相济刑事政策的内涵就是坚持区别对待，对严重犯罪行为，坚持严厉打击，快捕快诉；对犯罪情节较轻、未成年人犯罪、初犯、偶犯、过失犯以及由于群众内部矛盾引起犯罪的情形等，采取从宽的态度，贯彻教育、感化、挽救方针，慎重逮捕起诉，能判处轻缓刑罚的判处轻刑。其中，"宽"的对象，主要是人身危险性方面有可以减少刑责的因素，如未成年人犯罪、自首立功、初犯偶犯、被害人过错、被害人原谅，等等。"严"的目的，除了对严重犯罪严格依法打击之外，也是为了给"宽"，也就是刑罚宽缓，减少社会对抗因素，减少不和谐因素。故宽严相济刑事政策，是注重从人本出发的政策，是注重构建和谐社会的政策，也是刑罚个别化原则的政策依据。

3. 刑罚个别化原则的法律根据。

我国刑法虽然并未明确使用"刑罚个别化"这一术语，但只要对其一系列规定稍加分析就不难看出，我国刑法实际上是以刑罚个别化为适用刑罚的原则之一的。首先，从《刑法》规定的未成年人，聋哑人、盲人犯罪的处罚原则来看：已满 14 周岁不满 18 周岁的人犯罪，应当从轻或减轻处罚；又聋又哑的人或盲人犯罪，可以从轻、减轻或者免除处罚。之所以这些人犯罪要予以从宽处罚，一方面固然是出于对这些人的特殊保护；另一方面则是由这些人的特殊身心状况决定，并由多年来的司法实践表明，他们犯罪后再犯的可能性比一般成年人和常人要小，易于改造。

其次，从《刑法》规定的量刑原则来看：我国现行《刑法》颁布以前起草的刑法草案的每一稿在规定量刑原则时都把犯罪人的"个人情况"及其表现出的人身危险性作为人民法院适用刑罚必须考虑的内容。这无疑是刑罚个别化原则的体现。现行《刑法》颁布时虽然没有像历次草案那样明确规定适用刑罚时要考虑犯罪人的"个人情况"，但并不意味着对其持否定态度，而是当时在立法者看来，"这些情况在量刑工作中适当加以掌握就行了，不必在条文上明确规定"①。

再次，从《刑法》关于累犯、惯犯、常业犯和自首犯的规定来看，我国《刑法》明确规定累犯、惯犯、常业犯等要从严处罚，而对自首犯可以从轻、减轻或者免除处罚。之所以如此规定，是因为累犯、惯犯、常业犯等都是多次、长期间犯罪，主观恶性深，再犯的可能性比其他犯罪人要大得多，对其处以较重的刑罚，正是对其进行教育改造，防止其再犯的需要；而自首犯犯罪后的举动表明其已有悔罪之心，人身危险性已经减弱甚或消失，再次犯罪的可能性比犯罪后隐匿、潜逃的犯罪人要小得多，判处较轻的刑罚即可以使其改恶从善，不再犯罪。可见，我国《刑法》关于累犯、惯犯、常业犯从严处罚，自首犯从宽处罚的规定，实际上即是刑罚个别化原则的具体体现。

最后，从《刑法》关于缓刑、减刑、假释的规定来看，我国《刑法》第72条规定，对于被判处拘役、3年以下有期徒刑的犯罪分子，"犯罪情节较轻、有悔罪表现、没有再犯罪的危险、宣告缓刑对所居住社区没有重大不良影响"，"可以宣告缓刑"。第78条规定，被判处管制、拘役、有期徒刑、无期徒刑的犯罪分子，在刑罚执行期间，如果确有"悔改或者立功表现"，可以减刑。第81条规定，被判处有期徒刑或无期徒刑的犯罪分子，在刑罚执行一定时期以后，如果"确有悔改表现，没有再犯罪的危险的"，可以假释。上述刑法规定的"没有再犯罪的危险"，即是指犯罪人的人身危险性已经消失，已不可能再次犯罪了；而所谓"悔改表现"，"立功表现"，显然也都属于说明或表现犯罪人人身危险性减小或消失的犯罪人的"个人情况"的范畴。总之，我国刑法的一系列规定，尤其是关于适用刑罚各项制度的规定，都充分体现了刑罚个别化的原则。

4. 刑罚个别化原则的实践根据。

任何理论、原则都是实践活动的概括与总结，这也正是一定的理论、原则得以反过来对有关的实践活动起指导作用的原因所在。因此，衡量一种理论、原则是否正确，是否有存在的合理性，一个有效的方法即是看其是否具有坚实的实践根据。刑罚个别化作为我国适用刑罚的一项原则，是否具有实践上的根据？回答是肯定的。因为我国各级人民法院在适用刑罚时，法官都无不将犯罪人犯罪前后的个人情况所决定的人身危险性的大小、改造的难易程度作为决定刑罚轻重时考虑的重要因素。犯罪人人身危险性大的即处以较重的刑罚；反之，则处以较轻的刑罚。正如王作富教授所说的：人民法院在适用刑罚时，"对于罪犯不仅要根据其所犯罪行之轻重，考虑对其是否应当判刑或者应当重判或轻判，而且要考虑根

---

① 高铭暄编著：《中华人民共和国刑法的孕育和诞生》，法律出版社 1981 年版，第88页。

据罪犯个人情况是否需要判刑或者是否需要重判或轻判"①。可见刑罚个别化原则只不过是对我国人民法院适用刑罚活动内容的记录与总结，有着坚实的实践基础。

5. 刑罚个别化原则是实现刑罚特殊预防目的的必然要求。

我国刑罚预防犯罪的目的之一是特殊预防。要实现这一目的，就必须在分析、把握犯罪人诸种个人情况以及由此反映出的犯罪人的人身危险性的基础上，有针对性地适用相应的刑罚。因为每个犯罪人都有区别于他人的"个人情况"，因而每一犯罪人的人身危险性以及改造的难易程度也都不同，与之相适应，就应因人而异，处以轻重不同的刑罚。如果不予区别对待，在处刑轻重上"一视同仁"，要实现刑罚特殊预防的目的是不可想象的。

（三）刑罚个别化原则的实现

刑罚个别化原则的实现即在于，要求对犯罪人处以与其人身危险性大小相当的刑罚。由此决定，要想实现刑罚个别化原则，就必须首先对犯罪人的人身危险性予以考察、判定。

犯罪人的人身危险性与犯罪的社会危害性不仅称谓不同，而且内容也相异。首先，犯罪的社会危害性是既存的，它随着犯罪行为的发生而发生，表现为犯罪行为对刑法所保护的各种社会关系的危害；而犯罪人的人身危险性则是未然的，它是指实施犯罪的人再次实施犯罪的可能性，这种可能性只有在未来才可转变为现实性。其次，犯罪的社会危害性是由犯罪人主观见之于客观的犯罪的诸种因素决定并实现的，是属于犯罪的基本特征，而犯罪人的人身危险性则是由犯罪人的年龄、生理、心理状况、个性以及犯罪前的一贯表现和犯罪后的态度决定并表现的，属于犯罪人本身的特质。犯罪的社会危害性的大小与犯罪的轻重成正比，而犯罪人的人身危险性与犯罪之间并不存在这种关系；犯罪人的人身危险性大的，其罪行未必就重，犯罪人的人身危险性小的，其罪行未必就轻。在司法实践中，实施罪大恶极的犯罪行为的犯罪人的人身危险性不大，或实施较轻罪行的犯罪人的人身危险性却较大的例子是屡见不鲜的。

犯罪人的人身危险性并非像资产阶级人类学派所说的那样，是指某些人与生俱来的一种反社会的性格，而是指由犯罪人的年龄、心理、生理状况、个性气质、经历、道德观念、教育程度、犯罪前的表现、犯罪后的个人态度等一系列个人情况所决定的再犯罪的可能性。所以，考察犯罪人人身危险性的有无与大小，必须从考察犯罪人的个人情况入手。

在适用刑罚之前对犯罪人的个人情况进行调查，在一些国家称为"犯人的

---

① 王作富：《谈谈刑罚个别化》，载《中国人民大学学报》1987 年第 4 期。

人格调查",并且已形成一种制度。这种制度在美国、德国、比利时、日本等国均已实行。在各国少年法上,一般也明文规定要进行"犯人的人格调查",以作为适用刑罚的基础。例如,日本1948年少年法第9条规定,家庭法院调查少年事件时,"务须就少年、保护人或关系人之行状、经历、素质、环境等,运用医学、心理学、教育学、社会学,及其他专门知识,努力为之"。1955年8月在日内瓦召开的联合国第一届防止犯罪及罪犯处遇会议上,各国代表及专家均认为,"……实行个别处遇,应从人犯之调查分类着手,必先根据精密的调查,由是进而决定个别处遇之方法,始便于分类收容"。1950年在海牙召开的国际刑法及监狱会议,也把判决前犯罪人人格调查问题列为讨论的一个议题。可见,在适用刑罚之前对犯罪人进行人格调查,实为实行刑罚个别化原则的前提,并且已成为一个国际性制度。

在我国,需要考察的犯罪人的个人情况虽然是多种多样的,但仔细分析,可以分为四类:犯罪人的基本情况;犯罪人犯罪前的表现;犯罪人犯罪中的情况;犯罪人犯罪后的态度。这四类情况的不同影响着犯罪人人身危险性的大小。

1. 犯罪人的基本情况。

犯罪人的基本情况主要指犯罪人的年龄,心理、生理状况,生活、工作状况,道德观念,教育程度以及其他基本情况。犯罪人的这些基本情况对于犯罪人是否再次犯罪来说,虽然不起决定作用,但无疑有着一定影响。例如,一个无业的乞丐、流浪汉实施盗窃罪与一个有正当职业、生活安定的人实施盗窃罪相比,前者再犯的可能性要大于后者;一个寡廉鲜耻、道德败坏的文盲实施了寻衅滋事罪、强奸罪后,再犯的可能性比较大,而一个具有一般的道德观念,且有一定文化水平的人犯强奸罪后,再犯此类罪的可能性则比较小。因此,在考察犯罪人的人身危险性时,要对犯罪人的一系列基本情况予以注意。

2. 犯罪人犯罪前的一贯表现。

任何事物发展变化,都有一个从量变到质变的过程,没有量变的积累,就谈不上发生质变。就多数犯罪人实施犯罪来讲,也不是突发性的,而是在一定时间里客观因素的作用下,主观意志发展变化的结果。因此,考察犯罪人犯罪前的种种表现,不仅有助于认识其为什么会犯罪,而且还有助于把握其是否会再次实施犯罪以及再次犯罪可能性的大小。

犯罪人犯罪前的表现可以分为三种情况:一是表现良好,如工作积极,学习勤奋,生活严谨,乐于助人,尊老爱幼,多次受到有关机关、单位的表扬、嘉奖,等等。二是表现一般,如虽然安分守己,但工作、学习平平,既不受到他人非议,也不曾受到他人赞扬。三是表现不好,如工作懈怠,生活放荡,好逸恶劳,流氓习气,对人不诚实,爱贪小便宜,为人民群众所鄙视,大错不犯,小错不断,具有小偷、小摸、调戏妇女、打架斗殴等一般违纪违法行为,曾受到过纪律、行政处分，或实施过犯罪行为，受到过刑罚处罚等。犯罪人犯罪前的不同表现，反映着其人身危险性，即再犯可能性的不同。一般来说，一贯表现良好，因种种原因偶尔犯罪的人，再犯的可能性很小，甚至无再犯的可能性，而平常表现不好，尤其是具有犯罪历史的人，再犯的可能性较大。这正是我国《刑法》规定对累犯、惯犯、常业犯要从严处罚和司法实践部门对偶犯、初犯一般予以从宽处罚的根据所在。

3. 犯罪人犯罪中的情况。

犯罪人犯罪中的情况虽然主要表现的是其在犯罪中所起的作用与其主观恶性的不同，但不可否认，其中的某些情况同时也表现着犯罪人人身危险性的大小，如在共同犯罪中，犯罪人是组织犯，还是胁从犯，其人身危险性就不一样。一般说来，组织犯再犯的可能性会大于胁从犯；犯罪中止的犯罪人，由于其是主动停止了继续犯罪，表明已有认罪悔改之心，因而其再犯的可能性显然要小于由于意志以外的原因被迫停止继续犯罪的未遂犯。因此，应当注意从犯罪人犯罪中的种种情况着眼，考察其人身危险性的大小。

4. 犯罪人犯罪后的态度。

犯罪人犯罪后对自己的犯罪行为持什么态度，反映其人身危险性的大小或有无，因而应注意从犯罪人犯罪后的态度着手考察其人身危险性。

犯罪人犯罪后的态度各种各样。有的认罪悔罪，表现为对自己犯罪行为的性质及其危害后果有一定的认识，并对自己的行为给国家、人民的利益造成的损害以及给被害人造成的痛苦感到后悔。这样的犯罪人往往在犯罪之后能主动投案自首或坦白交代，请求司法机关给自己以严厉惩罚，积极采取行动挽救危害结果，主动要求赔偿自己的行为给国家和人民造成的经济损失。显然，对自己的犯罪持这种态度的人，再犯罪的可能性很小，甚至已完全消失。有的犯罪人犯罪后，态度恶劣，对自己行为的性质及社会危害性毫无认识，不以为耻，反以为荣，毫无悔罪之心。这样的犯罪人犯罪后，往往会隐匿罪行、畏罪潜逃，杀人灭口，抗拒抓捕，编造口供，避重就轻，嫁祸于人，推脱罪责，对揭发、检举人恨之入骨，扬言报复等。显然，对自己的罪行持如此态度的犯罪人，人身危险性要比上一种犯罪人大得多。正因为犯罪人犯罪后态度不同，表明了其人身危险性不同，因此，我国《刑法》明确规定，犯罪以后自首或坦白的，可以从宽处罚；同时规定了悔罪表现是缓刑的必要条件，悔改表现是减刑或假释的必要条件。

应当指出，上述犯罪人的基本情况、犯罪前的一贯表现，犯罪中的情况和犯罪后的态度，只是决定并表明犯罪人人身危险性有无或大小的主要情况，而非犯罪人"个人情况"的全部。除此而外，犯罪人实施犯罪的主客观原因，犯罪人的政治信仰、宗教信仰、人生观、世界观等诸方面的情况，也影响着犯罪人人身危险性的大小。因此，在考察犯罪人人身危险性有无和大小时，要对犯罪人的全面情况予以注意，以便对犯罪人所具有的人身危险性作出正确的评断，为正确适用刑罚提供可靠的基础。

在正确评断犯罪人的人身危险性的基础上，处以相适应的刑罚，是刑罚个别化原则得以实现的另一重要环节。通过对犯罪人诸种"个人情况"进行全面考察进而对犯罪人的人身危险性即再犯可能性作出正确评断的目的，即在于处以相应的刑罚。如果正确评断了犯罪人的人身危险性之后未能处以相适应的刑罚，不仅正确评断犯罪人的人身危险性的工作会前功尽弃，而且还会影响整个刑罚适用活动的质量。

犯罪人人身危险性的大小，表明了犯罪人改造的难易程度，因而所谓所处刑罚与犯罪人的人身危险性大小相适应，实际上也就是与犯罪人改造的难易程度相适应。犯罪人的人身危险性大，也就意味着改造起来比较困难，改造所需的时间就长，与之相适应，所处的刑罚也应重一些。反之，犯罪人的人身危险性小，也即意味着改造起来比较容易，改造所需的时间就短，与之相适应，所处的刑罚也应轻一些。

根据犯罪人在执行刑罚中的具体表现，对其原判刑罚予以修正是实现刑罚个别化原则的必然要求。犯罪人通过执行刑罚，强迫接受劳动改造，对自己犯罪的认知一般会不同程度地有些变化。大部分会由不认罪变为认罪，或者由认罪变为悔罪、悔改。与之相适应，犯罪人在判刑时人身危险性也即再犯可能性也会发生一定变化，一般是由大变小。这样，对于某些具有悔改表现、立功表现的犯罪人来说，就会出现原判刑罚与实际具有的人身危险性不相适应的状况。为了改变这种状况，就要求司法机关对原判刑罚予以修正，我国刑法中的减刑、假释制度，可以说即是适应这种需要规定的。

二、刑罚个别化原则与罪刑相适应原则

从上述刑罚个别化原则的基本原理可以看出，目前在理解罪刑相适应原则的时候，已经将刑罚个别化原则的不少理念纳入了罪刑相适应原则之中，认为刑罚个别化原则被罪刑相适应原则所吸纳、包容亦不过分。因为罪刑相适应原则无论从理论、立法还是司法、执行中，都越来越重视犯罪人的个人因素，也就是注重人身危险性和再犯可能性的因素，重视刑罚的预防价值。贯彻实现罪刑相适应原则，要求实现行为性质的责任刑和人身危险的预防刑的有机统一。

同时，由于犯罪论中责任要素的独立，一些如被害人过错等减轻人身危险性的情形，同样成为减少责任的要素。这样，对于犯罪的评价本身也已经包含了刑罚个别化原则的要求了。

人民法院在适用刑罚时，首先考虑的应是刑罚的轻重与犯罪的社会危害性相适应，罪行的轻重是刑罚轻重的决定因素。然后才考虑刑罚的轻重与犯罪人的人

身危险性相适应的问题。

三、刑罚个别化原则的司法适用

刑罚个别化原则在实践中的运用比较灵活。既然是刑罚体现个体化特征，那就并不拘泥于一成不变的规则，而是根据案件的具体情况综合考量。除了上述概述中介绍的需要考虑的方面之外，所有与案件有关，甚至可能影响案件的事物都可以考虑在内。

【研讨问题】刑罚个别化原则要求考虑案件的具体情况选择合适的刑罚或处理方法

【案例 6 - 8】抢劫罪依法被免予处罚案

1998 年 11 月 1 日 20 时许，被告人杨某在甲县乙镇街上一餐馆酗酒后，被他人送去其妹妹家，途经本县丙村三社谭某家时，杨某敲门进入谭家，一手持一把割肉刀，另一手抓住谭某的耳朵向谭某借 100 元钱，并威胁不借钱就要割谭某的耳朵，谭某说没钱，杨某又搜谭某的身体，搜得人民币 19 元后离开。杨某之妹夫钟某知道此事后，便去杨某家骂杨某并叫杨某去还钱，杨某即拿出 19 元钱托钟某还给谭某。11 月 4 日，钟某将 19 元人民币还给谭某。A 省 B 市人民检察院认为被告人杨某的行为构成抢劫罪，诉请人民法院依法判处。

一审法院认为，被告人杨某以非法占有为目的，入户并用持刀威胁的手段，抢走他人财物的行为已构成抢劫罪。但鉴于被告人杨某犯罪情节轻微，后果不严重，在公安机关立案前已如数退还所抢款项，确有悔改表现，应当根据罪刑相适应的原则予以处罚。依照《刑法》第 263 条、第 5 条、第 37 条的规定，判处被告人杨某犯抢劫罪，免予刑事处罚，单处罚金 2000 元。

A 省 B 市人民检察院抗诉称一审量刑畸轻，适用法律不当。

二审法院查明案件事实与一审判决相同。

二审法院认为，杨某持刀入户抢劫的行为，依照《刑法》第 263 条第 1 项的规定，应当在 10 年有期徒刑以上判处刑罚，但鉴于本案发生在同乡村民之间，手段、情节均属一般，后果不严重，且已如数退还所抢款项。《刑法》第 5 条规定："刑罚的轻重，应当与犯罪分子所犯罪行和承担的刑事责任相适应。"第 37 条规定，"对于犯罪情节轻微不需要判处刑罚的，可以免予刑事处罚"。第 61 条规定："对于犯罪分子决定刑罚的时候，应当根据犯罪的事实、犯罪的性质、情节和对于社会的危害程度，依照本法的有关规定判处。"在审理案件和适用法律时，不仅直接涉及《刑法》分则的有关条文，而且必须遵守《刑法》总则的有关规定。据此，一审法院根据杨某实施犯罪时的具体情节，适用《刑法》总则第 37 条的规定，对被告人杨某免予刑事处罚的判决并无不当。一审对被告人杨某免予刑事处罚，同时又单处罚金 2000 元，应为适用法律错误。罚金是刑法种类中的附加刑，免予刑事处罚应当包括免予附加刑的处罚，故一审认定事实及定罪正确，审判程序合法，但判处罚金不当。据此判决撤销一审判决；认定被告人杨某犯抢劫罪，免予刑事处罚。

本案从定性来看是严重的，因为《刑法》对于抢劫罪的规定，一般是判处 3 年以上 10 年以下有期徒刑，如果有加重情节的，可以判处 10 年以上有期徒刑、无期徒刑或死刑，可见抢劫罪属于犯罪性质严重的犯罪。

本案之所以在法定刑以下量刑，判处杨某免予刑事处罚，还能感到合情合理，就是因为其犯罪行为属于村民之间的小的侵权纠纷，犯罪手段不恶劣、犯罪前系因喝酒，控制能力有所减弱，犯罪后有悔改表现，退还款项，如果这些情形之下，仍在 3 年以上量刑，明显与杨某的罪行与再犯可能不相适应，故法院对杨某免予处罚，既符合罪刑相适应原则的要求，又充分体现了刑罚个别化的原则。

后　记

　　刑法基本原则，不仅仅是贯穿于刑法典法律条文的根本准则，也是指导刑法立法、体现近现代刑法观念的基础，更是指导刑法的司法适用的基本原则。

　　如果仅仅将刑法基本原则停留在立法活动和条款内容，而不是落实在具体鲜活的司法实践中，那么刑法基本原则终究是书斋里的原则、专家的原则，而不是广大司法工作者所遵循的具有指导性的、贯穿于司法活动的活的原则，如此一来，刑法基本原则无疑缺少了深刻而蓬勃的生命力，让人们在遵从这些原则的同时，多了些敬畏，却少了些亲和。刑法基本原则最终不免束之高阁，成为"帝王条款"，悬而不动。如此，则与刑法明文宣告三个基本原则的宗旨背道而驰了。

　　自1997年颁布实施以来，刑法典已经八次修订，所针对的都是司法实践的具体问题，此外还有更多的司法解释来对刑法条文的适用加以具体、明细的指引，其目的都是为了解决刑事司法中遇到的现实问题与疑问。这些具体规定的出台对实践中一些问题的解决确实起到了积极的作用。但是由于立法规定的抽象性和滞后性以及社会生活的无限丰富与复杂，困扰刑事司法的问题并不能真正得到解决。相反，司法活动对立法和司法解释的依赖心理越来越强，甚至有教条主义、机械主义的倾向，这必须引起我们的重视和反思。

　　毋庸置疑，强调通过立法规定给刑事司法以明确的指引和制约，防止司法的主观恣意是罪刑法定原则的一项基本要求，但是，现代罪刑法定原则的宗旨和精神并不是单纯限制司法权，而是为了在强大的国家面前保障公民权利与自由。正如日本刑法学者泷川幸辰所指出的，"在社会内部存在种种对立的要素，存在着强者与弱者。罪刑法定主义的精神在于从强者压力下保护弱者。"仅关注形式法定性的刑事司法，只是对罪刑法定形式的强调，并未把握罪刑法定原则的实质与精髓。而且，一味地强调刑法评价的形式性反而会使司法失去实质的价值追求，导致法律教条主义、形式主义的危险。

　　刑事法治的基本要求是刑罚权发动的正义性、合理性。立法对司法的限制无疑是法治的重要一环，但绝不是全部。单纯的立法形式有时不但不能对国家权力予以限制，甚至会成为专制的粉饰与帮凶。在法律史上，形式的罪刑法定主义就曾被统治者利用来限制司法的权力，推行自己的独裁统治，而非维护市民的自由。1787 年奥匈帝国皇帝约瑟夫二世颁布的"约瑟夫刑法典"就采纳了"罪刑法定原则"。但是，"刑法典是藉由对刑事司法的严格限制来保护拥有立法权的君主权威。该法典采罪刑法定主义的目的并非在于保障市民免于恣意，而是巩固帝王的绝对权力，藉由严格将刑事司法约束在法典的法律文字上，使皇帝以立法方式表达出的意志获得贯彻。"尽管在形式上"约瑟夫刑法典"颇符合罪刑法定的要求，但是其目的仍着眼于统治者的专制利益，只是强调以最大限度的精确规定来压抑司法的领域。这就意味着：君主欲实现其专制利益到达何种程度，他就创造精确的刑法规定到如何程度。最终的根源还是统治者的主观好恶，而非刑法必要性和保护国民权利的考量。因此，现代罪刑法定原则并不以形式的"法定性"为满足，而是致力于使市民免于刑罚适用的恣意，不受不当刑罚处罚。因为刑罚本身是国家加诸在人民身上最严重、侵害最大的惩罚形式。而"制定法律的过程的确是一个十分复杂的过程。有时发生意外之事，使判决或者法规产生并非预期的结果，而这些结果如果制定法律者具有远见卓识的话那也是可以预见的。一种很普遍的情形是，在大多数场合运用得很好的总则在极少见和预料不到的情况中产生了不公正。两千年来所有人类经验都证实，无论立法的准备工作多么小心周到，预料不到的副作用还是会发生。"因此，现代司法的一个重要功能就是通过司法者的能动活动，将这些不可避免的副作用降至最小。司法必须在形式合理性和实质合理性之间谋求最大交换值，寻求一个恰当的均衡点。这是司法的终极智慧，也是法学所要提供给司法的最大价值。

　　揆诸历史，形式法定主义思想在我国有着很深的传统。早在战国时期，法家所提倡的"依法制国"就有浓厚的形式主义色彩。到了清末，沈家本刑法改革中确立了"入罪"、"出罪"均必须以成文法为依据的僵硬的罪刑法定原则。他还明确提出了"无律不可罚、有律亦不可不罚"的主张。在现代法治的进程中，我们仍然可以听到这样的声音。不可否认，这一主张有一定的合理性，对司法权的限制也有积极的意义。但是，刑法评价是立足于刑法规范的价值评价，刑法适用不是简单地将行为事实与刑法规定的形式比对，而是与事实相对应的不断往复的价值评价过程。正如张明楷教授所言："当今世界，再也没有人认为适用刑法是一个简单的三段论逻辑推理过程。首先，作为定罪的大前提，不再被认为是封闭的定义，而是开放的类型。因为任何一种解释结论的正义性，都只是相对特定的时空、特定的生活事实而言，生活事实的变化总是要求新的解释结论。活生生的正义并不是只能从规范中发现，而是需要从活生生的社会生活中发现；成文法的含义不只是隐藏在法条文字中，而是具体的生活事实中。"因此，刑事司法是一种依据刑法规范对待判的生活事实进行价值评价的活动，刑法评价的主观性、实质性是无可避免的。

在现代多元社会，立法是对社会多元利益与需求的折中、平衡，个体公民的需要与利益需要通过具体司法的评价加以体现。因此，刑法评价必须考虑法律背后社会的利益与需求来作出价值判断，并对这一判断予以正当性的论证。罪刑法定远远不等于法律形式主义，刑法适用也不是法定犯罪构成与具体案件事实的简单对应，而是往返于案件事实与法律规范之间的价值判断。在刑法评价中，真正起作用的不是形式的文字，而是体现在刑法规范中的社会需求与目的；司法也不是"法律条文的复写"，而是从刑法规范中准确把握、发现法律背后人的利益与需求，实现具体正义。

我们认为，刑法基本原则之作用，除了在立法和学术研究活动之外，更重要的是延及广大司法工作者，让广大司法工作者能以刑法基本原则的精神为思考的基础、执法的理念、适用的指针，而对具体的个案起到追根溯源、豁然开朗的感觉。

因此，本书除了简要介绍相关刑法基本原则的原理之外，重在法律适用。而法律适用首先是理念的先行，必须对刑法基本原则有一个正确的认识，进而对其含义、理论、沿革、功能等有清晰的了解。其次则是应当了解刑法基本原则的司法运用机理，并认识到司法运用中存在的问题。最后才是刑法基本原则的司法运用的方法。本书主要以典型案例来引导、归纳刑法基本原则的具体适用方法，以及运用刑法基本原则的分析方法。在司法实务中，作为司法者也必须有对刑法基本原则的基本掌握，如此才能真正做到"活学活用"刑法基本原则。

为了尊重刑法和现有的通用的刑法学体系，笔者没有涉及其他刑法基本原则。即使在1997年《刑法》确定了三大基本原则之后，仍然有不少学者坚持认为刑法中还有其他基本原则，有的甚至指出三大基本原则中的某些原则未必真的应该成为刑法基本原则。譬如主客观相统一原则、罪责自负原则、惩罚与教育相结合原则等。罪刑的研究表明，法益保护原则、严格责任原则也被学者纳入基本原则的研究范畴，并见诸教科书。因本书篇幅所限，不能对这些原则一一述评引证。

本书由最高人民检察院公诉厅张军任主编，参加本书撰写的有：张军负责编写绪论，江苏省人民检察院研究室马融负责编写第一、六章，江苏省苏州市人民检察院邓若迅负责编写第二、三、四章，江苏省建湖县人民检察院检察长胡立东负责编写第五章。

编　者
2012年9月